केवल दलितों के मसीहा नहीं हैं अम्बेडकर

केवल दलितों के मसीहा नहीं हैं अम्बेडकर

डॉ. सुकन पासवान प्रज्ञाचक्षु

राजकमल प्रकाशन
नयी दिल्ली पटना इलाहाबाद कोलकाता

ISBN : 978-81-267-1987-7

मूल्य : ₹ 300

पहला संस्करण : 2011
दूसरी आवृत्ति : 2014

प्रकाशक : राजकमल प्रकाशन प्रा. लि.
1-बी, नेताजी सुभाष मार्ग, दरियागंज
नई दिल्ली-110 002

शाखाएँ : अशोक राजपथ, साइंस कॉलेज के सामने, पटना-800 006
पहली मंजिल, दरबारी बिल्डिंग, महात्मा गांधी मार्ग, इलाहाबाद-211 001
36 ए, शेक्सपियर सरणी, कोलकाता-700 017

वेबसाइट : www.rajkamalprakashan.com
ई-मेल : info@rajkamalprakashan.com

आवरण : राजकमल स्टूडियो

मुद्रक : बी.के. ऑफसेट
नवीन शाहदरा, दिल्ली-110 032

KEVAL DALITON KE MASIHA NAHIN HAIN AMBEDKAR
Criticism by Dr. Sukan Paswan Pragyachakshu

समर्पण

समता, बंधुता तथा स्वतंत्रता से अभी भी वंचित
मानव महाकुंभ को मानवाधिकार
की प्राप्ति हेतु
संगठित हो संघर्ष करने के लिए

—प्रज्ञाचक्षु

भूमिका

केवल शब्द एवं ज्ञान क्रांति से ही नहीं; बल्कि नवजागरण तथा चेतनात्मक आंदोलनों के माध्यम से समग्र मानवाधिकार एवं समाजार्थिक-राजनीतिक अधिकरों से वंचित मानव सिन्धु के उत्थान के लिए जिन कुछ क्रांतिदूतों तथा मानवतावादियों ने अहर्निश संघर्ष किया है, उनमें भारतरत्न डॉ. भीमराव अम्बेडकर का नाम अग्रगण्य है। आज भी डॉ. अम्बेडकर एक विश्वप्रसिद्ध न्यायविद्, अर्थशास्त्री, राजनीतिज्ञ, संविधान-शिल्पी, राष्ट्रभक्त, समाजसेवी, बुद्धिवादी, समता, स्वतंत्रता, बंधुता के पहरेदार तथा चिंतक के रूप में अपने कृतित्व के माध्यम से हमारे बीच मौजूद हैं। सभी तरह से उपेक्षित तथा वंचित लोगों के साथ-साथ मनुष्य मात्र के लिए बंधुता, समता एवं स्वतंत्रता का आजीवन एवं अहर्निश शंखनाद करनेवाले बाबा साहब अम्बेडकर मात्र दलितों के ही मसीहा नहीं हैं, बल्कि सभी तरह की असमानताओं तथा उपेक्षाओं से पीड़ित मानव महाकुम्भ के झंडेबरदार हैं।

बाबा साहब ने सदियों से सभी तरह के अधिकार एवं सुविधा से वंचित जनसमूहों में यदि चेतना का संचार किया और उन्हें शिक्षित, संगठित होकर संघर्ष करने का मार्ग बताया तो यह उनका दलित-प्रेम नहीं; बल्कि सभी मूल, कूल, वंश, जाति, गोत्र, नस्ल, सम्प्रदाय, वर्ग, वर्ण के अधिकार वंचितों की सच्ची सेवा का दुर्लभ उदाहरण है। सुविधा तथा अधिकार वंचित मात्र दलित ही नहीं हैं, वे भी हैं जिनकी उन्नति तथा समृद्धि के सभी मुहानों को उद्धारक कहलाने वाले मायावी मानवों ने अवरुद्ध कर रखा है। इस पुस्तक का प्रणयन डॉ. अम्बेडकर के इन्हीं अवदानों को रेखांकित करने के लिए किया गया।

डॉ. अम्बेडकर का व्यक्तित्व एवं कृतित्व, सृष्टि और दृष्टि तथा

चिंतन एवं दर्शन सभी मानवता के सिंचन एवं अभिवर्द्धन के लिए हैं। उनके विराट व्यक्तित्व को समझने के लिए उनके द्वारा रचित संविधान की आत्मा कहलाने वाले अनुच्छेदों यथा—मौलिक अधिकार एवं राज्य के नीति निर्देशक तत्व का प्रथमतः अध्ययन आवश्यक है। इससे स्पष्ट होता है कि वे समानता तथा मानवाधिकार को प्रत्येक व्यक्ति को प्राप्त करा देने के लिए किस तरह बेचैन तथा तत्पर थे। अम्बेडकर एक व्यक्ति का नहीं, एक मिशन का नाम है जिसका लक्ष्य है—समानता मनुष्य का जन्मसिद्ध अधिकार है। इसे प्राप्त करना प्रत्येक मनुष्य का प्रथम कर्तव्य है।

इतना ही नहीं, डॉ. अम्बेडकर के मौद्रिक, राजकोषीय, श्रम-समस्या, नारी-उत्थान, धर्म, सामाजिक-न्याय, उद्योग, कृषि, मानव-संसाधन, जल-संसाधन, बीमा उद्योग, मद्यनिषेध, शिक्षा, लोकतंत्र, कार्यपालिका, न्यायपालिका, व्यवस्थापिका, संघीय शासन प्रणाली, भाषायी प्रांत, राष्ट्रभाषा विषयक चिंतन तथा सिद्धान्त आज भी अत्यधिक उपयोगी तथा प्रासंगिक हैं। पुस्तक में इन विषयों पर भी सविस्तार विचार किया गया है। इससे स्वतः स्पष्ट होगा कि बाबा साहब के विचार समष्टिभावी हैं, व्यष्टिभावी नहीं।

स्पष्ट है, बाबा साहब मात्र दलितों के देवता नहीं, मानवता के मसीहा हैं। आर्थिक, सामाजिक, राजनीतिक, शैक्षणिक तथा धार्मिक रूप से पिछड़े एवं शोषित तमाम मनुष्यों के अधिकारों की वकालत करनेवाले अधिवक्ता हैं। उनका मानना है कि जिस समाज में अशिक्षा तथा नारी शोषण अधिक हो, मानना चाहिए वह समाज सदियों तक अवश्य ही शोषकों का गुलाम रहा है।

अम्बेडकर राष्ट्रीय आजादी से अधिक सामाजिक आजादी पर बल देते हैं। सामाजिक समानता वाला राष्ट्र गुलाम नहीं होता है, जबकि असमानता पर आधारित समाज बहुत दिनों तक स्वतंत्र नहीं रह सकता है। भारत मात्र दो हजार वर्ष में यदि एक हजार वर्ष से अधिक अवधि तक गुलाम रहा है तो यह इसका प्रमाण है कि इस देश में सभी तरह की समानता का घोर अभाव है। हमें यह नहीं भूलना चाहिए कि सभी तरह की सामाजिक असमानता को अपने चरित्र में धारित करनेवाला राष्ट्र बहुत दिनों तक स्वतंत्र नहीं रह सकता है।

मनुष्य के जीवन में प्रकाश तथा स्वतंत्रता का संचार करनेवाली

शिक्षा को बाबा साहब जीवन के लिए मशाल मानते हैं। शिक्षा के मार्ग से ही स्वतंत्रता की मंजिल को प्राप्त किया जा सकता है। वे कहते हैं—शिक्षा एक ऐसी जरूरत है जो सबको प्राप्त होनी चाहिए। जिस देश में अशिक्षितों की संख्या अधिक हो, मानना चाहिए, वह देश उतना ही ज्यादा विपन्न तथा विषम है।

इसमें शक नहीं कि अम्बेडकर जातिवाद के खंजर से घायल शेर का नाम है। जातिवाद का खात्मा करना उनका जीवनोद्‌देश्य था। इसमें बुराई क्या है? यही कारण है कि कहीं-न-कहीं, उनकी इस व्यथा का दिग्दर्शन पाठकों को उनकी रचनाओं में होता है। लेकिन आदमी को खुद से भी पूछना चाहिए कि अपने को विवेकशील सामाजिक प्राणी कहनेवाला आदमी अपने ही समान दूसरे आदमी से जाति के नाम पर जानवरों से भी बदतर सलूक क्यों करता है? आदमी साँप को दूध पिलाता है, चींटी को शक्कर खिलाता है, बन्दरों को चूमता है तो कुछ अपने ही समान दिखनेवाले आदमी से ही जाति के नाम पर घृणा क्यों करता है? उसकी छाया से दूर क्यों रहना चाहता है? जिस दिन भारत का प्रत्येक आदमी उक्त प्रश्नों का समाधान प्राप्त कर, उसे हृदय से स्वीकार कर लेगा, उस दिन बाबा साहब का सपना साकार हो जाएगा।

विडम्बना यह है कि आज भी समाज में यह कोढ़ ज्यों-का-त्यों विद्यमान है। आदमी जितना एक-दूसरे से भेद-भाव करनेवाला इस सृष्टि में दूसरा कोई भी प्राणी नहीं दिखता है। जब तक आदमी, आदमी को आदमी नहीं मानेगा, दुनिया में दिन-रात बहुकोणीय संघर्ष जारी रहेंगे। आदमी को आदमी का दर्जा दिलवाना अम्बेडकर का जीवन लक्ष्य था तो क्या यह अपराध या पक्षपात है? बोधिसत्व बाबा साहब का जीवन ध्येय है कि आदमी जातीय संकीर्णता को त्यागकर प्रत्येक आदमी को आदमी मानने का प्रण करे। एक आदमी का जीवन हजार वर्ष का नहीं है। इसलिए यह आवश्यक है कि आदमी वैर और घृणा की आग में जलने और जलाने की आदत छोड़कर मात्र आदमी का चरित्र अंगीकार कर ले तो सभी समस्याओं का अंत हो जाएगा।

डॉ. अम्बेडकर सभी तरह के विभेद का समूल नाश करनेवाले महामानव का नाम है। स्वकष्टार्जित शिक्षा तथा अनुभव के आधार

पर इन्होंने मानव कल्याण के लिए जिन नीतियों तथा सिद्धान्तों का सृजन किया वे अश्रुतपूर्व हैं। तभी तो मानवता के शिल्पकार डॉ. अम्बेडकर के महानिर्वाण के बाद तत्कालीन प्रधानमंत्री पंडित जवाहरलाल नेहरू ने उनके अवदानों को रेखांकित करते हुए कहा था, 'हिन्दू समाज के अन्याय और अत्याचार के विरुद्ध विद्रोह का शंखनाद करनेवाले डॉ. अम्बेडकर का तिरोधान मानवतावादियों के लिए एक अपूरणीय क्षति है। व्यक्तित्व का निर्माण जाति या वंश-कुल से नहीं, बल्कि कर्म और योग्यता के द्वारा होता है। इसका ज्वलंत प्रमाण यह है कि विगत लगभग ढाई हजार वर्षों से जिस समाज का ज्ञान पर अधिकार रहा है वह अम्बेडकर जैसा एक भी सामाजिक चिंतक तथा मानवतावादी नायक नहीं दे सका। वहीं जो मानवसमूह तमाम अमानवीय अत्याचारों को विगत ढाई हजार वर्षों से सहता हुआ सभी अधिकारों से वंचित था, उसने अम्बेडकर जैसे विद्वान, उद्धारक और सुधारक को जन्म दिया।'

स्पष्ट है, डॉ. अम्बेडकर दलितों के मसीहा नहीं, सभी तरह के मानवाधिकारों से वंचित जनसमुदाय के झंडेबरदार हैं। इसका प्रमाण इस पुस्तक में तथा अन्यत्र उपलब्ध डॉ. अम्बेडकर के अनमोल विचार एवं सिद्धान्त हैं। अस्तु, अम्बेडकर तब तक प्रासंगिक रहेंगे जब तक मानवाधिकारों का हनन पूर्णतः निषिद्ध नहीं हो जाता है और सर्वत्र बंधुता, समता और स्वतंत्रता का साम्राज्य स्थापित नहीं हो जाता है।

–प्रज्ञाचक्षु

अनुक्रम

भूमिका 7

अध्याय : एक

केवल दलितों के मसीहा नहीं हैं डॉ. अम्बेडकर 13

अध्याय : दो

कार्यपालिका-व्यवस्थापिका-न्यायपालिका 33

अध्याय : तीन

शक्तिशाली केन्द्र क्यों 48

अध्याय : चार

डॉ. अम्बेडकर के औद्योगिकीकरण सम्बन्धी विचार 59

अध्याय : पाँच

डॉ. अम्बेडकर के सामाजिक एवं आर्थिक दृष्टिकोण
एक विश्लेषणात्मक अध्ययन 95

अध्याय : छह

व्यक्ति, समाज और राज्य : अम्बेडकर की दृष्टि में 121

अध्याय : सात

सामाजिक न्याय के पृष्ठपोषक हैं डॉ. अम्बेडकर 143

अध्याय : आठ

धर्म एवं अम्बेडकर : एक समष्टिमूलक अध्ययन 156

अध्याय : नौ

बाबा साहब डॉ. अम्बेडकर : यत्र तत्र सर्वत्र 188

अन्तिम अध्याय

डॉ. अम्बेडकर का संक्षिप्त जीवन परिचय 194

अध्याय : एक

केवल दलितों के मसीहा नहीं हैं डॉ. अम्बेडकर

भारतरत्न डॉ. भीमराव अम्बेडकर के विरुद्ध दलितों का मसीहा होने का एक प्रबलतम प्रमाण यह प्रस्तुत किया जाता है कि उन्होंने संविधान में जाति विशेष के लोगों के लिए आरक्षण की व्यवस्था करके समाज की अन्य जातियों के साथ समाजार्थिक भेदभाव की नींव रखी है। इनके द्वारा की गई इस संवैधानिक व्यवस्था के कारण समाज के अन्य समाजार्थिक रूप से पिछड़े लोगों के साथ जाति के आधार पर स्वभावतः भेदभाव हो गया है और जिनकी दशा दलितों से भी अधिक दयनीय है, वे जाति-भेद के कारण उपेक्षित हैं। आश्चर्यजनक तथा दुःखद तथ्य तो यह है कि आरक्षण विषयक संवैधानिक उपबंधों का बिना गहनतापूर्वक अध्ययन तथा व्याख्या किए जो भी डॉ. अम्बेडकर के विरुद्ध लगाए गए इस निराधार आरोप को सुनते हैं, उनमें अधिकांशतः इसे सत्य मानकर तत्क्षण संविधान निर्माता डॉ. अम्बेडकर के विरुद्ध पूर्वाग्रहपूर्ण निराधार एकपक्षीय राय कायम कर उनके सम्पूर्ण व्यक्तित्व एवं कृतित्व को उसी मापदण्ड से देखने लगते हैं। नतीजा यह है कि इस महामानव के बहुत सारे अनमोल सुझावों का लाभ उठाने से हम तथा हमारा समाज वंचित है। साथ ही आज भी डॉ. अम्बेडकर को भारत में वह स्थान प्राप्त नहीं है, जिसके वे सर्वथा अधिकारी हैं।

इस पुस्तक में डॉ. अम्बेडकर द्वारा सृजित भारतीय संविधान तथा उनके द्वारा रचित कुछ पुस्तकों में उनके व्यक्त विचारों के आधार पर यह सिद्ध करने का प्रमाण प्रस्तुत किया जा रहा है कि वे जाति विशेष के नहीं; बल्कि मानवमात्र के हितचिंतक तथा शुभचिंतक थे और इससे भी बढ़कर राष्ट्रप्रेम की अविरल वेगवती धारा उनके अन्तःप्रदेश में सदैव प्रवहमान रहती थी। यहाँ प्रारम्भ में ही इस बिन्दु को स्पष्ट कर देना आवश्यक प्रतीत होता है कि डॉ. अम्बेडकर को भारतीय संविधान का निर्माता क्यों कहा जाता है जबकि वे मात्र संविधान प्रारूप

समिति के अध्यक्ष थे। इसकी पुष्टि के लिए बिना विस्तार में गए संविधान लेखन समिति के एक सदस्य टी. टी. कृष्णामाचारी के पाँच नवम्बर, 1948 के भाषण के इस अंश को यहाँ उद्धृत कर देना मात्र यथेष्ठ प्रतीत होता है जिसमें उन्होंने स्पष्ट कहा है कि—यह सभागृह इस वात से परिचित है कि लेखन समिति के कुल सात में से—'एन. गोपालस्वामी अयूयंगर अल्लादि, कृष्णास्वामी अयूयर, के. एम. मुंशी, सर मोहम्मद सादूल्ला, एन. माधव, मेनन, डी.पी. खेतान'—एक ने त्यागपत्र दे दिया। उसकी जगह भरी नहीं गई। एक सदस्य की मृत्यु हो गई। उसकी जगह भी खाली है। एक सदस्य अमेरिका गए। उनका स्थान भी रिक्त है। चौथे सदस्य रियासत सम्बन्धी कार्य में उलझे हुए हैं, इस कारण उनकी सदस्यता नाममात्र है। एक-दो सदस्य दिल्ली से बहुत दूर हैं। उनकी तबीयत बिगड़ जाने के कारण वे लेखन समिति की बैठकों में उपस्थित ही नहीं हो सके। अंततः हुआ यही कि संविधान निर्माण की सारी जिम्मेदारी अकेले अम्बेडकर जी को ही सँभालनी पड़ी। ऐसी स्थिति में उन्होंने जिस पद्धति और परिश्रम से काम किया, उस कारण वे इस सभागृह के आदर के पात्र हैं। राष्ट्र इसके लिए उनका सदा ऋणी रहेगा। (डॉ. बाबा साहब अम्बेडकर—डॉ. सूर्यनारायण रणसुभे : राधाकृष्ण प्रकाशन, दिल्ली-2, पृ. 105-106)। इस तरह यह स्पष्ट है कि बाबा साहब अम्बेडकर के द्वारा ही सम्पूर्ण भारतीय संविधान की रचना की गई है।

एक आम धारणा वास्तव में अफवाह कहें, यह भी प्रचारित है कि बाबा साहब ने मात्र संविधान का प्रारूप तैयार कर दिया था। इसके अतिरिक्त उनमें अन्य कोई उल्लेखनीय बात नहीं थी, जबकि सच यह है कि भारतरत्न डॉ. अम्बेडकर अपने समय के विश्व में उंगलियों पर गण्य न्यायविद्, शिक्षाविद्, अर्थशास्त्री, राजनीतिज्ञ, धर्मज्ञ, समाजशास्त्री तथा मानवतावादी व्यक्तियों में एक थे। उनकी मेधा तथा विद्वता का विश्व के बुद्धिजीवी लोहा मानते थे और भारत के प्रथम प्रधानमंत्री पंडित जवाहरलाल नेहरू ने उनके महानिर्वाण के अवसर पर कहा था : "...डॉ. अम्बेडकर जैसा महामानव सदियों में कभी-कभी उत्पन्न होता है... ।"

बाबा साहब के चिंतन तथा दर्शन की महत्ता का उल्लेख करते हुए तभी तो बाबा साहब के सामाजार्थिक विचारधाराओं पर सबसे पहले शोध कर पी-एच.डी. की डिग्री प्राप्त करनेवाले सुप्रसिद्ध अम्बेडकरवादी डॉ. डी.आर. जाटव ने अपनी पुस्तक—B.R. Ambedkar : Study in Society and Politics में लिखा है कि : "If one goes through all the writings of Ambedkar, one will find a long series of ideas and concepts in them such as education, organization, agitation, radicalism, social change, social security, labour welfare, democracy, socialism, rights, constitutionalism, political power, good government, social justice, economic well being, political participation, nationalism, patriotism, equality, freedom, dignity of man, responsibility and accountability, rationalism, rule of law, free social order, fraternity, morality and religion. Each one tangible, relevant and meaningful to our time and circumstances. Among these ideas and concepts Ambedkar had underlined the trinity of liberty, equality and fraternity, and I understand, his total thrust was on the ideal of fraternity as the sustaining force of human society, its governance and happiness. Whether it is individual, society or state, fraternity provides a cohesive vision to bring all together in a free social order. Fraternity is the backbone of all social and economic justice, and it makes a democratic political system workable in the interests of all communities.

The whole world of Ambedkar's concepts, ideas and ideals, as expounded here and elsewhere in his writings, explicitly shows that Ambedhar was not an escapist and nor was he in favour of the rejection of life he knew, the depressed people especially the Shudras and the Untouchables, were reduced to ashes in the long history of Hindu religion and civilization, yet he emphasized that they must start with renewed participation in life. As I have shown in Ambedar's concept of man and society, man has been viewed as an by withdrawal from life, but by involving himself in it with a swift and exciting return; with grace and effort, a new sense of life could be restored to all those who have been the deprived and the uprooted ones in this land or anywhere else. This morale is a message of life as I found in Ambdkar's ideas and concepts of varied nature, and as a humanist, he envisioned a life of affirmation, creativity and struggle for man in this world.

The ideas and concepts, just described, emphasize change, progress and perseverance in human life. They not only highlight Ambedkar's understanding approach to the problems of man and society, but also expose the major drawbacks in the functioning of the social and political systems in India. He is hailed as a thinker whose restorative message of social liberation will speak to human condition as long as there exists the weak, the lowly and the oppressed whose dignity and equality he had always championed. The ideas and concepts of Ambedkar are an attempt to establish a systematic body of his philosophical thought. After reading them how far one will be influenced, I do not know, but one cannot evade the premises and conclusions inherent in them, which to my mind, many be summarized here :

1. The premises show Ambedkar's remarkable understanding of facts and events. In these, thought is embodied in the most

concrete terms. Such concreteness needs sometimes an explanation, and he comes with appropriate facts to explain an idea. In order to explain human condition, Ambedkar transformed his experience into thought. As a genius, he always looked forward and instilled in the weak, the lowly and the oppressed and urge and enthusiasm for change, progress and perseverance. Although he was generally seen negatively, yet he made a positive contribution to the good of mankind. Nothing can bring a man peace and contentment, but the triumph of principles of doing positive good to others. His thoughts contain such an inspiration to all those who wish the welfare of mankind.

2. The views of Ambedkar have a quality of freshness. It is the freshness of recognition, confidence and concord to come together and throw light on the problems of living and livelihood of the weaker sections of society. The views while diving deep into the mind of Ambedkar, reflect accurately on the national policy and philosophy. Believing that the disciplined citizens make the nation great, he brought the examples of Ashoka. He always hoped that the rulers in a democratic system must work with serenity and great aims of economic and social well being of the people. Thus, Ambedkar's views produce the elevating excitement in those activists and leaders who are devoted and committed to the well being of the entire nation.
3. The underlying point of Ambedkar's thoughts is the message of establishing democracy in its true sense. A democracy is not merely a functioning political system, but is also a way of social life essentially based on the principles of liberty, equality and fraternity. The triumph of these principles would necessarily bring peace and satisfaction to all those who believe in mutual sympathy, concord and co-operation Ambedkar wanted the people, especially the weak and the oppressed to pursue political activity to be united together for social freedom which is still denied to millions of people in this coutry. The foremost passion inherent in the thoughts of Ambedkar it to get freedom of his people from social bondage under which he himself suffered a lot terribly. The hostile circumstances made him a sustained thinker, and his appeal for social equality and human rights transcended all barriers of caste, community and creed.
4. The ideas and theories reflect the greatness of the crusader who spent all his life in the service of man. Ambedkar did never

wish politics to be a profession to earn and to amass wealth instead of being a man to serve the people. The politics, to him, must be a mission to free the people from social evils and economic hardships. The undercurrent of the political thoughts of Ambedkar reveals that land. Capturing power somehow should not be the sole aim of the political parties. The pursuit of wealth, property and posts through politics, while neglecting the real issues of social orientation and economic welfare, is the meanest motive, and is a sure sign of degradation of our political standards and values.

5. In Ambedkar's opinion, as his thoughts show, the message that needs to be propagated all round it that social reconstruction and nation building is possible only through the involvement and participation of all citizens in the development of any democratic set-up of society. It cannot and must not become the monopoly of a few for the few as it seems today. A true democracy of Ambedkar's dreams, presupposes the moral commitment on the part of the politicians for the emancipation of the weaker sections of society. A free market economy should not neglect the legitimate claims of the poor. The tone of social justice, its areas and avenues, have to be energized and expanded through the political authority and non-political agencies like morality and religion. Only then, the Indians can achieve the great aims of social democracy in this country.
6. India is basically a land of different religions, and any political activity cannot ignore this reality. Though politics and religion are two different areas of human life, yet one should detest and despise the trends which have come up in the race of power-politics. The ideas and concepts of Ambedkar show a deep concern for rising casteism, communalism, fundamentalism, fascism and terrorism in the name of Dharma or Religion. That is why he emphasized the need of secularistic approach and socialistic insight in solving the problems of man and society. Ambedkar affirmed that the key to every country's peace and progress is the command of the common people and not the overriding pursuit of self interests of individuals. It may be asserted here that strength of law, morality and religion does not lie in weakening and oppressing others, but in ability to enliven and enriching the interests of all.
7. Ambedkar felt his affinity to the Hindus and Muslims, to the

Sikhs and the Christians, to the Buddhists and the Parsis alike, and he remained a friend and aider of those who would live in a spirit of social equality and in an environment of freedom and fraternity. He was certainly a guiding star in the firmament of the philosophy of humanism. He may be said to have won a place of honour and integrity, if not by the language of his actions, at least by the originality and beauty of his expression he gave to thoughts that are fresh and imperishable. His thoughts, as his writings show, express the wholeness of his experience. Whatever we read in and think of, we find that they embrance the whole of life and experience. In them, the human theme is invariable constant and concrete, and it has been well expressed in a variety of ways.

8. The morality as adhered to by Ambedkar, is essentially social, and he was concerned mainly to improve the morals of society in which human beings live. The foremost duty of man is to love man so that they could develop and establish right relations with one another. The right relations are the expressions of liberty, equality, fraternity, love and compassion. The thoughts of Ambedkar emphasize the need of such plane of social living without any imposition of the order of varna and caste. They are vehemently opposed to any religious text like Manu-Smriti, which recommends relatively harsher treatment for the people of the lower castes. Any political activity or system has to observe and emanate from the social existence of human beings.
9. An important feature of the ideas and concepts of Ambedkar is that they believe that the progress made by man in different spheres has been correlated with the spirit of intellectual quest and adventure. Ambedkar was very particular about reason and examination of all that which has any significance to human condition. A people not impelled by the spirit of inquiry and the passion for truth are seldom able to make important contributions to the growth and progress of the social living of the people. Taken in this sense, dogmatism, belief in the infallibility of religious texts, communalism, casteism, terrorism, fascism and fundamentalism can hardly improve the lot of the weaker sections of society. This is the reason why the people, be they Hindus, Muslims or the Christians, if bereft of the spirit of inquiry, examination and the concern for truth, cannot deserve in practice the simple and charming precepts related to the

benefit, happiness and welfare of all human being.

10. The revealing aspect of the Ambedkar thoughts is that the matters, directly related to God and its creation, soul and its transmigration Avatar reincarnation and its redeeming dose, citadel of heavenly abode, karma and its effects on the next life, moksha and its union with Brahma, miracles of the divine spirits, predetermined fate of human beings, etc., do not find place in Ambedkar's philosophy and approach to the problems of man and society. For these ideas and beliefs in no way improved the lot and quality of the life of the weak, the lowly and the oppressed. Man is himself responsible for what he is, and it is only man, who can solve the problems and remove the hardships by its own efforts. Thus, the ideas and concepts that Ambedkar nourished defend an independent existence of man and ask human being to be responsible, honest and liberal to maintain the order of social equality and rights of the individual. All this signifies the dignity of mankind.

11. The most instructive feature of the views analysed earlier is that Ambedkar had supported wholeheartedly the parliamentary system of government as an essential aspect of the basic democracy, and he wanted it to be the embodiment of the will of the people. It has to fulfil the urgent needs and aspirations of the whole of the nation. The views well recognize that India consists of a pluralistic society where conflicting interests and aspirations necessarily exist, and thereforce, a liberal political management is the need of the pluralistic society. The role of parliamentary system, as Ambedkar envisaged, is to educate the people for their involvement and participation in all development processes and projects. It has to adopt a secular and humanistic approach to solve the problems of all communities. It cannot function with one magic formula to help the people. A parliamentary democracy is a system of viable alternatives. It offers a variety of opportunities through elections and to that end, a healthy and honest party system is an essential ingredient in its successful functioning. The views of Ambedkar, thus emphasize that a democratic way of life is the only way through which the people especially the lowly, the poor and the oppressed, can achieve tangible and enduring social progress.

12. The ideas and theories of Ambedkar assert that everyone irrespective of his economic status, social set up and religious

faith must have opportunity to get proper education. At this fast changing moment, the only way of social freedom is education, and education should be a conscious, methodical application of the best means so that the masses hitherto deprived of it may know how to live like respectable human being. Education stands for knowledge which means knowing things and develop useful techniques of the betterment of society and environment. Thus, the thoughts of Ambedkar are meaningful and relevant; they define our aim; and help the people to adopt a new philosophy in action to emerge. A new philosophy must end eavor to fulfil the aims and aspirations of the people of all shades.

13. The views contained in this volume abundantly elucidate that to Ambedkar, a life of brute facts and beastly pleasures does not signify the way of human excellence. He considered values more important than riches in human life. For values guide man's behavior and give meaning to his existence. A man is known and identified by the basic values he cherishes. Some people do not think that values form an essential part of our society. Indeed, from values emanate the excellences of human life such as love, friendship, uprightness, compassion and co-operation, which in turn, help the people to maintain a just society based on freedom, equality, a life dream that was cherished by Ambedkar, who emphasized the need to emulate the highest moral values in human life. A just society is not something which can be created by some magic wand; but it requires a large measure of co-operation, self discipline, restraint and regulation. A just society demand many virtues, the ability and honesty of the people. Of course, it demands a certain devotion to work for the emancipation of the hitherto neglected sections of society. The more the self discipline, devotion to work and a sense of service to the needy, the higher would be the development towards a just society. To think and realize the aims of it, the ideas and concepts of Ambedkar provide a sufficient stock of values and standards, if the people strive for fuller and more intense participation in the democratic process and, with it, greater self-discipline, honesty and devotion by the participants.

14. It is evident now that Ambedkar gave a new idiom of protest and reform. He guided the national movement and specified

the role of the depressed and the oppressed classes. He transformed the political scenario into a movement of social liberation. The politics of emancipation assumed new meaning and content. These classes started involving themselves into an upsurge for social freedom, though slowly and steadily. It proved a vital first step towards democratic evolution, that is, to capture political power through constitutional means, yet the political situation in the country has now emerged as showing the signs of radical change. It may seem strange to those who believe in status-quo, but things are turning fast beyond their comprehension. In case, Ambedkar's political thinking for systematic transformation of social stagnancy into a dynamic change gains sustenance, much of its gain can be attributed to his candid assessment of India's historical forces. Ambedkar's resolve was based on the inviolable fact of courage and fearlessness even in the face of his fierce critics and adversaries. He emerged as the sole and sensible thinker who opposed all that was irrational, sub-nationalistic and fissiparous.

15. After his thorough going analysis of Hindu society and its social mechanism, Ambedkar was convinced that there was not any genuine and just possibility of change from within. In the absence of internal change or in people's mentality, he felt that the process of law was necessary for radical changes in Indian society. Unless law comes in the forefront and makes the society move, it will not move. Ambedkar waited for a number of years to see whether the Hindu society would change its social structure, particularly the enslavement of the dalits and the women, as a result of the upheavals in the modern world, but he found it in the state of more injustice and oppression of the weaker sctions. It is for this reason that Ambedkar wanted government and law to come to their rescue in order that Indian society may move on the road towards right relations between man and men.

Now it becomes essential to enquire and assess the emerging political acumen and qualities of leadership of Ambedkar, who has become the guiding star for the masses in the existing situation. His dedicated and honest leadership has won for him universal recognition, acclaim and respect. He felt the pulse of the common man and ultimately impelled the leaders and intellectuals, the reformers and activists, to look into the hardships and sufferings of the neglected poor and the illiterate lot of our society. The infinite potentialities as well as the decisiveness and irreversibility of Ambedkar's vital movement can no longer be doubted and ignored by a small percentage of the dominant groups in India. What is most significant now is to observe that Ambedkar's ideas and movements right from the second decade of this century in India snowballed into his role as a leader of the masses. No other Indian leader, reformer or activist before him could either perceive this reality or translate it into practice. He advised the masses to exactly know the nerve of the situation, and to channelize it a right direction of social and economic justice.

To be berief, for Ambedkar, the meaning of our political independence was not only to get out of the grip of the British hegemony, but to establish a social system where all men and women could live a life free from slavery and economic exploitation. Ambedkar was a revolutionary, who was not swayed by emotions and animosities; he was committed to the philosophy of humanism, secularism and socialism. He was a man of rational thinking and realistic approach as is evident from the ideas and theories contained in his writings and speeches. Thus, he did no longer remain a leader of a particular community, he became the messiah of the masses. He was the father of the politics of emancipation, but did not subscribe to the policy of appeasement. Ambedkar proved himself to be a radical analyst and always stood on the ground realities of Indian life and society. That is why he guided and asked the masses to be conscious and active to defend what was just and needful to all the citizens of this land, but through the moral and constitutional means alone available to them and that may really be effective if properly exercised by the people.[1]

इस पुस्तक का प्रणयन बाबा साहब की इसी बहुमुखी प्रतिभा के उद्घाटन के लिए किया गया है। अब हम भारतीय संविधान तथा डॉ. अम्बेडकर द्वारा रचित विभिन्न रचनाओं के आधार पर उनके बहुविषयक विचारों एवं सिद्धान्तों का गवेषणात्मक अध्ययन कर यह देखेंगे कि वे मात्र दलितों के मसीहा नहीं हैं; बल्कि वे समस्त मानवता के कल्याण एवं उत्थान के लिए अहर्निश शंखनाद करनेवाले मानवता के महान पुजारी थे।

सबसे गंभीर आरोप डॉ. अम्बेडकर पर इस बात को लेकर लगाया जाता है कि उन्होंने अनुसूचित जाति/जनजाति के लिए संविधान में जाति के आधार पर आरक्षण की व्यवस्था करके समाज के अन्य वर्ग एवं वर्ण के प्रति विभेद किया। यहाँ प्रारंभ में ही यह स्पष्ट कर देना आवश्यक है कि बाबा साहब ने संविधान में किस जाति को आरक्षण दिया जाए, उसका एक जगह भी नामोल्लेख तक नहीं

किया है। यह काम सरकार और संसद के जिम्मे किया है कि वह तय करे कि आरक्षण किस जाति को देनी है।

संविधान के अनुच्छेद-15 में स्पष्ट लिखा गया है कि राज्य, जनता के दुर्बल वर्गों के विशिष्टतया अनुसूचित जातियों और जनजातियों के शिक्षा और अर्थ सम्बन्धी हितों की विशेष सावधानी से अभिवृद्धि करेगा और सामाजिक अन्याय और सभी प्रकार के शोषण से उनकी संरक्षा करेगा। [Prohibition of discrimination on grounds of religion, race, caste, sex or place of birth–The State shall not discriminate against any citizen on grounds of religion, race, caste, sex, place of birth or any of them.] इसी तरह संविधान के अनुच्छेद-16 में लिखा गया है कि [There shall be equality of opportunity for all citizens in matters relating to employment or appointment to any office under the state.][2] गौरतलब है कि यहाँ आरक्षण की संवैधानिक व्यवस्था या व्याख्या करने में डॉ. अम्बेडकर के द्वारा पूरे संविधान में कहीं भी किसी जाति विशेष के नाम तक की चर्चा नहीं की गई है। यह पूर्णतः राज्य या सरकार के विवेक पर छोड़ दिया गया है कि वह देखे संविधान का अनुच्छेद-341 एवं 342, अनुसूचित जातियों तथा जनजातियों की सूची में किस जाति को शामिल करेगी, वह उसका काम है। तात्पर्य यह कि सरकार आरक्षण के तहत आर्थिक, सामाजिक तथा शैक्षणिक दृष्टि से पिछड़े हुए लोगों को मुख्य धारा में शामिल करने के लिए स्वविवेकानुसार विशेष प्रावधान कर सकती है। इसमें किस जाति को अनुसूचित जाति अनुसूची में तथा किस जाति को अनुसूचित जनजाति अनुसूची में डालना है, इससे तो डॉ. अम्बेडकर को कोई मतलब ही नहीं था। यह काम तो सरकार के हाथ में था और अब भी है और सरकार ही तब भी अपने निर्णय के अनुसार इन अनुसूचियों में जातियों का नाम शामिल करती थी और आज भी कर रही है। फिर इस आधार पर संविधानशिल्पी डॉ. अम्बेडकर को केवल दलितों का मसीहा कहना क्या न्यायसंगत है?

जो लोग अम्बेडकर पर दलितों के लिए स्थायी तौर पर आरक्षण की संवैधानिक व्यवस्था कर देने का आरोप लगाते हैं, उनके सुलभ प्रसंग के लिए डॉ. अम्बेडकर के द्वारा ही इसी संविधान में अंकित की गई इस बात को यहाँ उद्धृत कर देना प्रासंगिक है कि वे इसके पक्ष में थे ही नहीं। यथा संविधान के अनुच्छेद-334 में उन्होंने लिखा कि–स्थानों के आरक्षण और विशेष प्रतिनिधित्व का साठ वर्ष के पश्चात् न रहना–इस भाग के पूर्वगामी उपबंधों में किसी बात के होते हुए भी लोक सभा और राज्यों की विधान सभाओं में अनुसूचित जातियों

और अनुसूचित जनजातियों के लिए स्थानों के आरक्षण सम्बन्धी, और लोक सभा में राज्यों की विधान सभाओं में नाम निर्देशन द्वारा आंग्ल भारतीय समुदाय के प्रतिनिधित्व सम्बन्धी इस संविधान के उपबंध इस संविधान के प्रारंभ से साठ वर्ष की अवधि की समाप्ति पर प्रभावी नहीं रहेंगे।"[3] यहाँ यह उल्लेखनीय है कि इस तरह की संवैधानिक व्यवस्था करने के लिए डॉ. अम्बेडकर को तात्कालिक परिस्थितियों के कारण बाध्य किया गया था। वे इस समस्या के समाधान के लिए कुछ दूसरी ही व्यवस्था करने के पक्षधर थे।

इसी तरह अनुच्छेद-335 में सेवाओं और पदों के लिए अनुसूचित जातियों और अनुसूचित जनजातियों के दावों के सम्बन्ध में लिखा गया है कि—संघ या किसी राज्य के कार्यकलाप से संबंधित सेवाओं और पदों के लिए नियुक्तियाँ करने में, अनुसूचित जातियों और अनुसूचित जनजातियों के सदस्यों के दावों का प्रशासन की दक्षता बनाये रखने की संगति के अनुसार ध्यान रखा जाएगा। अनुच्छेद-336 में कुछ सेवा में आंग्ल भारतीय समुदाय के लिए विशेष उपबंध करने हेतु कहा गया है कि—इस संविधान के प्रारंभ के पश्चात् प्रथम देश वर्ष के दौरान संघ की रेल, सीमा शुल्क, डाक और तार सम्बन्धी सेवाओं में पदों के लिए आंग्ल भारतीय समुदाय के सदस्यों की नियुक्तियाँ उसी आधार पर की जाएँगी जिस आधार पर 15 अगस्त, 1947 से ठीक पहले की जाती थीं। **परन्तु इस संविधान के प्रारंभ से 10 दस वर्ष के अंत में ऐसे सभी आरक्षण समाप्त हो जाएंगे।**[4]

बाबा साहब की मृत्यु तो संविधान लागू होने के छः वर्ष बाद ही हो गई। फिर बाबा साहब आरक्षण की अवधि विस्तार के लिए दोषी कैसे हैं? यह स्वयमेव विचारणीय है। लेकिन विश्वविख्यात न्यायविद् तथा महान मानवतावादी बोधिसत्व बाबा साहब भारतरत्न डॉ. अम्बेडकर के व्यक्तित्व को धूमिल करने तथा जनमानस में उनकी छवि मात्र दलित हितचिंतक के रूप में प्रचारित-प्रसारित करने के लिए जान-बूझकर उनके विषय में यह गलत प्रचार कुछ मानवता-द्रोहियों के द्वारा किया जाता है।

मात्र 10 वर्ष के लिए ही आरक्षण की बात कही थी डॉ. अम्बेडकर ने

बावजूद इसके बाबा साहब को संशय था कि राजनीतिक पार्टियाँ इसका गलत मंशा से उपयोग कर सकती हैं। इसलिए उन्होंने स्पष्ट किया कि यह व्यवस्था मात्र 10 वर्ष के लिए की जानी चाहिए और इस अवधि में वे सारे प्रयास पूर्ण कर लेने चाहिए जिससे कि इसे आगे जारी रखने की गुंजाइश ही शेष नहीं बचे। स्पष्ट

है कि बाबा साहब इस सुविधा को बैसाखी बनने देने के पक्ष में नहीं थे। उन्होंने इसे और स्पष्ट करते हुए कहा कि यदि पूर्ण ईमानदारी से इस व्यवस्था को लागू किया जाएगा तो निश्चित रूप से 10 वर्ष के बाद इसको जारी रखने की आवश्यकता स्वतः समाप्त हो जाएगी।

यदि महान मानवतावादी डॉ. अम्बेडकर के उपरोक्त दृष्टिकोण के बाद भी उन्हें आज भी मात्र दलितों के मसीहा के रूप में बिम्बित किया जाता है तो इसे मानवता के उपहास के सिवा और क्या कहा जा सकता है!

डॉ. अम्बेडकर की भविष्यद्रष्टा दृष्टि की चर्चा करते हुए संविधानविद् सुभाष सी. काश्यप ने अपनी पुस्तक Citizens And The Constitution में लिखा है कि : Unfortunately however, while very little has been done during the last six decades and more to uplift the poorest amongst these sections economically, educationally or socially, the issue of reservations has become highly politicized. The thus far exploited Scheduled Castes, Scheduled Tribes and Backward Classes have been reduced to mere vote banks in the calculations of politicians anxious to get to power and to stay there. Perhaps, Dr. Ambedkar forsaw and feared such developments and that was why while favouring reservations for a period much longer than 10 years, he expressed himself strongly against giving power to Parliament to extend by law the period of reservations.[5]

इसी तरह व्यवस्थापिका में आरक्षण के सम्बन्ध में डॉ. अम्बेडकर के द्वारा प्रावधान किया गया है। संविधान के अनुच्छेद-341 एवं 342 में स्पष्ट उल्लेखित कर दिया गया है कि—

1. The President [may with respect to any State or Union territory], and where it is a State…after consultation with the Governor […there of] by public notification [specify the castes, races or tribes or parts of or groups within castes, races or tribes which shall for the purposes of this constitution be deemed to be Scheduled Castes or Scheduled Tribes in relation to that State [or Union territory, as the case may be].
2. Parliament may by law include in or exclude from the list of Scheduled Castes or Scheduled Tribes specified in a notification issued under clause (1) or (2) any caste, race or tribes, or part of or group within any caste, race or tribes, but save as aforesaid notification issued under the said clause shall not be varied by any subsequent notification.[6]

तात्पर्य यह कि अनुसूचित जाति या जनजाति की सूची में किस जाति, नस्ल या कबीला को शामिल किया जाएगा, यह पूर्णतः भारत के राष्ट्रपति के

विवेकाधिकार पर आश्रित है तथा यह उनका सत्वाधिकार भी है। अम्बेडकर को दलितों का मसीहा तो तब कहा जाना वाज़िब होता जब वे संविधान में जातियों का नाम इंगित कर देते तथा यह उपबंध लागू कर देते कि इन जातियों को ही आरक्षण का लाभ दिया जाना है।

कुछ लोगों का यह तर्क हो सकता है कि आखिर संविधान में आरक्षण की व्यवस्था के कारण ही तो दलितों को यह सुविधा उपलब्ध है जिसके कारण दलितों से भी अधिक दलित-दमित जातियाँ उपेक्षित हैं। तो प्रथमतः इसका समाधान यह है कि अनुसूचित जाति या जनजाति की अनुसूची में जातियों को परिगणित करने का काम डॉ. अम्बेडकर के द्वारा नहीं किया गया है। जैसा कि नाम से ही स्पष्ट है, अनुसूची का अर्थ जाति नहीं; बल्कि लिस्ट होता है। इस अनुसूची को बनाने तथा इसमें किस जाति को शामिल करना है, यह काम तथा अधिकार सरकार को सौंपा गया है और इस काम को सरकारें ही करती हैं। इसमें डॉ. अम्बेडकर का कोई योगदान नहीं था। फिर उनके ऊपर यह निराधार तथा गलत आरोप लगाना कहाँ तक न्यायसंगत है? साथ ही अनुसूची में नामित जाति को किसी भी आधार पर अस्पृश्य या दलित कहने का कोई औचित्य नहीं ठहरता है। फिर भी इसका मनमाना अर्थ लगाया जा रहा है तथा तद्नुकूल भेदभाव भी बरता जा रहा है। यह मानवता के माथे पर अशोभन कलंक के समान है। इस पर विवेकशील मानव को गौर करना चाहिए।

दूसरा, जातियों की इस अनुसूची को बनाने की स्वतंत्रता संसद को प्रदान की गई है। अनुच्छेद-341 एवं 342 में इसे स्पष्ट करते हुए लिखा गया है कि–

1. The President may with respect to any State [or Union territory], and [where it is a state] after consultation with the Governor [thereof] by public notification specify the castes, races or tribes or parts of groups within castes, races or tribes which shall for the purposes of this Constitution be deemed to be Scheduled Castes in relation to that state [or Union territory, as the case may be].
2. Parliament may by law include in or exclude from the list of Scheduled Castes specified in a notification issued under clause (1) any caste, race or tribe or part of or group within any caste, race or tribe, but save as aforesaid a notification issued under the said clause shall not be varied by any subsequent notification.

In the same manner article 342 describes the condition of inclusion or exclusion of Scheduled Tribe castes in the scheduled prepared by the govt. The President [may with respect to any state or union territory] and where it is a state, after consultation with the Governor [thereof] by public notification specify the tribes or tribal communities or parts of or groups within tribes or tribal communities which shall for the purposes of this Constitution be deemed to be Scheduled Tribes in relation to that state [or union territory, as the case may be].

3. Parliament may by law include in or exclude from the list of Scheduled Tribes specified in a notification issued under clause (1) any tribe or tribal community or tribe or part of or group within any tribe or tribal community, but save as aforesaid a notification issued under the said clause shall not be varied by any subsequent notification.[7]

इस तरह यह स्पष्ट है कि संसद ही इस अनुसूची में सर्वेक्षण कराकर जातियों का नाम जोड़ने तथा छोड़ने के लिए प्राधिकृत है। यही कारण है कि आरक्षण के लिए तैयार अनुसूचित जाति एवं जनजाति के लिए बनाई जाने वाली अनुसूची का आप अवलोकन करेंगे तो पाएंगे कि समय-समय पर इन अनुसूचियों में ऐसी जातियों को शामिल किया गया है जो सामाजिक स्तर पर वास्तविक अनुसूचित जाति तथा जनजाति समुदाय के लोगों की तरह लांछित, प्रताड़ित तथा उपेक्षित अस्पृश्य नहीं हैं। उदाहरण के लिए राजस्थान की मीना जाति तथा जम्मू-कश्मीर के कुछ चौहन जाति के लोगों को अनुसूचित जनजाति की अनुसूची में शामिल किया गया है और वे इसका लाभ भी ले रहे हैं। लेकिन सामाजिक स्तर पर वे अनुसूचित जनजाति के दंश से मुक्त दूसरी संभ्रात जातियों की तरह सामाजिक प्रतिष्ठा की समकक्षता को प्राप्त किए हुए हैं।

पिछड़ी जातियों के लिए भी आरक्षण की वकालत डॉ. अम्बेडकर ने ही की थी

इतना ही नहीं, सामाजिक, आर्थिक तथा शैक्षणिक रूप से पिछड़ी जातियों को उन्नयन तथा समता प्रदान करने के लिए भी इसी तरह की आरक्षण की व्यवस्था का प्रस्ताव बाबा साहब भीमराव अम्बेडकर ने ही इसी संविधान में किया है। संविधान के अनुच्छेद- 340 में स्पष्ट लिखा गया है कि–

1. The President may by order appoint a commission consisting of such persons as he thinks fit to investigate the conditions of socially and educationally backward classes within the territory of India and the difficulties under which they labour and to make recommendations as to the steps that should be taken by the Union or any State to remove such difficulties and to improve their condition and as to the grants that should be made for the purpose by the Union or any State and the conditions subject to

which such grants should be made, and the order appointing such Commission shall define the procedure to be followed by the Commission.

2. A Commission so appointed shall investigate the matters referred to them and present to the President a report setting out the facts as found by them and making such recommendations as they think proper.[8]

यह कहने की आवश्यकता नहीं है कि इन्हीं उपरोक्त संवैधानिक प्रावधानों के तहत मंडल आयोग का गठन संभव हुआ और इसी के आधार पर आयोग की अनुशंसाओं को मानते हुए क्रमशः प्रादेशिक एवं केन्द्रीय सेवाओं में पिछड़ी जातियों के लोगों को आरक्षण का लाभ मिल रहा है।

इसे आप बाबा साहब का कैसा दलित प्रेम कहेंगे? क्या जो इस मानवता के सेवक को बावजूद इसके केवल दलित का मसीहा कहते हैं, यह तर्कसंगत है? कहना न होगा कि मंडल कमीशन कोई नई अवधारण न होकर बाबा साहब द्वारा किए गए संवैधानिक प्रावधान का मात्र क्रियान्वयन है। अद्भुत तो यह तथ्य है कि संविधानशिल्पी डॉ. अम्बेडकर की मानवतावादी तथा भविष्यद्रष्टा दृष्टि के कारण ही मंडल कमीशन की सिफारिश लागू करते समय समाज की आर्थिक रूप से कमजोर सवर्ण महिलाओं को भी सरकारी सेवाओं में आरक्षण का लाभ दिया गया। जब अम्बेडकर के द्वारा किए गए संवैधानिक प्रावधानों के कारण भारतीय समाज में आर्थिक, सामाजिक तथा शैक्षणिक दृष्टि से पिछड़े सभी लोगों को लाभ मिला या मिल रहा है तो वे मात्र दलितों के मसीहा कैसे हो गए?

मौलिक अधिकार के निरूपण में डॉ. अम्बेडकर का मानवतावादी दृष्टिकोण

मूल या मौलिक अधिकार के मूल में जाया जाए तो ऐसा प्रतीत होता है कि वास्तव में यह नैसर्गिक अधिकार का प्रतिरूप है या यूँ कहा जाए कि संवैधानिक मौलिक अधिकार किसी स्वतंत्र देश के निवासी का नैसर्गिक अधिकार है। यह उसे उसी तरह मिलना चाहिए जैसे हवा, पानी, प्रकाश, पृथ्वी तथा आकाश मिला हुआ है। बाबा साहब ने भारतीय संविधान में मौलिक अधिकारों की व्यवस्था करते समय इसको अपने दिल व दिमाग में किस तरह रखा था, इसका आभास हमें मौलिक अधिकारों के गवेषणात्मक अध्ययन से स्वतः हो जाता है। इतना तो निर्विवाद रूप से कहा जा सकता है कि जिस तरह जीवन की प्रत्येक मूलभूत आवश्यकता को जिस सारगर्भिता के साथ भारतीय संविधान के मौलिक अधिकार अध्याय में पिरो दिया गया है, वह विश्व के अन्य किसी देश के संविधान में शायद ही सुलभ हो।

इस अध्याय में संविधानशिल्पी बाबा साहब अम्बेडकर ने किसी भी आधार पर मानव-मानव में विभेद की मनाही की है। साथ ही प्रचलित विभेद को मिटाने के लिए व्यवस्था भी दी है। बाबा साहब के द्वारा विभेद को मिटाकर समता को लाने के लिए जिन नीतियों को अपनाने की बात कही गई है, उन्हीं में विभेदवादियों को असमानता नजर आती है। इसे मानवता के दुर्भाग्य के अतिरिक्त और क्या कहा जा सकता है!

यहाँ सभी मौलिक अधिकारों के समाजार्थिक विवेचन करने का अवकाश नहीं है; क्योंकि भारतीय संविधान में वर्णित मौलिक अधिकार की व्याख्या से भारतीय भलीभाँति भिज्ञ हैं। लेकिन संक्षेप में उसकी चर्चा इसलिए आवश्यक है कि उसे समताभावी दृष्टि से देखने पर यह स्वतः स्पष्ट हो जाएगा कि इसमें पक्षपात की कहीं भी चेष्टा नहीं की गई है। अनुच्छेद-14 से लेकर 32 तक में इसकी चर्चा है। मसलन अनुच्छेद-14 समता का अधिकार, अनुच्छेद-15 धर्म, नस्ल, जाति या जन्म स्थान के आधार पर विभेद की मनाही, अनुच्छेद-16 रोजगार के मामले में समता, अनुच्छेद-17 अस्पृश्यता का अंत, अनुच्छेद-18 उपाधि का उन्मूलन, अनुच्छेद-19 स्वतंत्रता का अधिकार, अनुच्छेद-20 दोषसिद्धि के मामले में समता का पालन, अनुच्छेद-21 जीवन एवं वैयक्तिक स्वतंत्रता का अधिकार, अनुच्छेद-22 गिरफ्तारी एवं निरुद्धि के मामले में संरक्षण, अनुच्छेद-23 शोषण के विरुद्ध अधिकार, अनुच्छेद-24 बच्चों के—कारखानों में नियोजन से मनाही, अनुच्छेद-25 धार्मिक स्वतंत्रता का अधिकार, अनुच्छेद-26 धार्मिक आयोजनों का अधिकार, अनुच्छेद-27 किसी धर्म के उन्नयन के लिए कर भुगतान की स्वतंत्रता, अनुच्छेद-28 कुछ शैक्षणिक संस्थानों में धार्मिक अर्चन की स्वतंत्रता का अधिकार, अनुच्छेद-29 सांस्कृतिक एवं शैक्षणिक अधिकार, अनुच्छेद-30 अल्पसंख्यकों को शैक्षणिक संस्थान स्थापित करने का अधिकार, अनुच्छेद-31 राज्य द्वारा राजवारों [estates] के अधिग्रहण का अधिकार एवं अनुच्छेद-32 संवैधानिक उपचार का अधिकार।

उपरोक्त मौलिक अधिकारों में कौन से ऐसे अधिकार हैं जिनसे डॉ. अम्बेडकर के दलित प्रेमी होने की पुष्टि होती है, यह विवेचनीय तथा मननीय विषय है। कोई भी व्यक्ति कह सकता है कि उपरोक्त वर्णित सभी मूल अधिकारों में समग्र मानवता के हित चिंतन की अवधारणा के अतिरिक्त कुछ भी व्याख्यायित नहीं है; बल्कि देश के भीतर रहने वाले सभी धर्म, सम्प्रदाय तथा नस्ल के लोगों के लिए समरूप व्यवस्था है। फिर बाबा साहब को मात्र दलितों का मसीहा कहना

कहाँ तक तर्कसंगत है?

यह सर्वविदित है कि मौलिक अधिकार की अवधारणा संविधान की आत्मा के समान है। इसमें संविधानशिल्पी डॉ. अम्बेडकर ने कहीं भी किसी भी आधार पर भारतीय नागरिकों के साथ कोई भेदभाव नहीं किया है। साथ ही बाबा साहब ने मौलिक अधिकारों की चर्चा संविधान में करते समय वांछित सभी मर्यादाओं का भरपूर खयाल रखा है। इस सम्बन्ध में न्यायमूर्ति मुखर्जी द्वारा गोपालन बनाम मद्रास राज्य के मामले में की गई टिप्पणी यहाँ उल्लेखनीय है–'स्वतंत्रता आत्यंतिक या अनियंत्रित अथवा बंधनों से सर्वथा मुक्त नहीं हो सकती क्योंकि उससे तो अराजकता और अव्यवस्था हो जाएगी। सभी अधिकारों की प्राप्ति और उसके उपभोग पर...ऐसे युक्तियुक्त निर्बन्धन लगाए जा सकते हैं जो देश के शासकों द्वारा समाज की निरापदता, स्वास्थ्य, शांति, साधारण व्यवस्था और नैतिकता के लिए आवश्यक समझे जाएं। प्रत्येक प्रकरण में यह व्यक्ति और समाज के परस्पर विरोधी हितों के समायोजन का प्रश्न होता है।...सामान्यतया प्रत्येक व्यक्ति को यह छूट है कि वह डच्छानुसार अपना जीवन चलाए। वह चाहे जो कहे, चाहे जहाँ जाए, अपनी इच्छानुसार व्यापार, उपजीविका, या कारोबार करे। वह जो भी विधिपूर्ण कार्य करना चाहता है, करे और उसमें कोई भी व्यक्ति बाधा या अड़चन न पहुँचाए। किन्तु इन स्वतंत्रताओं के संरक्षण के लिए समाज को कुछ शक्तियों की आवश्यकता पड़ती है। इसलिए संविधान जनता के अधिकारों की घोषणा करने में व्यक्ति की स्वतंत्रता और सामाजिक सुरक्षा के बीच संतुलन करता है। संविधान का अनुच्छेद-19 व्यक्ति की स्वतंत्रताओं की एक सूची देता है और विभिन्न खंडों में वे निर्बन्धन दर्शाता है जो उन पर लगाए जा सकते हैं जिससे उनका कल्याण या साधारण सदाचार से संघर्ष नहीं हो।[१]

तात्पर्य यह कि स्वतंत्रता का यदि गलत अर्थ लगाया जाता है या उसका गलत उपयोग किया जाता है तो वह स्वच्छंदता का रूप अख्तियार कर लेती है, और स्वच्छंदता अंततः हमें गुलामी से भी बदतर स्थिति में ला देती है। इसलिए बाबा साहब ने मौलिक अधिकारों की व्यवस्था करते समय इन मार्यादाओं का पूरा खयाल रखा है। आज यदि देश के गरीब से गरीब व्यक्ति को भी इस देश में जीने का अधिकार प्राप्त है तो वह मौलिक अधिकार की ही देन है और यदि किसी भी तरह की असमानता तथा भेदभाव कायम है तो उन लोगों के कारण, जो अपने ही समान आदमी को आदमी कहने और आदमी का अधिकार देने के पक्ष में नहीं हैं। भारतीय संविधान में वर्णित मौलिक अधिकार का सम्मान करना नहीं चाहते हैं। गैर-बराबरी के हिमायती हैं।

बाबा साहब एक कुशल समाजशास्त्री तथा अर्थशास्त्री भी थे। वे जानते थे कि वर्षों की गुलामी के बाद आजाद हुए भारत के लिए यह संभव नहीं है कि एक साथ देश के प्रत्येक नागरिक की आवश्यकताओं की पूर्त्ति वह कर सके। इसके साधन-स्रोत सीमित हैं। जरूरतें उसकी तुलना में अधिक हैं। इसलिए शनैः-शनैः नागरिकों की वैसी आवश्यकताओं को भी पूरा करने के लिए उन्होंने संविधान में निर्देश दिए जो कालक्रम में देश के नागरिकों के सर्वांगीण विकास को मूर्त्तरूप प्रदान कर सकें। नीति निर्देशक तत्वों की चर्चा करते हुए बाबा साहब ने कहा कि राज्य ऐसी सामाजिक व्यवस्था की, जिसमें सामाजिक, आर्थिक और राजनीतिक न्याय राष्ट्रीय जीवन की सभी संस्थाओं को अनुप्राणित करे, भरसक प्रभावी रूप में स्थापना और संरक्षण करके लोक कल्याण की अभिवृद्धि का प्रयास करेगा।

राज्य विशिष्टतया आय की असमानताओं को कम करने का प्रयास करेगा और न केवल व्यक्तियों के बीच बल्कि विभिन्न क्षेत्रों में रहने वाले और विभिन्न व्यवसायों में लगे हुए लोगों के समूहों के बीच भी प्रतिष्ठा, सुविधाओं और अवसरों की असमानता समाप्त करने का प्रयास करेगा। बावजूद इसके आज देश के अस्सी प्रतिशत धन एवं साधन स्रोतों पर मात्र बीस प्रतिशत लोगों का और बीस प्रतिशत धन पर अस्सी प्रतिशत लोगों का अधिकार है तो यह दोष किसका है? बाबा साहब ने तो संविधान में ऐसी व्यवस्था नहीं की है। फिर दोषी कौन हैं? असामानता के लिए जिम्मेवार कौन हैं? क्या बाबा साहब ने यह सुझाव केवल दलितों के उत्थान के लिए दिया था? यदि आज दूसरी जातियों में भी विपन्नता है और उनकी जाति के कुछ लोग अधिकतर सुविधाओं पर कुण्डली मारकर बैठे हैं तो इसमें दोष किसका है?

संविधानशिल्पी डॉ. अम्बेडकर ने संविधान के अनुच्छेद-38 में कहा कि राज्य लोककल्याण की अभिवृद्धि के लिए सामाजिक व्यवस्था बनाएगा। 39-क—सामान्य न्याय और निःशुल्क विधिक सहायता की व्यवस्था करेगा। 40—ग्राम पंचायतों का संगठन करेगा। 41—कुछ दशाओं में काम, शिक्षा और लोक सहायता पाने का उपाय करेगा। 42—काम की न्यायसंगत और मानवोचित दशाओं का तथा प्रसूति सहायता का उपबंध करेगा। 43—कर्मकारों के लिए निर्वाह, मजदूरी आदि की व्यवस्था करेगा। 43-(क)—उद्योगों के प्रबंध में कर्मकारों की भागीदारी सुनिश्चित करेगा। 44—नागरिकों के लिए एक समान सिविल संहिता की व्यवस्था करेगा। 45—छह वर्ष से कम आयु के बच्चों की बाल्यावस्था की देखभाल और शिक्षा के लिए प्रावधान करेगा। 46—अनुसूचित जातियों, जनजातियों और अन्य दुर्बल वर्गो

के शिक्षा और अर्थ सम्बन्धी हितों की अभिवृद्धि करेगा। 47—पोषाहार स्तर और जीवनस्तर को उँचा करने तथा लोक स्वास्थ्य का सुधार करने का प्रयास करेगा। 48—कृषि और पशुपालन का संगठन करेगा। 48 (क)—पर्यावरण का संरक्षण तथा संवर्द्धन और वन तथा वन्य जीवों की रक्षा का उपाय करेगा। 49—राष्ट्रीय महत्त्व के संस्मारकों, स्थानों और वस्तुओं का संरक्षण सुनिश्चित करेगा। 50—कार्यपालिका से न्यायपालिका का पृथक्कीकरण सुनिश्चित करेगा। 51—अन्तर्राष्ट्रीय शांति और सुरक्षा की अभिवृद्धि करेगा।[10]

यहाँ यह स्वतः स्पष्ट है कि इन सिद्धान्तों में कहीं भी संविधान निर्माता के द्वारा किसी भी नागरिक के साथ भेदभाव नहीं बरता गया है। सच तो यह है कि आज संघ तथा प्रांतीय सरकारों के द्वारा बाबा साहब के सुझाए गए इन्हीं नीति निदेशक तत्वों का अनुसरण कर विभिन्न कार्यक्रम नए-नए नामों से संचालित कर उन्हें अपना-अपना अभिनव आविष्कार मान कर खुद अपने हाथों अपनी पीठ थपथपाई जा रही है। क्या किसी ने यह सोचने या कहने का कष्ट किया है कि यह सब मानवतावादी डॉ. अम्बेडकर के सुप्रयासों का प्रसाद है? यह इस देश का दुर्भाग्य ही है कि यहाँ जाति के नाम पर हमेशा से मनीषियों में विभेद किया जाता रहा है तथा यदि जाति ग्राह्य नहीं हुई तो झूठी लांछना लगाकर उन्हें गुमनामी के गर्त में ढकेल देना या फिर अपमानित कर देना बौद्धिक श्रेष्ठता मानी जाती रही है।

सन्दर्भ ग्रंथों/स्रोतों की सूची

1. B.R. Ambedkar : Study in Society and Politics, D.R. Jatava, Page 209-217
2. भारत का संविधान : डॉ. जय जयराम उपाध्याय, सेंट्रल लॉ एजेन्सी, 30 डी./1 मोतीलाल नेहरू रोड, इलाहाबाद, पृष्ठ 06
3. वही, पृष्ठ 186-187
4. वही, पृष्ठ 187
5. Citizenes And The Constitution, Subhas C. Kshyap
6. भारत का संविधान, डॉ. जय जयराम उपाध्याय, पृष्ठ 193
7. वही, पृष्ठ 193-194
8. वही, पृष्ठ 193
9. वही, पृष्ठ 06
10. वही, पृष्ठ 21

अध्याय : दो

कार्यपालिका-व्यवस्थापिका-न्यायपालिका

किसी भी देश का शासन संचालन चाहे जिस नाम से हो वहाँ कार्यपालिका, व्यवस्थापिका तथा न्यायपालिका किसी-न-किसी रूप में कार्यरत रहती ही है। आज के आधुनिक राज्यों के ये तीन प्रमुख स्तंभ हैं। इन्हीं तीनों के माध्यम से कानून का राज्य चलता है। विधायिका कानून का निर्माण करती है, कार्यपालिका उसे अंजाम देती है और आवश्यकतानुसार न्यायपालिका कार्यपालिका के कामों की कानून सम्मत व्याख्या करती है। इसके लिए पहली आवश्यकता अच्छे कानून के निर्माण की होती है। डॉ. अम्बेडकर ने विश्व के संविधानों के अध्ययन, विभिन्न शासन प्रणालियों के अवलोकन तथा अनुभव के आधार पर यह मत सुनिश्चित किया था।

बाबा साहब ने यह स्पष्ट किया है कि कानूनों की सार्थकता उन्हें लागू करने वाली मशीनरी की दक्षता तथा ईमानदारी पर निर्भर करती है। न्यायपालिका न कानून का निर्माण कर सकती है और न उसे खुद लागू कर सकती है। यदि विधायिका अच्छे कानून का निर्माण करे और कार्यपालिका उसे ईमानदारी से लागू न करे तो एक तरह से विधायिका की कानून की शक्ति फेल हो जाती है। यदि कार्यपालिका कानून के अनुसार ठीक से काम करे तो न्यायपालिका का कोई खास महत्त्व नहीं रह जाता है। तभी राज्य के इन अंगों की तुलना करते समय डॉ. अम्बेडकर ने माना है कि तीनों में कार्यपालिका ही मुख्य है।

इस तरह से उन्होंने माना है कि शासन का सीधा सम्बन्ध कार्यपालिका से ही रहता है। दूसरे शब्दों में कहा जा सकता है कि शासन कार्यपालिका के अधीन रहता है। प्रशासन शासन की सबसे बड़ी संस्था है।

आधुनिक समय में प्रशासन के कार्य सीमित नहीं रह गए हैं। अब प्रशासन कानून और पुलिस तक सीमित नहीं रह गया है। दिन-ब-दिन यह अनेक रूपों में जनता के रोजमर्रे की जिंदगी से जुड़ता जा रहा है। देश के समाजार्थिक कार्यों

से भी इसका चोली-दामन का सम्बन्ध है। लेकिन डॉ. अम्बेडकर ने इस कारण से न्यायपालिका तथा व्यवस्थापिका के महत्त्व को कम नहीं माना है। इसी की पुष्टि के लिए निम्न अनुच्छेदों में संविधानशिल्पी द्वारा शासन के इन तीनों अंगों का संविधान में जो मणिकांचन संयोग निरूपित किया गया है, उसका संक्षिप्त विवरण यहाँ प्रस्तुत किया जा रहा है।

संविधानशिल्पी डॉ. अम्बेडकर ने संविधान के भाग-5, अध्याय-एक में कार्यपालिका का विवरण प्रस्तुत करते हुए राष्ट्रपति के निर्वाचन तथा शक्तियों की चर्चा की है। अनुच्छेद-52 में भारत का राष्ट्रपति, 53 में संघ की कार्यपालिका शक्ति, 54 में राष्ट्रपति का निर्वाचन, 55 में राष्ट्रपति के निर्वाचन की रीति, 56 में राष्ट्रपति की पदावधि, 57 में पुनर्निर्वाचन के लिए पात्रता, 58 में राष्ट्रपति निर्वाचित होने के लिए अर्हताएं, 59 में राष्ट्रपति के पद के लिए शर्तें, 60 में राष्ट्रपति द्वारा शपथ या प्रतिज्ञान, 61 में राष्ट्रपति पर महाभियोग चलाने की प्रक्रिया, 62 में राष्ट्रपति के पद में रिक्ति को भरने के लिए निर्वाचन करने का समय और आकस्मिक रिक्ति को भरने के लिए निर्वाचित व्यक्ति की पदावधि, 63 में भारत का उपराष्ट्रपति, 64 में उपराष्ट्रपति का राज्यसभा का पदेन सभापति होना, 65 में राष्ट्रपति के पद में आकस्मिक रिक्ति के दौरान या उसकी अनुपस्थिति में उपराष्ट्रपति का राष्ट्रपति के रूप में कार्य करना या उसके कृत्यों का निर्वहन, 66 में उपराष्ट्रपति का निर्वाचन, 67 में उपराष्ट्रपति की पदावधि, 68 में उपराष्ट्रपति के पद में रिक्ति को भरने के लिए निर्वाचन करने का समय और आकस्मिक रिक्ति को भरने के लिए निर्वाचित व्यक्ति की पदावधि, 69 में उपराष्ट्रपति द्वारा शपथ या प्रतिज्ञान, 70 में अन्य आकस्मिकताओं में राष्ट्रपति के कृत्यों का निर्वहन, 71 में राष्ट्रपति या उपराष्ट्रपति के निर्वाचन से संबंधित या संसक्त विषय, 72 में क्षमा आदि की और कुछ मामलों में दण्डादेश के निलंबन, परिहार या लघुकरण की राष्ट्रपति की शक्ति, 73 में संघ की कार्यपालिका शक्ति का विस्तार का विवरण विस्तार से दिया है। इस विवरण का प्रयोजन यह है कि शासन को कार्यपालिका के स्वरूप निर्धारण में कोई दुविधा न हो तथा यथासमय कार्यपालिका का गठन सुचारु रूप से होता रहे ताकि देश का शासन-तंत्र अबाध रूप से संचालित होता रहे।''[1]

आपात की स्थिति में राष्ट्रपति को सर्वशक्ति सम्पन्न क्यों बनाया डॉ. अम्बेडकर ने?

डॉ. अम्बेडकर को भारतीय सामाजिक एवं ऐतिहासिक संरचना का विशद् एवं व्यावहारिक ज्ञान था। वे इस तथ्य से भलीभाँति परिचित थे कि भारत के संघीय

स्वरूप के कमजोर तथा विशृंखलित होने का फायदा लेकर ही विदेशी ताकतें इसे समय-समय पर पराधीन करती रही हैं तथा फूट डालो और राज करो का लाभ लेती रहीं है। कहने को तो हम अनेकता का राग अलापते हैं किन्तु वास्तव में राष्ट्रीय आवश्यकता के क्षणों में इसका व्यावहारिक परिचय देने में असफल हो जाते हैं। पूर्व-पश्चिम तथा उत्तर-दक्षिण का विभेद भाषायी भिन्नता तथा सांस्कृतिक विविधता के कारण कायम रहता है। यदि भविष्य में फिर कभी विदेशी ताकतों की बुरी नजर भारत की संप्रभुता पर पड़ती है तो इसके विशृंखलित रहने का लाभ वे पुनः ले सकते हैं। इसलिए प्रांतीय सरकारों की स्वतंत्रता तथा आधिकारिता सामान्य समय में तो ठीक है लेकिन आपात स्थितियों में भी उसे वैसा ही रहने दिया जाएगा तो कभी भी अतीत की पुनरावृत्ति हो सकती है। अतः बाबा साहब ने ऐसी स्थितियों में शासन का बागडोर राष्ट्रपति के हाथ में सौंपने की संवैधानिक व्यवस्था दी। इसका उद्देश्य यह था कि आपात की घड़ी में राष्ट्रपति को सारी संवैधानिक शक्तियों के प्रयोग के लिए प्राधिकृत कर दुविधा को समाप्त किया जा सकता है तथा सम्पूर्ण राष्ट्र संघीय ढाँचा के रूप में तब एकजुट होकर आपात स्थितियों का सामना करने में सफल हो सकता है। यह बाबा साहब की दूरदृष्टि का दुर्लभ उदाहरण है। वे देश की अखंडता तथा संप्रभुता की सुरक्षा को सर्वोच्च स्थान देने के हिमायती थे। देश की संप्रभुता तथा अखंडता के प्रति संविधान निर्माता डॉ. अम्बेडकर कितने सजग तथा चिंतनशील थे, इसको जानने के लिए संविधान में वर्णित राष्ट्रपति के आपातकालीन अधिकारों एवं कर्तव्यों पर दृष्टिपात करना परम आवश्यक है।

संविधान के भाग 18, अनुच्छेद-352 में बाबा साहब ने लिखा है कि यदि राष्ट्रपति का यह समाधान हो जाता है कि गंभीर आपात की स्थिति विद्यमान है जिससे युद्ध या बाहरी आक्रमण या सशस्त्र विद्रोह के कारण भारत या उसके राज्य क्षेत्र के किसी भाग की सुरक्षा संकट में है तो वह उद्घोषणा द्वारा सम्पूर्ण भारत या उसके राज्य क्षेत्र के ऐसे भाग के सम्बन्ध में जो उद्घोषणा में विनिर्दिष्ट किया जाए, इस आशय की घोषणा कर सकेगा।"[2]

स्पष्टीकरण—यदि राष्ट्रपति का यह समाधान हो जाता है कि युद्ध या बाह्य आक्रमण या सशस्त्र विद्रोह का संकट सन्निकट है तो यह घोषित करने वाली आपात की उद्घोषणा कि युद्ध या बाह्य आक्रमण या सशस्त्र विद्रोह से भारत या उसके राज्य क्षेत्र के किसी भाग की सुरक्षा संकट में है, युद्ध या ऐसे किसी आक्रमण या विद्रोह के वास्तव में होने से पहले भी की जा सकेगी।

राष्ट्रपति द्वारा खंड 1 के अधीन की गई उद्घोषणा में किसी पश्चातवर्ती उद्घोषणा द्वारा परिवर्तन किया जा सकेगा या उसको वापस लिया जा सकेगा।

राष्ट्रपति ऐसा मंत्रिमंडल की मंजूरी से करेगा। राष्ट्रपति को प्रदत्त आपातकालीन शक्तियों का सार संक्षेप प्रस्तुत करते हुए संविधान में कहा गया है कि 'The power conferred on the President by this article shall include the power to issue different proclamations on different grounds, being war or external aggression or [armed rebellion] or imminent danger of war or external aggration or [armed rebellion], whether or not there is a proclamation already issued by the President under clause [1] and such proclamation is in operation.'[3]

अनुच्छेद-353 में आपात की घोषणा के प्रभाव काल में राष्ट्रपति की शक्तियों का जिक्र करते हुए लिखा गया है कि जब आपात की घोषणा प्रवर्तन में है तब—

क. इस संविधान में किसी बात के रहते हुए भी, संघ की कार्यपालिका शक्ति का विस्तार किसी राज्य को इस बारे में निदेश देने तक होगा कि वह राज्य अपनी कार्यपालिका शक्ति का किस रीति से प्रयोग करे।

ख. किसी विषय के सम्बन्ध में विधियां बनाने की संसद की शक्ति के अन्तर्गत इस बात के होते हुए भी वह संघ सूची में प्रमाणित विषय नहीं है, ऐसी विधियां बनाने की शक्ति होगी जो उस विषय के सम्बन्ध में संघ को या संघ के अधिकारियों और प्राधिकारियों को शक्तियाँ प्रदान करती हैं और उन पर कर्तव्य अधिरोपित करती हैं या शक्तियों का प्रदान किया जाना और कर्तव्यों का अधिरोपित किया जाना प्राधिकृत करती हैं।

परन्तु जहाँ आपात की घोषणा भारत के राज्य क्षेत्र के केवल किसी भाग में प्रवर्तन में है वहाँ यदि और जहाँ तक भारत या उसके राज्य क्षेत्र के किसी भाग की सुरक्षा, भारत के राज्य क्षेत्र के उस भाग में या उसके सम्बन्ध में जिसमें आपात की घोषणा प्रवर्तन में है, होनेवाले क्रिया-कलाप के कारण संकट में है तो और वहाँ तक खंड (a) के अधीन निदेश देने की संघ की कार्यपालिका शक्ति का, और खंड (b) के अधीन विधि बनाने की संसद की शक्ति का विस्तार किसी ऐसे राज्य पर भी होगा जो उस राज्य से भिन्न है जिसमें या जिसके किसी भाग में आपात की उद्घोषणा प्रवर्तन में है।

इसी तरह अनुच्छेद-354 में आपातकालीन स्थिति में राजस्वों पर नियंत्रण विषयक प्रावधानों की चर्चा करते हुए लिखा गया है कि जब आपात की उद्घोषणा प्रवर्तन में है तब राष्ट्रपति, आदेश द्वारा, यह निदेश दे सकेगा कि इस संविधान के अनुच्छेद-268 से अनुच्छेद-279 के सभी या कोई उपबंध ऐसी किसी

अवधि के लिए, जो उस आदेश में विनिर्दिष्ट की जाए और जो किसी भी दशा में उस वित्तीय वर्ष की समाप्ति से आगे नहीं बढ़ेगी, जिसमें ऐसी उद्घोषणा प्रवर्तन में नहीं रहती है, ऐसे अपवादों या उपांतरणों के अधीन रहते हुए प्रभावी होंगे जो वह ठीक समझे।[4]

बाह्य आक्रमण या आंतरिक अशांति की स्थिति में राष्ट्रपति की शक्तियों की चर्चा अनुच्छेद-355 में करते हुए लिखा गया है कि संघ का यह कर्तव्य होगा कि वह बाह्य आक्रमण और आंतरिक अशांति से प्रत्येक राज्य की संरक्षा करे और प्रत्येक राज्य की सरकार का इस संविधान के उपबंधों के अनुसार चलाया जाना सुनिश्चित करे।

राज्य में संवैधानिक तंत्र की विफलता की स्थिति में राष्ट्रपति को प्रदत्त शक्तियों की चर्चा अनुच्छेद-356 में की गई है। उसके अनुसार—यदि राष्ट्रपति का, किसी राज्य के राज्यपाल से प्रतिवेदन मिलने पर या अन्यथा, यह समाधान हो जाता है कि ऐसी स्थिति उत्पन्न हो गई है जिसमें उस राज्य का शासन इस संविधान के उपबंधों के अनुसार नहीं चलाया जा सकता, तो राष्ट्रपति उद्घोषणा द्वारा उस राज्य की सरकार के सभी या कोई कृत्य राज्यपाल में या राज्यपाल के विधानमंडल से भिन्न किसी निकाय या प्राधिकारी में निहित कर सकता है।

आपातकाल की स्थिति में राष्ट्रपति की विधायी शक्तियों की चर्चा अनुच्छेद-357 में है। जिसके अनुसार—जहाँ अनुच्छेद-356 के खंड-1 के अधीन की गई उद्घोषणा द्वारा यह घोषणा की गई कि राज्य के विधानमंडल की शक्तियां संसद द्वारा या उसके प्राधिकार के अधीन प्रयोक्तव्य होंगी।

क. राज्य के विधानमंडल की विधि बनाने की शक्ति राष्ट्रपति को प्रदान करने की और इस प्रकार प्रदत्त शक्ति का किसी अन्य प्राधिकारी को, जिसे राष्ट्रपति इस निमित्त विनिर्दिष्ट करे, ऐसी शर्तों के अधीन, जिन्हें राष्ट्रपति अधिरोपित करना ठीक समझे, प्रत्यायोजन करने के लिए राष्ट्रपति को प्राधिकृत करने की संसद को,

ख. संघ या उसके अधिकारियों और प्राधिकारियों को शक्तियां प्रदान करने या उन पर कर्तव्य अधिरोपित करने के लिए अथवा शक्तियों का प्रदान किया जाना या कर्तव्यों का अधिरोपित किया जाना प्राधिकृत करने के लिए, विधि बनाने की संसद को अथवा राष्ट्रपति को या अन्य प्राधिकारी को, जिसमें ऐसी विधि बनाने की शक्ति उपखंड क के अधीन निहित है,

ग. जब लोकसभा सत्र में नहीं है तब राज्य की संचित निधि से व्यय के लिए, संसद की मंजूरी लंबित रहने तक ऐसे व्यय को प्राधिकृत करने की राष्ट्रपति को क्षमता होगी।

इसी तरह अनुच्छेद-358 में आपात के दौरान अनुच्छेद-19 के उपबंधों के निलंबन की व्यवस्था कर संविधान निर्माता बाबा साहब ने राष्ट्र हित में नागरिकों के मौलिक अधिकार तक को निलंबित कर राष्ट्रपति को एकच्छत्र अधिकार देकर यह प्रतिपादित कर दिया है कि राष्ट्र की संरक्षा तथा संप्रभुता से बढ़ कर कुछ भी नहीं होता है। अरुण शौरी जी से पूछा जा सकता है कि बाबा साहब की इस राष्ट्रनिष्ठा का खयाल उन्हें उनकी आलोचना करते समय क्यों नहीं रहा?

अनुच्छेद-360 में वित्तीय आपात के उपबंध की चर्चा में लिखा गया है कि यदि राष्ट्रपति का यह समाधान हो जाता है कि ऐसी स्थिति उत्पन्न हो गई है जिसे भारत या उसके राज्य क्षेत्र के किसी भाग का वित्तीय स्थायित्व या प्रत्यय संकट में है तो वह उद्घोषणा के द्वारा इस आशय की घोषणा कर सकेगा।

यहाँ यह भी उल्लेखनीय है कि जहाँ बाबा साहब ने आपात स्थिति में भारतीय संविधान का स्वरूप संघात्मक से एकात्मक कर दिए जाने की व्यवस्था संविधान में कर ही दी है, वहीं ऐसी स्थिति में राष्ट्रपति में कार्यापालिका, व्यवस्थापिका तथा न्यायपालिका तीनों अंगों की शक्ति सन्निहित कर यह सुनिश्चित कर दिया गया है कि संकट या युद्ध का समय तत्काल निर्णय लेने का होता है और इसके लिए देश के सर्वोच्च व्यक्ति को स्वतंत्रता होनी चाहिए तभी राष्ट्र की स्वतंत्रता तथा संप्रभुता अक्षुण्ण रह सकती है। जो लोग बाबा साहब को मात्र दलितों का मसीहा मानते हैं तथा ब्रिटिश सरकार का प्रशंसक कहते हैं, वे क्या इसका जवाब दे सकते हैं? क्या बाबा साहब का राष्ट्र के प्रति इस एकनिष्ठा को तब भी संदेह की नजर से देखना न्यायसंगत है?

भारतीय संसद के गठन सम्बन्धी डॉ. अम्बेडकर के सवैधानिक नियमन

जैसा कि सभी जानते हैं भारतीय संसद लोकतंत्र का मंदिर है। इसकी सुदृढ़ संरचना, निष्पक्षता तथा पवित्रता पर ही भारतीय लोकतंत्र का भविष्य अवलंबित है। अतः संविधान के अध्याय-2 में इसके महिमा को अक्षुण्ण बनाए रखने के लिए उन्होंने अपनी प्रतिभा की अद्भुत मिसाल प्रस्तुत की है। इसके लिए उन्होंने अनुच्छेद-79 में संसद का गठन, 80 में राज्यसभा की संरचना, 81 में लोकसभा की संरचना, 82 में प्रत्येक जनगणना के पश्चात पुनः समायोजन, 83 में संसद

के सदनों की अवधि, 84 में संसद की सदस्यता के लिए अर्हता, 85 में संसद के सत्र, सत्रावसान और विघटन, 86 में सदनों में अभिवादन का और उनको संदेश भेजने का राष्ट्रपति का अधिकार, 87 में राष्ट्रपति का विशेष अभिभाषण, 88[5] में सदनों के बारे में मंत्रियों और महान्यायवादी के अधिकार की चर्चा करके यह रेखांकित कर दिया है कि यदि इन लक्ष्मण रेखाओं का शालीनता तथा गरिमापूर्वक अनुपालन किया जाता है तो भारतीय संसद न मात्र देश के अंदर बल्कि विश्व में एक अनुकरणीय संसद के रूप में जानी जाएगी तथा प्रतिष्ठा प्राप्त करेगी।

इतना ही नहीं, एक कुशल शिल्पकार की तरह संसद की कार्यवाही निर्विघ्न तथा अनुशासित ढंग से चलती रहे इसकी भी सुनियोजित व्यवस्था डॉ. अम्बेडकर के द्वारा संविधान में की गई है और इसके लिए अधिकारियों की आवश्यकता को दर्शाते हुए उनके पदनामों का भी उल्लेख संविधान में सुविधा के लिए कर दिया गया है। इसकी व्यापक चर्चा संविधान के अनुच्छेद-89 से 98 तक में की गई है।[6]

इसी तरह अनुच्छेद-105 में संसद के सदनों की तथा उनके सदस्यों और समितियों की शक्तियों, विशेषाधिकार आदि तथा 106 में सदस्यों के वेतन और भत्ते का उल्लेख कर एक स्पष्ट नियमावली बना दी गई है। यहाँ यह उल्लेखनीय है कि बाबा साहब के द्वारा यहाँ दलित सदस्यों के लिए किसी विशेष सुविधा की व्यवस्था नहीं की गई है। फिर वे मात्र दलितों के मसीहा कैसे हैं?[7]

अनुच्छेद-107 से 111 तक में विधायी प्रक्रिया, 112 से 117 में वित्तीय विषयों के सम्बन्ध में प्रक्रिया तथा 118 से 122[8] तक में तद्विषयक साधारण प्रक्रियाओं का जिक्र है जिसमें किसी जाति विशेष के लिए किसी विशेष उपबंध की चर्चा नहीं है।

व्यवस्थापिका विषयक डॉ. अम्बेडकर का दृष्टिकोण

भारतीय संसद से लेकर राज्यों के विधानमंडलों की एक कुशल शिल्पकार की तरह संरचना कर डॉ. अम्बेडकर ने व्यवस्थापिका की जो सुदृढ़ आधारशिला रखी है वह सचमुच विलक्षण तथा अद्‌भुत है। बाबा साहब के द्वारा संरचित संवैधानिक संरचना पर ही हमारी भारतीय तथा प्रांतीय विधायिका या व्यवस्थापिका का भव्य महल अवलंबित है। भारतीय व्यवस्थापिका भारतीय मतदाताओं द्वारा मताधिकार से चयनित लोकप्रतिनिधियों की संस्था है इसलिए व्यवस्थापिका को जनकल्याण तथा शासन संचालन के लिए कानून बनाने का संवैधानिक अधिकार दिया गया

है। क्या संविधान में बाबा साहब ने कहीं यह लिखा है कि किसी समुदाय विशेष के लिए कानून का निर्माण उसी समुदाय के जनप्रतिनिधि करेंगे? यदि नहीं तो उन्हें मात्र दलितों का मसीहा किस बिना पर कहा जाता है?

सच तो यह है कि बाबा साहब जैसे निष्पक्ष तथा समभावी पुरुष इतिहास में बिरले होते हैं। वे आजीवन भेदभाव का शिकार रहे लेकिन उन्होंने संविधान लेखन कर यह प्रमाणित कर दिया कि देश की अखंडता तथा अक्षुण्णता उनके लिए सर्वोपरि है। इसलिए उन्होंने पूरे देश के लिए एक तरह के शासन की व्यवस्था संविधान में की है। इसके प्रमाण के लिए हमें भारतीय संविधान में तद्विषयक किए गए प्रावधानों को देखना होगा।

संविधान के भाग 3 में अनुच्छेद-168 से 212 तक में व्यवस्थापिका के गठन, कार्यकाल तथा शक्तियों का सविस्तार वर्णन किया गया है। अनुच्छेद-168 में राज्यों के विधानमंडलों का गठन, 169 में राज्यों में विधान परिषदों का सृजन, 170 में विधानसभाओं की संरचना, 171 में विधान परिषदों की संरचना, 172 में राज्यों के विधानमंडलों की अवधि, 173 में राज्यों के विधानमंडल की सदस्यता के लिए अर्हता, 174 में राज्य के विधान मंडल के सत्रावसान व विघटन, 175 में सदन या सदनों में अभिभाषण का और उनको संदेश भेजने का राज्यपाल का अधिकार, 176 में राज्यपाल का विशेष अभिभाषण, 177 में सदनों के बारे में मंत्री और महाधिवक्ता के अधिकार, 178 में विधानसभा के अध्यक्ष और उपाध्यक्ष की नियुक्ति, 179 में अध्यक्ष और उपाध्यक्ष के पद रिक्त होने की स्थिति में व्यवस्था, 180 में अध्यक्ष के पद के कर्तव्यों का पालन करने या अध्यक्ष के रूप में कार्य करने की उपाध्यक्ष या अन्य व्यक्ति की शक्ति, 181 में अध्यक्ष या उपाध्यक्ष को पद से हटाने का कोई संकल्प विचाराधीन है तब उसका पीठासीन न होने, 182 में विधानसभा का सभापति और उप सभापति, 183 में सभापति और उप सभापति का पद रिक्त होने का तथा पद त्याग और पद से हटाए जाने, 184 में सभापति के पद के कर्तव्यों का पालन करने या सभापति के रूप में कार्य करने की उपसभापति या अन्य व्यक्ति की शक्ति, 185 में जब सभापति या उप सभापति को पद से हटाने का कोई संकल्प विचाराधीन है तब उसके पीठासीन नहीं होने, 186 में अध्यक्ष और उपाध्यक्ष तथा सभापति के वेतन और भत्तों, 187 में राज्य के विधानमंडल के सचिवालय का, 188 में सदस्यों द्वारा शपथ ग्रहण, 189 में सदनों में मतदान रिक्तियों के होते हुए भी सदनों की कार्य करने की शक्ति और गणपूर्ति का, 190 में स्थानों के रिक्त होने की स्थिति में प्रावधान, 191 में सदस्यता के लिए निरर्हताओं, 192

में सदस्यों के लिए निरर्हताओं से संबंधित प्रश्नों पर विनिश्चय, 193 में अनुच्छेद-188 के अधीन शपथ लेने या प्रतिज्ञा करने से पहले या अर्हित न होते हुए या निरर्हरित किए जाने पर बैठने और मत देने के लिए शक्ति, 194 में विधानमंडलों के सदनों की तथा उनके सदस्यों और समितियों की शक्ति, विशेषाधिकार, 195 में सदस्यों के वेतन भत्ते, 196 में विधेयकों के पुनःस्थापन और पारित किए जाने के सम्बन्ध में उपबंध, 197 में धन विधेयकों से भिन्न विधेयकों के बारे में परिषद की शक्तियों पर निर्बंधन, 198 में धन विधेयकों के सम्बन्ध में विशेष प्रक्रिया, 199 में धन विधेयकों की परिभाषा, 200 में विधेयकों पर अनुमति, 201 में विचार के लिए आरक्षित विधेयक, 202 में वार्षिक वित्तीय विवरण, 203 में विधान मंडल में प्राकलनों के सम्बन्ध में प्रक्रिया, 204 में विनियोग विधेयक, 205 में अनुपूरक, अतिरिक्त या अधिक अनुदान, 206 में लेखानुदान, प्रति अनुदान और अपवादानुदान, 207 में वित्त विधेयकों के बारे में विशेष उपबंध, 208 में प्रक्रिया के नियम, 209 में राज्य के विधान मंडल में वित्तीय कार्य सम्बन्धी प्रक्रिया की विधि द्वारा विनियमन, 210 में विधानमंडल में प्रयोग की जाने वाली भाषा, 211 में विधानमंडल में चर्चा पर निर्बंधन और 212 में न्यायालयों द्वारा विधानमंडल की कार्यवाहियों की जाँच नहीं किए जाने के प्रावधान इत्यादि की स्पष्ट व्याख्या कर डॉ. अम्बेडकर ने एक सुदृढ़ विधायी व्यवस्था की नींव रखी है। इसी नींव पर आज भारतीय लोकतंत्र की भव्य इमारत कायम है।[9]

नगरपालिका क्षेत्रों के शासन के लिए वांछित उपबंधों की चर्चा बाबा साहब ने अनुच्छेद-243 (त) से 243 (यछ) तक में किया है। इसके आलोक में ही नगरपालिकाओं के शासन के लिए चुनाव होते हैं तथा इसी में विनिर्दिष्ट प्रावधानों के अनुसार उनका संचालन किया जाता है।[10]

यहीं पर इसका भी उल्लेख करना प्रासंगिक होगा कि भारत के चंद भाग्यविधाताओं ने रामराज्य को मूर्तिमान करने के लिए ग्राम्य स्वराज्य की कल्पना की थी। बाबा साहब अम्बेडकर ऐसे राष्ट्रप्रेमियों के सपने के सौन्दर्य को जानते थे। इसलिए उन्होंने त्रिस्तरीय शासन व्यवस्था की चर्चा संविधान के भाग 9 में अनुच्छेद-243 क से 243 ण तक में कर दी है, जिस पर आज का पंचायती राज कायम है। यथा अनुच्छेद-243 में लिखा गया है कि—(क) जिला से किसी राज्य का जिला अभिप्रेत है; (ख) ग्राम सभा से ग्राम स्तर पर पंचायत के क्षेत्र के भीतर समाविष्ट किसी ग्राम से संबंधित निर्वाचन नामावली में रजिस्ट्रीकृत व्यक्तियों से मिलकर बना निकाय अभिप्रेत है; (ग) मध्यवर्ती स्तर से ग्राम व जिला स्तरों के

बीच का ऐसा स्तर अभिप्रेत है जिसे किसी राज्य का राज्यपाल इसके प्रयोजनों के लिए लोक अधिसूचना द्वारा मध्यवर्ती स्तर के रूप में विनिर्दिष्ट करे; (घ) पंचायत से ग्रामीण क्षेत्रों के लिए अनुच्छेद 243 (ख) के अधीन गठित स्वायत्त शासन की कोई संस्था अभिप्रेत है; (च) पंचायत क्षेत्र से पंचायत का प्रादेशिक क्षेत्र अभिप्रेत है; (छ) जनसंख्या से ऐसी अंतिम पूर्ववर्ती जनगणना में अभिनिश्चित की गई जनसंख्या अभिप्रेत है जिसके सुसंगत आँकड़े प्रकाशित हो गए हैं; (ज) ग्राम्य से राज्यपाल द्वारा इस भाग के प्रयोजनों के लिए लोक अधिसूचना द्वारा ग्राम्य के रूप में विनिर्दिष्ट ग्राम्य अभिप्रेत है और इसके अंतर्गत इस प्रकार विनिर्दिष्ट ग्रामों का समूह भी है।

ग्राम पंचायत के संगठन तथा स्वरूप को और अधिक स्पष्ट करते हुए अनुच्छेद-243 (क) में ग्राम सभा, 243 (ख) में पंचायतों का गठन, 243 (ग) में पंचायतों की संरचना, 243 (घ) में स्थानों का आरक्षण, 243 (च) में पंचायतों की अवधि आदि, 243 (छ) में सदस्यता के लिए निरर्हताएं, 243 (ज) में पंचायतों की शक्तियाँ, प्राधिकार और उत्तरदायित्व; 243 (झ) में पंचायतों द्वारा कर अधिरोपित करने की शक्तियाँ और उनकी निधियाँ; 243 (ट) में वित्तीय स्थिति के पुनर्विलोकन के लिए वित्त आयोग का गठन; 243 (ठ) में पंचायतों की लेखाओं की समपरीक्षा; 243 (ड) में पंचायतों के लिए निर्वाचन; 243 (ढ) में संघ राज्य क्षेत्रों का लागू होना; 243 (त) में इस भाग का कतिपय क्षेत्रों पर लागू होना; 243 (थ) में विद्यमान विधियों और पंचायतों का बना रहना और 243 (द) में निर्वाचन सम्बन्धी मामलों में न्यायालयों के हस्तक्षेप का वर्जन का विवरण दिया गया है। यहाँ यह उल्लेखनीय है कि आज अधिकतर राज्य सरकारें पंचायत चुनाव में भी आरक्षण लागू कर रही हैं। लेकिन क्या इसका लाभ मात्र दलितों को ही मिल रहा है?

यहाँ यह विचारणीय है कि इस व्यवस्था को कायम करने में डॉ. अम्बेडकर ने दलितों के पक्ष में कौन सा पक्षपात किया है कि उन्हें बार-बार और हर मौके पर मात्र दलितों के मसीहा के नाम से नवाजा जाता है।[11]

संघ की न्यायपालिका के स्वरूप निर्धारण में अम्बेडकर के अवदान

डॉ. अम्बेडकर स्वयं कानून के विद्वान थे। वे निष्पक्ष न्यायपालिका के महत्त्व को समझते थे। उनका मानना था कि जब तक न्याय सर्वसुलभ, सस्ता तथा स्वाभाविक ढंग से जरूरतमंदों तक नहीं पहुँचता है तब तक लोकतंत्र की स्वतंत्रता

संदिग्ध है। न्याय में विलंब को वे अन्याय की श्रेणी में रखते हैं तथा न्याय में हस्तक्षेप को दुनिया का सबसे गंभीर अपराध मानते हैं।

बाबा साहब की न्याय विषयक अवधारणा की आत्मा है कि जहाँ समता, बंधुता तथा स्वतंत्रता की अनुभूति देश की जनता क्षिति, जल, पावक, गगन, और समीर की तरह करे, मानना चाहिए वहाँ न्याय के शासन की सर्वोत्कृष्ट व्यवस्था कार्यशील है। यदि न्यायपालिका न्याय के मामले में इस मानक को स्थापित करती है तो निःसंदेह उसे सर्वोत्तम न्याय व्यवस्था कहा जाएगा। यदि इससे कम कुछ भी है तो हमें न्याय व्यवस्था को और अधिक न्यायपूर्ण बनाने का प्रयास करना चाहिए। बाबा साहब ने भारतीय संविधान में भारतीय न्याय व्यवस्था को यह स्वरूप प्रदान करने के लिए हर संभव व्यवस्था की है।

संविधान के अध्याय चार के अनुच्छेद-124 में उच्चतम न्यायालय की स्थापना और गठन, 125 में न्यायाधीशों के वेतन आदि, 126 में कार्यकारी मुख्य न्यायमूर्ति की नियुक्ति, 127 में तदर्थ न्यायाधीशों की नियुक्ति, 128 में उच्चतम न्यायालय की बैठकों में सेवानिवृत्त न्यायाधीशों की उपस्थिति, 129 में उच्चतम न्यायालय के अभिलेख का, 130 में उच्चतम न्यायालय के स्थान का, 131 में उच्चतम न्यायालय की आरंभिक अधिकारिता का, 132 में उच्चतम न्यायालय की अपीली अधिकारिता का, 133 में उच्च न्यायालयों से सिविल विषयों से संबंधित अपीलों में उच्चतम न्यायालय के अपीली अधिकार का, 134 में दाण्डिक विषयों में उच्चतम न्यायालय की अपीली अधिकार का, 135 में विद्यमान विधि के अधीन फेडरल न्यायालय की अधिकारिता और शक्तियों का उच्चतम न्यायालय द्वारा प्रयोक्तव्य होने को, 136 में अपील के लिए उच्चतम न्यायालय के विशेष अनुमति लेने का, 137 में निणयों या आदेशों का उच्चतम न्यायालय द्वारा पुनर्विलोकन का, 138 में उच्चतम न्यायालय की अधिकारिता में वृद्धि करने का, 139 में कुछ रिट निकालने में उच्चतम न्यायालय की शक्तियों का, 140 में उच्चतम न्यायालय की आनुषंगिक शक्तियों का, 141 में उच्चतम न्यायालय द्वारा घोषित विधि का सभी न्यायालयों पर आबद्धकर होने का, 142 में उच्चतम न्यायालय की डिक्रियों के प्रवर्तन और प्रकटीकरण का, 143 में उच्चतम न्यायालय से परामर्श करने की राष्ट्रपति की शक्तियों का, 144 में सिविल और न्यायिक प्राधिकारियों द्वारा उच्चतम न्यायालय की सहायता में कार्य करने का, 145 में न्यायालय के नियम आदि का तथा 146 में उच्चतम न्यायालय के अधिकारी और सेवक आदि के व्यय आदि की चर्चा सविस्तार करने का डॉ. अम्बेडकर का प्रयोजन सर्वविधि न्यायपालिका को स्वतंत्र तथा निष्पक्ष बनाए रखना था।[12] इसी तरह राज्यों के

उच्च न्यायालयों तथा अधीनस्थ न्यायालयों को भी निष्पक्ष बनाए रखने के लिए बाबा साहब के द्वारा संविधान में समुचित व्यवस्थाएं की गई हैं। संविधान के अध्येताओं को यह ज्ञात होगा कि डॉ. अम्बेडकर ने संविधान में दलितों के लिए पृथक् न्यायालय की व्यवस्था नहीं की है। यदि डॉ. अम्बेडकर की भारतीय न्याय व्यवस्था पर आस्था नहीं होती तो वे अवश्य दलितों के लिए या तो पृथक् न्यायालय की मांग करते या इसकी व्यवस्था संविधान में करने का प्रावधान करते। तब इन्हें दलितों का मसीहा कहने का आधार बनता। लेकिन आजीवन प्रताड़ना की पीड़ा झेलते रहने के बावजूद ऐसी कल्पना भी नहीं करना डॉ. अम्बेडकर के मानवीय देवदूत होने का परिचायक है, न कि मात्र दलितों के मसीहा होने का।

संघ के साथ-साथ राज्यों की न्याय व्यवस्था के सुदृढ़ीकरण के लिए जो नींव डॉ. अम्बेडकर ने संविधान में रखी है, वह भी अद्वितीय है, यथा—संविधान के अध्याय पाँच के अनुच्छेद-214 में राज्यों के लिए उच्च न्यायालय की बात करते हुए उन्होंने लिखा है कि प्रत्येक राज्य के लिए एक उच्च न्यायालय होगा। 215 में प्रत्येक उच्च न्यायालय अभिलेख न्यायालय होगा और उसको अपनी अवमानना के लिए दंड देने की शक्ति सहित ऐसे न्यायालय की सभी शक्तियां होंगी।[13] कहने की आवश्यकता नहीं कि एक कुशल शिल्पी की तरह संविधानकार ने संविधान सृजन के समय संघ और राज्यों को संवैधानिक स्वरूप प्रदान करते समय ठीक उसी कौशल का परिचय दिया है जिस कौशल का परिचय विश्व का सर्वश्रेष्ठ सृजनहार जग-जीवों के सृजन में देता है।

इसकी झाँकी के बतौर संवैधानिक उपबंधों पर दृष्टिपात किया जा सकता है जिससे स्वतः उपरोक्त कथन की पुष्टि हो जाएगी। प्रांतों के उच्च न्यायालयों की समुचित व्यवस्था के लिए ही संविधान निर्माता डॉ. अम्बेडकर ने अनुच्छेद-217 में उच्च न्यायालय के न्यायाधीश की नियुक्ति और उसके पद की शर्तें, 218 में उच्चतम न्यायालय से संबंधित कुछ उपबंधों का उच्च न्यायालयों पर लागू होना, 219 में उच्च न्यायालयों के न्यायाधीशों द्वारा शपथ या प्रतिज्ञान लेना, 220 में स्थायी न्यायाधीश रहने के पश्चात विधि-व्यवस्था पर निर्बंधन, 221 में न्यायाधीशों के वेतन आदि, 222 में किसी न्यायाधीश का एक उच्च न्यायालय से दूसरे उच्च न्यायालय को अंतरण, 223 में कार्यकारी मुख्य न्यायमूर्ति की नियुक्ति, 224 में अपर और कार्यकारी न्यायाधीशों की नियुक्ति, 224 क में उच्च न्यायालय की बैठकों में सेवानिवृत्त न्यायाधीशों की नियुक्ति, 225 में विद्यमान उच्च न्यायालयों की अधिकारिता, 226 में कुछ रिट निकालने

की उच्च न्यायालय की शक्ति, 227 में सभी न्यायालयों के अधीक्षण की उच्च न्यायालय की शक्ति, 228 में कुछ मामलों का उच्च न्यायालय को अंतरण, 229 में उच्च न्यायालय के अधिकारी और सेवक तथा उन पर होने वाले व्यय, 230 में उच्च न्यायालय की अधिकारिता का संघ राज्यक्षेत्रों पर विस्तार, 231 में दो या अधिक राज्यों के लिए एक ही उच्च न्यायालय की स्थापना की व्यवस्था की है।[14]

जिला/जनपद की न्याय व्यवस्था की आवश्यकता को भी डॉ. अम्बेडकर भली भाँति जानते थे। इसलिए अनुच्छेद-233 में जिला न्यायाधीशों की नियुक्ति, 233 (क) में कुछ जिला न्यायाधीशों की नियुक्तियों का और उनके द्वारा किए गए निर्णयों आदि का विधिमान्यकरण, 234 में न्यायिक सेवा में जिला न्यायाधीशों से भिन्न व्यक्तियों की भर्त्ती, 235 में अधीनस्थ न्यायालयों पर नियंत्रण एवं 237 में कुछ वर्ग या वर्गों के मैजिस्ट्रेटों पर इस अध्याय के उपबंधों के लागू होने की व्यवस्था दी गई है।[15]

लेकिन डॉ. अम्बेडकर न्यायालयों की विशुद्धता बनाए रखने के लिए तथा न्याय के महत्त्व को मर्यादा प्रदान करने के लिए न्यायाधीशों को हमेशा सतर्क तथा सावधान भी करते हैं। वे कहते हैं कि यह हमेशा स्मरण में रखना चाहिए कि कानून व्यक्ति द्वारा व्यक्ति के लिए बनाए जाते हैं। कानून ने मनुष्य को नहीं बनाया है, बल्कि मनुष्य ने मनुष्य के सुख के लिए कानून बनाए हैं। कानून में सतत संशोधन की आवश्यकता रहती है। परन्तु यह संशोधन भी सबकी सहमति से ही होना चाहिए। कानून निम्नलिखित पाँच मानवीय मूल्यों पर आधारित होने चाहिए—

1. कानून को लोगों के हित के लिए होना चाहिए।
2. कानून को भय के स्रोत से मुक्त होना चाहिए।
3. कानून को धर्मनिरपेक्ष होना चाहिए।
4. कानून को ईश्वरीय प्रेरणा का स्रोत नहीं मानना चाहिए।
5. जरूरत तथा समयानुसार उसमें परिवर्तन होना चाहिए।[16]

डॉ. अम्बेडकर ने यह सुझाव इसलिए दिया है कि जातीय दुर्भावना से ग्रस्त भारतीय समाज में न्याय की निष्पक्षता पर तब तक संदेह बना रहेगा जब तक यहाँ जातिप्रथा रहेगी। उन्होंने ग्राम पंचायत बिल पर बोलते हुए इसीलिए कहा था कि ऐसे लोग जो जातिप्रथा की संकीर्णताओं में फँसे हैं, ऐसे लोग जो प्राचीन काल के पूर्वाग्रहों से ग्रसित हैं, ऐसे लोग जो समानता के सिद्धान्त का उपहास करते हैं और जीवन में वर्गीकरण के कायल हैं, ऐसे लोग जो ऊँच-नीच की भावना

में विश्वास रखते हैं—इनसे हम न्याय की आशा कर सकते हैं?

वे आगे कहते हैं कि इस देश के लोगों में जातिवाद और साम्प्रदायिकता कूट-कूटकर भरी हुई है। सवाल उठता है कि जातिवाद और साम्प्रदायिकता बुरी चीजें हैं पर इनसे बचने का उपाय क्या है? यह बात मानी हुई है कि ये दोनों भारतीय समाज में सर्वत्र मौजूद हैं। लेकिन प्रश्न यही है कि इन पर आक्रमण आदर्श को लेकर किया जाए या व्यवहार को लेकर इन पर हमला किया जाए। यदि आदर्श के स्तर पर बुराई मानकर आक्रमण किया जाता है तो दिक्कत यह होती है कि वह आक्रमण आदर्श तक ही सीमित रह जाता है। तब व्यवहार में जातिवाद और साम्प्रदायिकता की बुराई प्रचलन में बनी रहती है। इसलिए न्यायाधीशों को न्याय प्रदान करने में इन परिस्थितियों को भी ध्यान में रखना होगा। बाबा साहब ने आगे कहा कि वस्तुतः न्याय व्यक्ति के सत् विवेक का ही दूसरा नाम है। न्याय की भावना सामाजिक सम्बन्धों और व्यक्तिगत स्वार्थों के बीच संतुलन पैदा करती है और सामाजिक व्यवस्था को नैतिक आधार प्रदान करके उसे मजबूत बनाती है। स्पष्ट है कि बाबा साहब का इशारा यह था कि न्याय प्रदान करने वाली एजेन्सी न्याय प्रदान करने में सामाजिक हैसियत का खयाल नहीं करे वरना न्याय न्यायवंचितों को कभी नहीं मिलेगा।

डॉ. अम्बेडकर के उक्त विचार क्या मात्र दलित हित-चिंतन से संबद्ध हैं? क्या भारत का वर्तमान समाज आज उन्हीं कैंसर कीटाणुओं से ग्रसित नहीं है जिसकी कल्पना बाबा साहब ने वर्षों पूर्व की थी? क्या इनके विचार को कार्यरूप दिया जाता है तो उससे मात्र दलितों का ही कल्याण होगा? क्या समाज के अन्य जाति के लोग भी इस पीड़ा से पीड़ित नहीं हैं?

सन्दर्भ ग्रंथों/स्रोतों की सूची

1. भारत का संविधान : डॉ. जय जयराम उपाध्याय, सेंट्रल लॉ एजेन्सी, इलाहाबाद, पृष्ठ 25-34
2. वही, पृष्ठ 199
3. वही, पृष्ठ 202
4. वही, पृष्ठ 203
5. वही, पृष्ठ 36-41
6. वही, पृष्ठ 41-44
7. वही, पृष्ठ 47-48
8. वही, पृष्ठ 48-57
9. भारत का संविधान : डॉ. जय जयराम उपाध्याय, पृष्ठ 77-98, पृष्ठ, 25-34

10. वही, पृष्ठ 120-137
11. वही।
12. भारत का संविधान : डॉ. जय जयराम उपाध्याय, पृष्ठ 58-69
13. वही, पृष्ठ 100
14. वही, पृ. 101-111
15. वही, पृ. 111-113
16. भारतरत्न डॉ. अम्बेडकर : सृष्टि और दृष्टि, डॉ. सुकन पासवान प्रज्ञाचक्षु, भावना प्रकाशन, दिल्ली-91, पृ. 215-216

अध्याय : तीन

शक्तिशाली केन्द्र क्यों

भारतीय अतीत के इतिहास तथा वृत्तांत की वेदनादायी त्रासद तस्वीर राष्ट्रभक्त डॉ. अम्बेडकर के समक्ष संविधान सृजन के समय वर्तमान थी। संघीय ढाँचा की आवश्यकता उन्होंने इसीलिए महसूस की ताकि भविष्य में फिर भारत को पूर्व की अवस्था में पाकर कोई विदेशी ताकत उस पर हमला करने की हिमाकत नहीं करे। हमारा अतीत का इतिहास साक्षी है कि राजे-राजवाड़ों तथा प्रदेशों-प्रांतों में बँटे रहने के कारण ही हम पर वे भी आक्रमण करते रहे जिनके पूरे देश की आबादी हमारे किसी सूबे की आबादी से भी कम थी। क्योंकि राष्ट्रीयता की भावना के आभाव में तथा मजबूत संघीय व्यवस्था नहीं रहने के कारण राष्ट्रीय अस्मिता का मुद्‌दा हमारे लिए गौण था। इन्हीं जरूरतों को मद्‌देनजर रखते हुए डॉ. अम्बेडकर ने मजबूत संघ की परिकल्पना को भारतीय संविधान में मूर्त रूप प्रदान किया।

शक्तिशाली केन्द्र की परिकल्पना : राष्ट्रभक्ति की अद्वितीय मिसाल

संविधान ने देश में एक शक्तिशाली केन्द्र का निर्माण किया है। डॉ. अम्बेडकर द्वारा शक्तिशाली केन्द्र के निर्माण के ठोस कारण थे। स्वतंत्रता के पूर्व हम विखण्डित रहने का दंश भोग चुके थे तथा स्वतंत्रता के तुरंत बाद भी आंतरिक तथा बाह्‌य कारणों से देश की स्थिति डाँवाडोल थी। बाबा साहब ने देश के इतिहास की इस शिक्षा को याद रखा कि केन्द्र के दुर्बल होने पर देश की स्वतंत्रता खतरे में पड़ जाती है। इसलिए इन्होंने शक्तियों के तिहरे वितरण में सबसे महत्त्वपूर्ण विषय संघ सूची में रखा। कहना नहीं होगा कि इसीलिए संघ सूची सबसे लंबी है। इसमें 47 विषय शामिल किए गए हैं। इन विषयों पर केन्द्र सरकार कानून बना सकती है और वही लागू होगा। संविधान के द्वारा अवशिष्ट शक्तियाँ

केन्द्र में निहित की गई हैं। जबकि अमेरिका जैसे देश में अवशिष्ट शक्तियाँ राज्यों को दी गई हैं। यह अम्बेडकर का कैसा दलित प्रेम है कि हम बेमौके उन्हें दलितों का मसीहा कहकर अपमानित कर बैठते हैं!

इतना ही नहीं, शक्तिशाली केन्द्र की मर्यादा को बनाए रखने के लिए अमेरिका की तरह अवयवी इकाइयों को अपने निजी संविधान बनाने का अधिकार नहीं दिया गया है। भारत का संविधान केन्द्र तथा राज्य दोनों के लिए एक है और सर्वग्राह्य भी।

अतीत के दुःखद परिणामों को देखते हुए डॉ. अम्बेडकर प्रत्येक स्थिति में संघ को शक्तिशाली बनाने के पक्षधर थे और उन्होंने संविधान में इसका प्रावधान भी किया है। डॉ. अम्बेडकर का मत है कि—'आदर्श संघ शासन में स्थायित्व होता है।'[1] कैसी भी परिस्थितियाँ क्यों न हों, उसे एकात्मक नहीं बनाया जा सकता। इसलिए भारतीय संविधान की संरचना उन्होंने इस तरह की कि समय और परिस्थितियों की आवश्यकता के अनुसार वह एकात्मक और संघात्मक दोनों प्रकार का हो सकता है। यही कारण है कि भारतीय संविधान सामान्य परिस्थितियों में संघात्मक शासन के रूप में कार्य करता है। लेकिन युद्ध और राष्ट्रीय संकट के क्षणों में उसे बिना किसी औपचारिक संशोधन के एकात्मक शासन का रूप दिया जा सकता है। यह भारतीय संविधान की अनोखी विशेषता है। भारत का राष्ट्रपति आपात की घोषणा निकालकर ऐसी असाधारण शक्तियाँ ग्रहण कर सकता है जिनके कारण राज्य की स्वायत्तता स्थगित हो सकती है। आपात की उद्घोषणा के चालू रहते संघ की कार्य शक्ति राज्यों के ऊपर भी लागू होती है और संसद राज्य सूची में उल्लेखित विषयों पर भी कानून बना सकती है। यदि किसी राज्य का राज्यपाल राष्ट्रपति को यह रिपोर्ट दे दे कि राज्य में संविधान के उपबंधों के अनुसार शासन नहीं चलाया जा सकता, तब उस राज्य में राष्ट्रपति का शासन स्थापित हो जाता है और राज्य का शासन केन्द्र सरकार की इच्छानुसार राज्यपाल तथा उसके सलाहकारों की सहायता से संचालित होता है।

संघीय शासन का मूलमंत्र है—दोहरा शासन। केन्द्र का शासन और राज्यों का शासन। इससे विधायी, वित्तीय और प्रशासनिक क्षेत्रों में विविधता उत्पन्न होती है। यह विविधता कुछ सीमा तक तो स्वीकार की जा सकती है लेकिन एक निश्चित सीमा से आगे बढ़ने पर यह विविधता अव्यवस्था उत्पन्न कर देती है। ऐसा अनेक संघ राज्यों में हुआ है। अमेरिका तक इसका अपवाद नहीं है। भारतीय संविधान उन समस्त मूलभूत कारको में जो देश की एकता को बनाए रखने के लिए जरूरी है, एकरूपता स्थापित करता है। यह तीन उपायों द्वारा किया गया

है—1. न्यायपालिका, 2. दीवानी और फौजदारी मामलों की एकरूप प्रणाली और 3. समान अखिल भारतीय सेवाएँ। भारतीय राज्यों के उच्च न्यायालय और उच्चतम न्यायालय एक समन्वित न्याय व्यवस्था की सृष्टि करते हैं। दीवानी और फौजदारी कानून व प्रक्रिया की एकरूपता इन विषयों को समवर्ती सूची में रखकर निश्चित की गई है।

संविधान निर्माता बाबा साहब अम्बेडकर के द्वारा संविधान में इस तरह की व्यवस्था करने का, जिसका विस्तृत विवेचन राष्ट्रपति के संकटकालीन अधिकार अध्याय में किया गया है, एकमेव उद्देश्य यह है कि आपात की स्थिति में देश की स्वतंत्रता तथा संप्रभुता की रक्षा की जा सके। ऐसी घड़ी में देश संघीय शासन प्रणाली के कारण दुविधा में न रहकर राष्ट्र-रक्षा का कार्य एकल राष्ट्र के रूप में एक शासनाध्यक्ष के नियंत्रण में रहते हुए स्वतंत्रतापूर्वक कर सके। यह डॉ अम्बेडकर के ही भविष्यद्रष्टा व्यक्तित्व का कमाल है कि खासकर युद्ध के समय में संघात्मक भारत एकात्मक भारत का स्वरूप धारण कर लेता है।

दोहरी नागरिकता की मनाही

अमेरिका का संविधान अपने नागरिकों को दोहरी नागरिकता की सुविधा देता है। लेकिन भारत के संविधान में केवल एकल नागरिकता का प्रावधान है। यह राष्ट्रीयता की भावना को अक्षुण्ण बनाए रखने के लिए किया गया है।

डॉ. अम्बेडकर मानते हैं कि आदर्श संघ-शासन में स्थायित्व होता है। कैसी भी परिस्थितियाँ क्यों न हों, उसे एकात्मक नहीं बनाया जा सकता। इसलिए बाबा साहब ने संविधान में ऐसी व्यवस्था की है कि भारतीय संविधान आवश्यकता के अनुसार एकात्मक और संघात्मक दोनों हो सकता है। भारतीय संविधान सामान्य परिस्थितियों में संघात्मक शासन की व्यवस्था लागू करता है। लेकिन युद्ध और राष्ट्रीय संकट की स्थिति में उसे बिना किसी औपचारिक संशोधन के एकात्मक शासन का रूप दे दिया जाता है। यह भारतीय संविधान की अनोखी विशेषता है।

भारत का राष्ट्रपति आपात स्थिति की उद्घोषणा कर ऐसी असाधारण शक्तियाँ ग्रहण कर सकता है जिनके कारण राज्यों की स्वायत्तता स्थगित हो सकती है। यह बाबा साहब की दूरदृष्टि का ही कमाल है कि उन्होंने संविधान में यह व्यवस्था की है कि आपात की उद्घोषणा के चालू रहते संघ की कार्य-शक्ति राज्यों के ऊपर भी लागू होती है और संसद राज्य सूची में

उल्लिखित विषयों पर भी कानून बना सकती है। यदि किसी राज्य का राज्यपाल राष्ट्रपति को यह रिपोर्ट दे दे कि राज्य में संविधान के उपबंधों के अनुसार शासन नहीं चलाया जा सकता तब उस राज्य में राष्ट्रपति का शासन स्थापित हो जाता है।

भारतीय संघ-शासन के अन्तर्गत संघ की विधायी शक्ति का दायरा साधारण परिस्थितियों में भी बढ़ाया जा सकता है। साधारणतः राज्य विधानमंडलों को राज्य सूची में दिए गए विषयों के ऊपर कानून बनाने और उसे लागू करने का पूरा अधिकार प्राप्त है। लेकिन यदि राज्यसभा दो-तिहाई बहुमत से यह प्रस्ताव पास कर दे कि राष्ट्रीय दृष्टि से संघीय संसद का इन विषयों में से किसी के ऊपर कानून बनाना आवश्यक है तो संघीय संसद उस विषय के ऊपर कानून बना सकती है।[2]

देश की अखंडता को अक्षुण्ण रखने के प्रति बाबा साहब इतने चिंतनशील थे कि उन्होंने संविधान में यहाँ तक व्यवस्था दी कि संप्रभुता की रक्षा-संरक्षा तथा संघात्मक ढाँचे को सुदृढ़ रखने के लिए इकाइयों के इलाके बदले जा सकते हैं। उनमें कमी-बेशी की जा सकती है। संघीय शासन का यह अधिकार होगा कि वह किसी राज्य से कोई प्रदेश अलग करके अथवा दो या दो से अधिक राज्यों को मिलाकर नया राज्य बना सकता है। आखिर झारखंड, छत्तीसगढ़ और उत्तरांचल जैसे प्रदेशों का आविर्भाव इन्हीं प्रावधानों के तहत तो हुआ है। ऐसा देश के अंदर यदाकदा उठने वाली पृथक तावादी शक्यिों पर नियंत्रण तथा देश की अखंडता को अक्षुण्ण बनाए रखने के लिए ही तो किया गया है।

तात्पर्य यह कि राष्ट्र की संप्रभुता तथा एकता को बनाए रखने के लिए ही भविष्यद्रष्टा डॉ. अम्बेडकर ने संविधान में वे सारे प्रावधान किए हैं जिनकी कल्पना भी तत्समय दूसरों ने नहीं की थी। क्या Worshiping False Gods के लेखक अरुण शौरी इसके बाद भी बाबा साहब को सच्चा राष्ट्रभक्त मानने को तैयार नहीं होंगे?

शिक्षा विषयक डॉ. अम्बेडकर के दृष्टिकोण

शिक्षा की महत्ता को प्रतिपादित करते हुए डॉ. अम्बेडकर ने कहा कि शिक्षा एक ऐसी आवश्यकता है जिसे प्रत्येक व्यक्ति तक पहुंचनी चाहिए। यह सस्ती-से-सस्ती हो, ताकि निर्धन-से-निर्धन व्यक्ति भी इसे प्राप्त कर अपना सर्वांगीण विकास कर सके। भारत में शिक्षा की दुर्व्यवस्था पर चिंता प्रकट करते हुए उन्होंने बंबई

लेजिस्लेटिव काउंसिल के डिबेट्स में सन् 1927 में कहा था कि भारत सरकार ने हाल ही में शिक्षा की प्रगति के सम्बन्ध में जो रिपोर्ट जारी की है, उसके अनुसार तो आज स्कूल जानेवाली उम्र के लड़कों को 30 साल और लड़कियों को 300 साल शिक्षित बनने में लगेंगे।[3] आज डॉ. अम्बेडकर की भविष्यवाणी कितनी सच सिद्ध हो रही है। क्या यह भी लिखने की जरूरत है। साठ की उम्र पार कर चुके स्वतंत्र भारत में शिक्षितों का प्रतिशत क्या है, इसे ज्ञात कर शंका का समाधान किया जा सकता है।

उन्होंने आगे कहा कि जब तक मन को स्वतंत्रता का उपयोग करने की शिक्षा न दी जाए, तब तक स्वतंत्रता का कोई मूल्य ही नहीं रहता। इस तथ्य को ध्यान में रखते हुए शिक्षा प्राप्त करने का मनुष्य का अधिकार उसकी स्वतंत्रता के लिए मूलभूत अधिकार बन जाता है। मनुष्य को ज्ञान से वंचित रखकर आप उसे अनिवार्य रूप से उन लोगों का गुलाम बना देंगे, जो उससे अधिक सौभाग्यशाली हैं। ज्ञान वंचित रखने का मतलब है, उस शक्ति को नकारना जिसे स्वतंत्रता के महान् उद्‌देश्य प्राप्त करने के लिए उपयोग में लाया जाता है। एक अज्ञानी मनुष्य स्वतंत्र हो सकता है।... परन्तु वह अपनी स्वतंत्रता का उपयोग नहीं कर सकता है।[4]

ज्ञान के प्रसार के लिए दो कसौटियों का पूर्व नियोजित होना आवश्यक है। पहला औपचारिक शिक्षा का होना तथा दूसरा साक्षरता का ज्ञान होना। इन दोनों के बगैर शिक्षा का प्रसार नहीं हो सकता। औपचारिक शिक्षा के बगैर जटिल समाज के सभी साधनों और उपलब्धियों का आदान-प्रदान करना संभव नहीं है। इसके बिना किसी भी विषय से संबंधित संगृहीत विचारों तथा अनुभवों का युवा पीढ़ी तक पहुँचना संभव नहीं है और यह विचार तथा अनुभव उन्हें तब तक नहीं मिल सकते, जब तक हम उनको दूसरों के साथ अनौपचारिक सम्बन्ध बनाकर शिक्षा प्राप्त करने के लिए छोड़ नहीं देते। औपचारिक शिक्षा के बगैर वह नई दृष्टि प्राप्त नहीं कर सकता। उसका दृष्टिकोण व्यापक नहीं बन सकता और वह अपने दैनिक कार्यक्रमों का गुलाम बनाकर अज्ञानी रह जाएगा।

परन्तु औपचारिक शिक्षा के लिए विशेष माध्यमों, जैसे—पाठशालाएँ, पुस्तकें, नियोजित साधन सामग्री और अध्ययन आदि की आवश्यकता होती है। जब तक मनुष्य साक्षर न हो, वह पढ़ने-लिखने वाले माध्यमों का लाभ कैसे ले सकता है? पढ़ने-लिखने की कला अर्थात साक्षरता का प्रसार और औपचारिक शिक्षा, यह दोनों बातें साथ-साथ चलने वाली हैं। इन दोनों के अस्तित्व के बगैर शिक्षा का प्रसार नहीं हो सकता है।[5]

आज महंगी तथा प्राइवेट शिक्षा प्रणाली के कारण भारत का भविष्य कहलाने वाली युवा पीढ़ी की क्या स्थिति है, यह हमारे सामने है। इसी चिंता से चिंतित डॉ. अम्बेडकर ने भविष्यवाणी की थी कि शिक्षा को सस्ती होनी चाहिए।[6]

दूसरी ओर आज यदि कई राज्य सरकारों के द्वारा प्राथमिक से माध्यमिक स्तर की शिक्षा को निःशुल्क किया जा रहा है तो वह भी बाबा साहब के द्वारा सुझाए गए मार्ग का अनुसरण ही है। फिर बाबा साहब केवल दलित समर्थक कैसे हो गए?

राष्ट्रभाषा की आवश्यकता पर बल क्यों दिया डॉ. अम्बेडकर ने

संविधान सृजन के समय देश में कोई सर्वमान्य राष्ट्रभाषा नहीं होने के कारण मजबूरीवश संविधान के भाग 17, अनुच्छेद-343 में शासकीय कार्यों के संपादन के लिए 15 वर्ष के लिए अंग्रेजी को कामकाज की भाषा का दर्जा दिया गया था। किन्तु प्रथमतः यह स्पष्ट कर दिया गया है कि राजभाषा हिन्दी होगी। इस संवैधानिक व्यवस्था का प्रयोजन यह था कि 15 वर्ष के अंदर देश की राष्ट्रभाषा निश्चित रूप से सुनिश्चित कर ली जाएगी। ऐसा कहते समय डॉ. अम्बेडकर एक सुदृढ़ राष्ट्रभाषा की ही बात कर रहे थे।[7]

एक भाषा, एक जीवन-पद्धति और एक धर्म राष्ट्रीयता का आधार हैं ऐसा वे मानते हैं। इसी कारण भाषा के आधार पर राज्यों की पुनर्रचना उन्हें मान्य नहीं थी। भाषा के सम्बन्ध में वे हिन्दी के आग्रही प्रतिपादक थे। प्रत्येक प्रदेश की अधिकृत राजभाषा केन्द्र सरकार की ही अधिकृत राजभाषा होनी चाहिए। इस शर्त पर 'मैं भाषिक प्रान्त रचना को मान्यता देने को तैयार हूँ' ऐसा उन्होंने कहा है। अनेक-भाषी प्रान्तों की तुलना में एक-भाषी प्रान्तों में जनतंत्र का विकास अधिक गति से होता है। इसी कारण हिन्दी ही एकमात्र राजभाषा होनी चाहिए। भावनात्मक सुसंवाद और राष्ट्रीय एकात्मता हिन्दी के कारण अधिक तेजी से हो सकती है, ऐसा उनका विश्वास था। हिन्दी के लिए वे देवनागरी लिपि को स्वीकृति देते हैं।[8]

"भाषिक प्रान्त रचना अगर करनी ही है तो 'एक भाषा और अनेक राज्य' इस सूत्र को स्वीकार किया जाए, 'एक राज्य एक भाषा' को नहीं। एक राज्य एक भाषा के कारण उत्तर भारत के एकत्रीकरण की और दक्षिण भारत के विभक्तीकरण की प्रक्रिया शुरू हो जाएगी", ऐसा उनका भय था। किसी भी स्थिति में भारत का कोई भी विभाग भौगोलिक, आर्थिक और जनसंख्या की दृष्टि से अधिक बलवान और बड़ा न हो, ऐसा उनका आग्रह था। दूसरे अर्थों में वे

छोटे-छोटे राज्यों के समर्थक थे। उन दिनों राज्य पुनर्रचना की जो योजना उन्होंने प्रस्तुत की थी उसमें उत्तर प्रदेश को तीन राज्यों में, बिहार को दो में, मध्य प्रदेश को दो में बाँट दिया था। एक बार राज्यसभा में उन्होंने कहा था, "मुझे हिन्दी के प्रति अधिक प्रेम है, परन्तु हिन्दी-भाषी लोग ही हिन्दी के सबसे बड़े शत्रु हैं और यही मेरे लिए चिंता की बात है।"[9]

डॉ. अम्बेडकर का मंतव्य है कि जिस राष्ट्र की अपनी एक राष्ट्रभाषा नहीं होती उसे एक संगठित राष्ट्र कहना आत्मप्रवंचना है। राष्ट्रभाषा ही किसी देश की जीवननलिका होती है। अतीत का इतिहास साक्षी है कि एकल देशभाषा नहीं होने के कारण ही भारतीयों में राष्ट्रभक्ति की वह अविरल धारा प्रवाहित नहीं हो पाई जो होनी चाहिए थी। एकल राष्ट्रभाषा होने के कारण देशवासी एकल परिवार की तरह एक-दूसरे की भावनाओं की समान स्तर पर अनुभूति करते हैं और तद्नुकूल संवेदनात्मक प्रतिक्रिया भी व्यक्त करते हैं। एक देश एक भाषा नहीं होने के कारण ही हम मानें न मानें बम्बई के हर्ष रुदन की अनुभूति ठीक उसी संवेदनात्मक स्तर पर बंगाल के लोग नहीं कर सकते। यही स्थिति अन्य प्रांतों के सम्बन्ध में भी है। सच कहें तो एकल भाषा के अभाव में एक प्रांत दूसरे प्रांत के सुख-दुख को ठीक उसी पैमाना पर लेते हैं, मानो मामला अपने देश की न होकर किसी दूसरे देश की हो।

बाबा साहब ने साफतौर पर कहा कि जिस देश की अपनी सुदृढ़ तथा सर्वमान्य राष्ट्रभाषा नहीं होती, वह आज न कल गुलाम होकर रहता है। राष्ट्रभाषा राष्ट्र की वास्तविक स्वतंत्रता होती है। इन्होंने अपने सम्पूर्ण वाङ्मय खंड एक में लिखा है कि एक राज्य, एक भाषा लगभग हरेक राज्य का एक सार्वभौम लक्षण होता है। जर्मनी के संविधान की जाँच कीजिए, फ्रांस का संविधान जांचिए, इटली के संविधान की परीक्षा कीजिए, इंग्लैंड का संविधान देखिए और संयुक्त राज्य अमेरिका का संविधान पढ़िए। एक राज्य, एक भाषा यही नियम है। जहाँ कहीं भी इस नियम से विचलन हुआ है, वहीं खतरा उत्पन्न हो गया है।[10]

डॉ. अम्बेडकर ने बताया है कि एक राज्य, एक भाषा का नियम क्यों आवश्यक है, इसके दो कारण हैं—

एक कारण तो यह है कि यदि राज्य में रहने वाले लोगों में भ्रातृत्व भावना का अभाव हो तो लोकतंत्र बिना संघर्ष के नहीं चल सकता है। नेतृत्व के लिए दो दलों में लड़ाई-झगड़े और प्रशासन में भेदभाव का व्यवहार, ये दो तत्व किसी भी मिश्रित भाषावार प्रांतों में सदा बने रहते हैं और उनका लोकतंत्र के साथ निर्वाह नहीं हो सकता।

एकल राष्ट्रभाषा के अभाव के कुपरिणाम

भविष्यद्रष्टा डॉ. अम्बेडकर ने तब ही कह दिया था कि मिश्रित भाषायी राज्य में लोकतंत्र क्यों असफल रहता है, इसका सबसे अच्छा उदाहरण वर्तमान बंबई राज्य है। मुझे राज्य पुनर्गठन आयोग के इस सुझाव पर आश्चर्य होता है कि वर्तमान बंबई राज्य को यथावत् रहने दिया जाए, ताकि हम अनुभव कर सकें कि मिश्रित राज्य किस प्रकार उन्नति कर सकता है। बंबई लगभग बीस वर्ष से मिश्रित भाषावार राज्य चला आ रहा है, जहाँ महाराष्ट्रियों और गुजरातियों में घोर शत्रुता है। केवल विचारशून्य और अन्यमनस्क व्यक्ति ही इस प्रकार का मूर्खतापूर्ण प्रस्ताव पेश कर सकता है। मिश्रित भाषावार राज्य में लोकतंत्र की असफलता का एक और उदाहरण है, भूतपूर्व मद्रास राज्य। मिश्रित राज्य के रूप में संयुक्त भारत का गठन और भारत और पाकिस्तान के रूप में अनिवार्य विभाजन मिश्रित राज्य में लोकतंत्र संभव न होने के अन्य दृष्टांत हैं।[11]

एक राज्य, एक भाषा के नियम का अपनाया जाना क्यों आवश्यक है, इसका दूसरा कारण यह है कि जातीय और सांस्कृतिक विरोध का यही एकमात्र समाधान है।[12]

तमिल आंध्रवासियों से और आंध्रवासी तमिलों से क्यों घृणा करते हैं? हैदराबाद के आंध्रवासी महाराष्ट्रियों से, महाराष्ट्रिय आंध्रवासियों से क्यों घृणा करते हैं? इसका सीधा उत्तर है—भाषा-भिन्नता। ऐसा नहीं है कि इन दोनों में कोई स्वाभाविक वैर-भाव है। घृणा का कारण यह है कि वे एक-दूसरे की भावना-संवेदना को समभाषा के अभाव के कारण समझने में विफल हैं। और बावजूद इसके उन्हें एक-दूसरे के साथ रख दिया गया है और वे सरकार जैसी भागीदारी के चक्र में भाग लेने के लिए बाध्य कर दिए गए हैं।[13]

इतना ही नहीं, बाबा साहब ने तो यहाँ तक कहा कि भाषावार राज्य, जिसकी राजभाषा उसकी क्षेत्रीय भाषा हो, बहुत आसानी से एक स्वतंत्र राज्य बन सकता है। स्वाधीन राष्ट्र और स्वाधीन राज्य के बीच का मार्ग बड़ा सँकरा होता है। यदि वह भाषायी भिन्नता के कारण पारगम्य हो जाए तो भारत वैसा आधुनिक भारत नहीं रहेगा, जैसा इस समय है, बल्कि मध्ययुगीन भारत बन जाएगा, जिसमें विभिन्न प्रकार के राज्य होंगे जो प्रतिद्वंद्विता और युद्ध में लगे रहेंगे।

डॉ. अम्बेडकर ने राष्ट्रभाषा को मूर्त रूप प्रदान करने के उद्देश्य से ही संविधान के अनुच्छेद-351 में यह इंगित किया है कि संघ का यह कर्तव्य होगा कि वह हिन्दी भाषा का प्रसार बढ़ाए, उसका विकास करे जिससे वह भारत की सामासिक संस्कृति के सभी तत्वों की अभिव्यक्ति का माध्यम बन सके और

उसकी प्रकृति में हस्तक्षेप किए बिना हिन्दुस्तानी में और आठवीं अनुसूची में विनिर्दिष्ट भारत की अन्य भाषाओं में प्रयुक्त रूप, शैली और पदों को आत्मसात् करते हुए और जहाँ आवश्यक या वांछनीय हो वहाँ उसके शब्द भंडार के लिए मुख्यतः संस्कृत से और गौणतः अन्य भाषाओं से शब्द ग्रहण करते हुए उसकी समृद्धि सुनिश्चित करे।[14] इसमें डॉ. अम्बेडकर का कौन सा दलित प्रेम छिपा हुआ है?

उन्होंने आगे कहा कि इस खतरे का सामना कैसे किया जाए? मेरे विचार से इस खतरे से तभी निपटा जा सकता है, जबकि किसी भी क्षेत्रीय भाषा को राज्य की राजभाषा नहीं रखा जाए। तभी देश में राष्ट्रभाषा विकसित हो पाएगी और देश अखंडित रह पाएगा।

राष्ट्रभाषा देश की जीवन नलिका होती है

अपने पूरे जीवन काल में विभिन्न देशों के भ्रमण तथा वहाँ की राजनीतिक-सामाजिक परिस्थितियों के गहन अध्ययन के बाद डॉ. अम्बेडकर ने किसी राष्ट्र के जीवन में राष्ट्रभाषा की आवश्यकता तथा महत्त्व को बड़ी शिद्दत से महसूस किया था। उनका मानना है कि जिस तरह जीवननलिका के बिना मानव शरीर या अन्य प्राणियों के शरीर का अस्तित्व में बना रहना असंभव है, ठीक उसी तरह एक सुदृढ़ राष्ट्रभाषा के अभाव में किसी देश की स्वतंत्रता तथा संप्रभुता बहुत दिनों तक कायम नहीं रह सकती है।[15] इसका स्पष्ट प्रमाण यह है कि भारत में अतीत काल से एकल देशभाषा का अभाव रहा है जिसके कारण देशवासियों में सामाजिक-सांस्कृतिक एकता तथा लगाव की भावना प्रबल नहीं हुई है तथा एक-दूसरे की भावना समान धरातल पर कभी भी संप्रेषित नहीं हो पाई है। यही कारण है कि कहने को तो हम भारतीय अपने को एक देश का नागरिक तथा अनेकता में एकता के सिद्धान्त का पृष्ठपोषक कहते हैं, लेकिन वास्तव में ऐसा है नहीं। नहीं तो इतनी बड़ी आबादी वाले देश को बहुत कम संख्या में बार-बार आकर विदेशी विजित कैसे करते रहे। भारत का इतिहास बताता है कि सोमनाथ के मंदिर को जब विदेशियों द्वारा लूटा जा रहा था तो मात्र वहाँ के पुजारी-पंडे ही प्रतिकार में सामने आए थे। धार्मिक आस्था में डूबे अपने को आकंठ मानने वाले अन्य लोगों की इसके प्रति उदासीनता हद से ज्यादा थी। इसके बहुत से कारण हो सकते हैं। लेकिन एकल राष्ट्रभाषा का नहीं होना भी कम महत्त्वपूर्ण कारक नहीं है। दक्षिण की भाषा उत्तर की भाषा से दिशा के समान ही भिन्न है। इस कारण

से उत्तर-दक्षिण, पूरब-पश्चिम किसी भी राष्ट्रीय महत्त्व के मुद्दे पर शायद ही कभी एकमत हो पाता है।

कहने का तात्पर्य यह कि भाषा सबसे सशक्त सेतु होती है। यही एकमात्र माध्यम है जो हमें सबसे कम समय में तथा सबसे अधिक प्रभावी ढंग से एकजुट करती है। कहीं भी और कभी भी इसका प्रमाण प्राप्त किया जा सकता है। अंग्रेजी जानने वाला कहीं का हो, कहीं पर हो, यही कारण है कि एक-दूसरे के सम्पर्क में आने में सहूलियत महसूस करता है। यदि भारत की किसी भी भाषा को राष्ट्रभाषा का दर्जा दे दिया गया होता तो निश्चित ही अब तक वह काफी सशक्त तथा लोकप्रिय होने के साथ-साथ जनभाषा तथा सम्पर्क भाषा का आसन ग्रहण कर चुकी होती और भारत का प्रत्येक व्यक्ति अपना हर्ष-रुदन, दुःख-सुख एक-दूसरे से बांटने में सफल होने के नाते एक-दूसरे के नातेदार जैसा महसूस करते। तब स्वभावतः वसुधैव कुटुम्बकम् की उक्ति के चरितार्थ होने की अनुभूति होती और देश के किसी भी मसले पर जनमत संग्रह करने तथा लोकमत ज्ञात करने में सुविधा होती। सबसे बड़ा लाभ यह होता कि भारतीयों में भाषिक भिन्नता न होने से बंधुत्व भाव का स्वतः विकास होता, जो राष्ट्रभक्ति की पहली शर्त है। बिना देशभाषा के देशवासियों को एक माला की तरह संगठित-सुशोभित रखना संभव नहीं है, हम चाहे इसके समर्थन में सुन्दर शब्दों तथा ताकतवर तर्कों से बहस की कितना ही महाभारत क्यों न लड़ लें। डॉ. अम्बेडकर ने तो साफ मंतव्य दिया है कि एकल राष्ट्रभाषाविहीन राष्ट्र की संप्रभुता कभी भी खतरे में पड़ सकती है।

यहाँ यह गंभीर चिंतन का विषय है कि राष्ट्रीय एकता-अखंडता को कायम रखने के लिए युगद्रष्टा डॉ. अम्बेडकर ने एकल समृद्ध राष्ट्रभाषा की आवश्यकता पर जो बल दिया है, वह कितना समीचीन तथा आवश्यक है। इसमें डॉ. अम्बेडकर का कौन सा दलित प्रेम छिपा है? आज तो डॉ. अम्बेडकर के इस चिंतन का महत्त्व और प्रासंगिक हो गया है, जब भाषा के नाम पर देश के अंदर गृहयुद्ध जैसी स्थिति बनी हुई है। कहने को भले प्रदेश के नाम पर भेदभाव का बर्ताव किया जा रहा है लेकिन सबके मूल में कारण भाषायी भिन्नता ही है।

सन्दर्भ

1. बाबा साहब डॉ. अम्बेडकर सम्पूर्ण वाङ्मय : खंड-2, भाग-1, कल्याण मंत्रालय, भारत सरकार, नई दिल्ली, डॉ. अम्बेडकर प्रतिष्ठान : कल्याण मंत्रालय, भारत सरकार, नई दिल्ली।
2. ए ट्रेटाईज ऑन सेक्युलर स्टेट, टी.एस. बेंकटरमण, पृष्ठ 2

3. बाबा साहब डॉ. अम्बेडकर सम्पूर्ण वाङ्मयः, खंड-3, पृष्ठ 55
4. बाबा साहब डॉ. अम्बेडकर सम्पूर्ण वाङ्मय, खंड-5
5. भारतरत्न डॉ. भीमराव अम्बेडकर : सृष्टि और दृष्टि, डॉ. सुकन पासवान प्रज्ञाचक्षु, भावना प्रकाशन, पटपड़गंज, दिल्ली-91, पृष्ठ 207
6. डॉ. अम्बेडकर और सामाजिक न्याय : राजेश गुप्ता, मानक पब्लिकेशंस प्रा.लि., लक्ष्मीनगर, दिल्ली, पृष्ठ 01
7. भारत का संविधान : डॉ. जय जयराम उपाध्याय, पृष्ठ 195
8. बाबा साहब डॉ. अम्बेडकर सम्पूर्ण वाङ्मय, खंड-1, पृष्ठ 178
9. वही, पृष्ठ 127-131
10. वही, पृष्ठ 176
11. वही, पृष्ठ 177
12. वही, पृष्ठ 177
13. वही, पृष्ठ 177
14. भारत का संविधान : डॉ. जय जयराम उपाध्याय, पृष्ठ 199
15. बाबा साहब डॉ. अम्बेडकर सम्पूर्ण वाङ्मय, खंड-1, पृष्ठ 178

अध्याय : चार

डॉ. अम्बेडकर के औद्योगिकीकरण सम्बन्धी विचार

डॉ. अम्बेडकर एक सुख्यात अर्थशास्त्री थे। उन्होंने यद्यपि मिश्रित अर्थव्यवस्था के सहचरण की बात की है। लेकिन उनका मानना था कि सरकार को सार्वजनिक क्षेत्र के उपक्रमों को नो प्रोफिट नो लॉस के सिद्धान्त पर संचालित कर अपने कल्याणकारी चरित्र का परिचय देना चाहिए। निजीकरण बहुत सोच-समझकर तथा अति सीमित क्षेत्र में लागू करना चाहिए।

डॉ. अम्बेडकर का आर्थिक औद्योगिकीकरण सम्बन्धी विचार संक्षिप्त एवं स्पष्ट है। इन्होंने औद्योगिकीकरण एवं आर्थिक विकास के सम्बन्ध को अन्योन्याश्रित माना है। औद्योगिकीकरण के सम्बन्ध में डॉ. अम्बेडकर का सिद्धान्त है—"औद्योगिक नीति इस तरह की होनी चाहिए कि जिसके परिणामस्वरूप अधिकतम उत्पादन निपुणता एवं उत्पादकता के साथ-साथ अंतर्राष्ट्रीय औद्योगिक बाजार में देशी उद्योगों एवं उनके उत्पादनों की प्रतिस्पर्धी क्षमता प्रतियोगितापूर्ण एवं लाभकारी हो। उद्योग क्षेत्र में ऐसी स्थिति कायम होने पर ही राष्ट्र के औद्योगिक एवं आर्थिक विकास में गत्यात्मकता के साथ गुणात्मक संवर्द्धन संभव है। इन्होंने कहा कि चाहे कोई राष्ट्र पूँजीवादी हो अथवा समाजवादी, उसे उद्योग के क्षेत्र में प्रगति एवं विकास के लिए इन सिद्धान्तों को अपनाना ही पड़ेगा।[1] डॉ. अम्बेडकर के इस दृष्टिकोण को हर दृष्टि से एक शुद्ध आर्थिक सिद्धान्त माना जा सकता है।

इन्होंने प्रतिपादित किया कि "औद्योगिक विकास के गतिमान एवं समृद्ध होने पर ही कोई राष्ट्र अन्य राष्ट्र के समान आर्थिक प्रतिस्पर्धा कर सकता है। साथ ही आर्थिक विकास के क्षेत्र में उच्चतर स्तर प्राप्त कर ही कोई राष्ट्र अपनी संप्रभुता को अक्षुण्ण रख सकता है।[2] यहाँ यह विशेष रूप से उल्लेखनीय है कि औद्योगिकीकरण सम्बन्धी विचारों के प्रतिपादन के क्रम में डॉ. अम्बेडकर ने राष्ट्रीय हित को प्रथम प्राथमिकता देते हुए दलितों के लिए अधिक से अधिक

रोजगार के अवसर एवं आजीविका के साधन स्रोतों के वितरण में समानता की आवश्यकता की चर्चा नहीं की है। यह इनके उत्कट देशप्रेम एवं राष्ट्रहित की चिन्ता का परिचायक है। स्पष्टतः देश के आर्थिक विकास के सम्बन्ध में सोचते समय अपने समय का विरल विद्वान अम्बेडकर ने राष्ट्रहित एवं समवेत रूप में मानवाधिकार की रक्षा को ही सर्वोच्च एवं वरेण्य माना है। इस तरह के क्रियात्मक औद्योगिक विकास सम्बन्धी मत प्रतिपादित करने के पीछे डॉ. अम्बेडकर का उद्देश्य यह था कि इससे तत्काल भारतीय अर्थव्यवस्था को आर्थिक लाभ प्राप्त हो सकता है एवं राष्ट्र का औद्योगिक विकास एवं समृद्धि सम्भव हो सकती है।

भारतरत्न डॉ. अम्बेडकर महात्मा गांधी के 'सीमित औद्योगिकीकरण' के सिद्धान्त से सहमत नहीं हैं। इनका मानना है कि गांधीवादी दृष्टिकोण पर आधारित ग्राम एवं खादी उद्योग आर्थिक दृष्टिकोण से न आज लाभकारी है और न कल हो सकते हैं। क्योंकि 'साधारण एवं छोटा सुन्दर होता है' यह सिद्धान्त आज के आधुनिक भौतिकवादी औद्योगिक संस्कृति वाले समाज एवं राष्ट्र के लिए उपयोगी एवं आर्थिक दृष्टिकोण से लाभदायक नहीं है। इसलिए इनका मानना है कि समय की पुकार के अनुसार राष्ट्र के औद्योगिक संवर्द्धन के लिए औद्योगिकीकरण आवश्यक है। स्पष्टतः डॉ. अम्बेडकर उद्योग के लाभदायक आधुनिकीकरण एवं विस्तारीकरण के पक्षधर प्रतीत होते हैं। लघु तथा कुटीर उद्योग की वर्तमान दशा-दिशा से डॉ. अम्बेडकर की दूरदर्शिता का अंदाजा लगाया जा सकता है।

गांधीजी के सपनों को साकार करने के लिए तो प्रत्येक पंचवर्षीय योजना में कुटीर एवं लघु उद्योगों के विकास के लिए राशि का प्रावधान किया ही जा रहा है। फिर ऐसे उद्योग गधे के सींग की तरह अदृश्य क्यों हैं? सच यह है कि इस तरह के उद्योग अति सीमित जनसंख्या तथा विपुल नैसर्गिक संसाधन वाले देश में ही पल्लवित हो सकते हैं, जो वर्तमान परिदृश्य में दिवा-स्वप्न के अतिरिक्त और कुछ नहीं है।

बाबा साहेब के इन्हीं क्रांतिकारी औद्योगिक विचारों को मद्देनजर रखते हुए भारत की इंडस्ट्रियल रिजोल्यूशन पॉलिसी-1956 तैयार की गई जो औद्योगिक विकास के इतिहास में एक मील के पत्थर के समान है।

अब अम्बेडकर के औद्योगिककीरण सम्बन्धी विचारों की विशेषताओं को संक्षिप्त रूप में निम्नवत् प्रस्तुत किया जा रहा है :

(क) औद्योगिक विकास के लिए निजी एवं सार्वजनिक क्षेत्रों का सहअस्तित्व अपरिहार्य है।

(ख) चूँकि अविकसित एवं विकासशील देशों में निजी क्षेत्र के उद्यमियों की विनियोजन क्षमता सीमित होती है, इसलिए वहाँ सार्वजनिक क्षेत्र (राज्य) को औद्योगिक विकास के लिए विशेष तौर पर आगे आना चाहिए।

(ग) डॉ. अम्बेडकर का स्पष्ट मानना है कि उद्योग के क्षेत्र में राज्य के हस्तक्षेप से ही कामगारों/मजदूरों के हितों की रक्षा संभव है। यह कार्य प्रगतिशील श्रम कल्याण विधेयक बनाकर राज्य ही कर सकता है।

(घ) निजी क्षेत्रों का नियमन सरकार को इस भाँति करना चाहिए कि श्रम-शोषण को रोका जा सके तथा सामुदायिक हित का संवर्द्धन किया जा सके।

(ङ) सभी तरह के महत्त्वपूर्ण उद्योगों (की इंडस्ट्री) का संचालन सार्वजनिक क्षेत्र (सरकारों) को करना चाहिए।

(च) ऐसे अद्योग जो यद्यपि कि इंडस्ट्रीज तो नहीं हैं किन्तु जो सामाजिक, आर्थिक दृष्टिकोण से महत्त्वपूर्ण हैं का भी संचालन राज्य को अथवा स्वायत्तता प्राप्त निगमों को ही कराना चाहिए।"[3]

उपर्युक्त विचार बिन्दुओं से यह स्पष्ट है कि डॉ. अम्बेडकर मिश्रित अर्थव्यवस्था के सिद्धान्त के पृष्ठपोषक हैं।

डॉ. अम्बेडकर ने देश के औद्योगिक विकास के लिए सार्वजनिक उद्योगों को अधिकाधिक प्रश्रय देने की वकालत करने के साथ-साथ निजी उद्यमियों को भी उद्योग-जगत् में साकारात्मक आर्थिक विनियोग कर औद्योगिक विकास को गति प्रदान करने की जोरदार वकालत की। आज भारतीय अर्थव्यवस्था में सार्वजनिक तथा निजी दोनों तरह के औद्योगिक विनियोग को लगभग एकमत से अंगीकार किया जा चुका है तथा इसी आधार पर भारतीय अर्थव्यवस्था का स्वरूप एक मिश्रित अर्थव्यवस्था वाला निर्णीत किया जा चुका है।

निजीकरण के क्यों खिलाफ थे डॉ. अम्बेडकर

युगद्रष्टा डॉ. अम्बेडकर ने निजीकरण के कुपरिणाम को भांपकर ही बहुत पहले कह दिया था कि--कार्य करने की वास्तविक स्वतंत्रता केवल वहीं पर होती है, जहाँ शोषण का समूल नाश कर दिया गया है, जहाँ एक वर्ग द्वारा दूसरे वर्ग पर अत्याचार नहीं किया जाता है, जहाँ बेरोजगारी नहीं है, जहाँ गरीबी नहीं है, जहाँ किसी व्यक्ति को अपने धंधे के हाथ से निकल जाने का भय नहीं है, अपने कार्यों

के परिणामस्वरूप जहाँ व्यक्ति अपने धंधे की हानि, घर की हानि तथा रोजी-रोटी की हानि के भय से मुक्त है।[4] आज जब सार्वजनिक क्षेत्र के उपक्रम निजीकरण के ठीहे पर एक-एक कर हलाल होते जा रहे हैं तो अम्बेडकर की उक्त भविष्यवाणी अक्षरशः सिद्ध होती प्रतीत होती है।

राजकीय (सार्वजनिक) क्षेत्र को येन-केन-प्रकारेण घाटे का व्यापार सिद्ध कर जब निजीकरण की आवाज जोर पकड़ने लगी तो भारतीय पूँजीवाद जिसने इस बीच सरकारी सहायता से राजकीय क्षेत्र की लूट से काफी धन कमा लिया था—इसको खूब हवा दी। प्रेस मीडिया उनके थे और निजीकरण के गुणगान को जनमानस को सुना दिया गया। इधर सोवियत संघ का प्रयास विफल हो गया था। इस कारण ग्लोबलाइजेशन का निजीकरण का विश्व माहौल बन तो गया, लेकिन पूर्वी एशिया के बाघों, रूस और दक्षिणी अमेरिका में ग्लोबलाइजेशन के कारण जैसी तबाही और भुखमरी हुई, उससे लोगों की आँखें खुल रही हैं। यह सिद्ध हो गया है कि निजीकरण और ग्लोबलाइजेशन से बेरोजगारी, गरीबी और तबाही बढ़ती है। अब विश्व बैंक और अंतर्राष्ट्रीय मुद्राकोष भी इसे मानने लगे हैं। दुनिया में चारों ओर ग्लोबलाइजेशन के खिलाफ आवाज उठने लगी है। खुद राष्ट्रसंघ के विकास कार्यक्रम (यू.एन.डी.पी.) रिपोर्ट में कहा गया है कि विश्व व्यापार संगठन के नियमों से विकासशील राष्ट्रों में भारी तबाही और गरीबी होती है इसलिए उसके नियमों में संशोधन करना चाहिए जिससे विकासशील राष्ट्र भी व्यापार में ज्यादा हिस्सा ले सकें। अपने देश में उदारीकरण इस ढंग से हो रहा है जिसमें देशी लघु उद्योग, राजकीय क्षेत्र, कृषि आदि पर भारी आघात पहुँच रहा है और बहुराष्ट्रीय कंपनियों का बोलबाला बढ़ता जा रहा है। ठीक इसके विपरीत दक्षिण कोरिया और जापान ने किया। जापान की विशाल व्यापारिक संस्था 'सोगोसोशा' और कोरिया का चायबोल्स वहाँ की सरकारों की असरदार मदद से बनी। जापान के अंतर्राष्ट्रीय व्यापार और उद्योग विभाग ने बड़े पैमाने पर विदेशी टेक्नोलॉजी ऐसी होशियारी से लिए कि उनके अपने उद्योग का तेजी से विकास हो। भारत में इसके विपरीत हो रहा है। चीन का उदाहरण अक्सर ही दिया जाता है। लेकिन चीन ने अपने राजकीय क्षेत्र को वैसे तोड़ा नहीं है जैसा भारत सरकार कर रही है। चीन राजकीय क्षेत्र में सुधार कर उसे मजबूत कर रहा है। चीन विदेशी पूँजी नए कारखाने खोलने के लिए लेता है, भारत विदेशी पूँजी भारतीय कारखानों के शेयर खरीदने के लिए लेता है। चीन शॉर्ट टर्म विदेशी कर्ज नहीं लेता है, लेकिन भारत ने पिछले दस वर्षों में एक साल में चुकाने वाला 4.4 बिलियन डॉलर का विदेशी ऋण लिया है।

भारत में पिछले 10 वर्षों में नए कारखानों के लिए मात्र 15 बिलियन डॉलर विदेश से आए, लेकिन शेयर खरीदने में 18 बिलियन डॉलर से ज्यादा आए। इसी के कारण सरकार ढोल पीटती है कि उसका विदेशी मुद्रा भंडार ठोस है, जो सच्चाई नहीं है। जापान के प्रसिद्ध अर्थशास्त्री डॉ. सबर्रा ओकिता ने भारत को सावधान किया था कि भारत को चुन-चुनकर उदारीकरण करना चाहिए। राजकीय क्षेत्र हमारी भारी पूँजी है जिसकी खामियों को जल्द कालबद्ध रूप से दूर करना चाहिए। रोग को मारना चाहिए न कि रोगी को। लेकिन भारत सरकार रोगी को ही मार रही है। वह राजकीय क्षेत्र को समाप्त करना चाहती है।

पहली दलील है कि राजकीय क्षेत्र में भारतीय या विदेशी निजी पूँजी के लाने से उसकी कार्यक्षमता बढ़ी। लेकिन ऐसा भी हो सकता है कि निजी स्वार्थ राजकीय क्षेत्र का शोषण अपने हित में करे और उसे ऐसा बना दे कि लोहा-लक्कड़ के भाव उसे बेचने को सरकार को मजबूर होना पड़े। तब सरकार क्या करेगी? उसका हाथ कट चुका होगा। दूसरी दलील है कि राजकीय क्षेत्र में घाटा होता है तो फिर मुनाफे की इकाइयों में सरकार क्यों नहीं विनिवेश कर रही है? तीसरी दलील है कि देश पर भारी कर्ज हो गया है और बजट का लगभग आधा धन सूद में देना पड़ता है तो राजकीय क्षेत्र बेचने के बाद फिर सरकार कैसे चलेगी क्योंकि उसका खर्च तो द्रौपदी की चीर की तरह बढ़ता ही जा रहा है। विनिवेश से दस हजार करोड़ रुपए निकालने की योजना है। करवंचना में पचासों हजार करोड़ जाते हैं। उसे सरकार क्यों नहीं रोकती पहले? बकाया कर वसूली के मुकदमे में 45 हजार करोड़ रुपए फँसे हैं। पाकिस्तान की तरह पहले उसे क्यों नहीं रोकती? बैंकों के डूबे खाते में 57 हजार करोड़ रुपए पड़े हैं, उसे क्यों नहीं वसूला जाता है? ऐसे अनेक उदाहरण हैं।

मैं निजी पूँजी के निवेश या विकास के विरोध में नहीं हूँ। जनहित का खयाल कर उन्हें पूरी सुविधा विकास के लिए देनी चाहिए। ऐसा ही जरूरत के मुताबिक विदेशी पूँजी के निवेश के लिए भी किया जाए, लेकिन निजी पूँजी के कुछ चारित्रिक अवगुण हैं जो राजकीय क्षेत्र में नहीं हैं—

1. करवंचना। मारिशस के जरिए करवंचना करने की छूट अब विदेशी कंपनी को भी दे दी गई है। इसके विपरीत राजकीय क्षेत्र ने सन् 1998-99 में सरकारी खजाने को 41890 करोड़ रुपए दिए जितना निजी क्षेत्र कभी नहीं देगा।
2. देश के धन को हवाला के जरिए विदेशों में भेजना। विदेश व्यापार में कम या ज्यादा बीजक दिखाकर भारतीय धन चुराना।

3. खतरनाक मिलावट। यू.पी. सरकार ने 78 ऐसी दवाओं की अधिसूचना जारी की है जो नकली हैं। किसानों को ऐसे ही मिलावटी कीटनाशक और नकली बीज देना। ये सभी निजी क्षेत्र के द्वारा किए जाने वाले समाज-विरोधी काम हैं।
4. अभाव पैदा कर अतिशय मुनाफा कमाना। प्याज के मामले में स्वयं भाजपा सरकार को भी यह अनुभव है। सूरत में प्लेग के वक्त बाजार से टेट्रासाइक्लिन गायब कर दिया गया था।
5. भ्रष्टाचार को बेतरह बढ़ाना।
6. अत्यधिक मूल्य वृद्धि जैसा आई.डी.पी.एल. के ठप होने से दवा या अन्य वस्तुओं में हो रहा है। निजीकरण करने के पहले सरकार को बताना चाहिए कि निजीकरण के इन चारित्रिक अवगुणों को कैसे दूर किया जाए?

ग्लोबलाइजेशन और बेरोक निजीकरण से थाईलैंड, कोरिया, इंडोनेशिया आदि देशों में जो मुसीबतें आईं उसका प्रभाव चारों तरफ हुआ। लेकिन भारत उससे बच गया। उसका प्रधान कारण भारत का राष्ट्रीयकृत उद्योग और भारतीय अर्थव्यवस्था का विदेशों पर निर्भर नहीं रहना है। सरकारी उपेक्षा के बावजूद इधर जो थोड़ा-बहुत प्रयास किया गया उससे राजकीय क्षेत्र में नई परिस्थिति पैदा हो रही है। भारत सरकार के आर्थिक सर्वे में कहा गया है कि राजकीय उद्योग विभाग द्वारा जिन 108 इकाइयों में सन् 1998-99 में मेमोरेंडम ऑफ अंडरस्टैंडिंग की गई थी उनमें 42 की हालत उत्कृष्ट, 30 का बहुत अच्छा, 13 का अच्छा, 21 का साधारण और 2 का खराब निकला। ऐसा तो निजी क्षेत्र में भी नहीं हो रहा है। निजी क्षेत्र के छोटे उद्योग ढाई लाख से ज्यादा बीमार हैं।

डॉ. अम्बेडकर के बीमाकरण सम्बन्धी विचार

यह जानकर जानकारों को विश्वास भी नहीं होगा कि प्रथमतः डॉ. अम्बेडकर ने ही प्राइवेट सेक्टर में चल रहे बीमा कंपनियों के राष्ट्रीयकरण का सुझाव दिया था जिसे कालक्रम में भारत सरकार के द्वारा स्वीकार किया गया। केवल बीमा उद्योग का ही नहीं, वे लोक कल्याणकारी सभी उद्योगों को सार्वजनिक क्षेत्र में रखने के हिमायती थे। इसमें उनका कौन सा दलित प्रेम छिपा था? आज कृषि के बीमाकरण के जो कार्यक्रम चलाए जा रहे हैं, वे भी डॉ. अम्बेडकर के प्रयासों का ही सुफल है।

डॉ. अम्बेडकर ने सुझाया था कि सरकार को कृषि का भी बीमाकरण करना चाहिए तथा कृषि फसल के प्राकृतिक कारणों से बर्बाद होने की स्थिति में कृषकों को हुई क्षति की भरपाई करनी चाहिए। बीमा का प्रीमियम कृषकों की आय के अनुपात में तय किया जाना चाहिए। शुरू में डॉ. अम्बेडकर के इस सुझाव को यूटोपियन आइडिया कहकर नकारा गया। लेकिन आज देश का लगभग हर प्रांत डॉ. अम्बेडकर के इस सुझाव को अंगीकार कर रहा है। आज बाबा साहब के इस प्रयास का सर्वाधिक लाभ किसको मिल रहा है। क्या यह बतलाने की जरूरत है?

डॉ. अम्बेडकर ने औद्योगिकीकरण के साथ-साथ बीमाकरण के सम्बन्ध में भी अपना स्पष्ट विचार प्रस्तुत किया जो व्यावहारिक एवं पथप्रदर्शक साबित हुआ है। उन्होंने कहा कि बीमा व्यवसाय पर राज्य का एकाधिकार होना चाहिए। स्वतंत्र भारत के प्रत्येक नागरिक को बीमा द्वारा उसकी मजदूरी (आय) को ध्यान में रखते हुए आच्छादित किया जाना चाहिए तथा प्रीमियम बीमित व्यक्ति की आय के अनुपात में तय किया जाना चाहिए।[5] डॉ. अम्बेडकर के ये विचार संक्षिप्त अवश्य हैं किन्तु अत्यन्त ही सारगर्भित एवं व्यावहारिक हैं। उपर्युक्त पंक्तियों से स्पष्ट है कि डॉ. अम्बेडकर ने बीमाकरण के राष्ट्रीयकरण पर बल दिया ताकि समाज के सभी वर्गों को औचित्यपूर्वक उसकी सीमा के अन्तर्गत लाया जा सके। भारत में बीमा क्षेत्र में डॉ. अम्बेडकर के विचारों का पूर्ण प्रभाव अवलोकित होता है क्योंकि इनके राष्ट्रीयकरण के द्वारा इनके कार्यक्षेत्र का विस्तार किया गया है। आज जीवन बीमा एवं साधारण बीमा के माध्यम से राष्ट्र एवं लोक कल्याण के कार्य किए जा रहे हैं एवं तत्सम्बन्धी आर्थिक नीतियाँ यथासंभव सर्वहितकारी तथा व्यापक बनाई जा रही हैं। आज व्यक्ति, परिवार, व्यवसाय, खेत-खलिहान से लेकर लघु, कुटीर एवं वृहत्तम उद्योगों को बीमा द्वारा आच्छादित करने का प्रयास किया जा रहा है। यह सर्वविदित है कि डॉ. अम्बेडकर ने मूल रूप से एक ऐसे देश के नागरिकों के आर्थिक, सामाजिक और राजनीतिक उत्थान के उपायों पर विचार किया जो एक ओर आन्तरिक सामाजिक-आर्थिक शोषण से त्रस्त थे तो दूसरी ओर दीर्घकाल तक अंग्रेजों के शोषण के शिकार भी थे। डॉ. अम्बेडकर एक सुविज्ञ आर्थिक इतिहासकार थे। मानवतावादी संवैधानिक तथा सामाजिक प्रजातंत्र के समर्थक डॉ. अम्बेडकर ने आर्थिक विकास एवं उत्थान की कतिपय पद्धतियों को प्रतिपादित किया। अपनी समस्त रचनाओं में डॉ. अम्बेडकर ने प्रत्यक्ष अथवा परोक्ष रूप से आर्थिक विकास, सामाजिक उत्थान एवं न्याय सम्बन्धी विचारों को व्यक्त किया। ये तत्व विकासशील अर्थशास्त्र के सैद्धान्तिक एवं शोधकार्य में काफी प्रसिद्ध हुए और अर्थशास्त्र के क्षेत्र में महत्त्वपूर्ण स्थान ग्रहण किए।

जैसा कि ऊपर भी कहा गया है कि डॉ. अम्बेडकर मूल रूप से एक सूक्ष्मदर्शी अर्थशास्त्री थे। उन्होंने अपने शोधग्रंथ 'द प्रॉब्लम ऑफ द रूपी' में अपनी इस क्षमता का बखूबी परिचय दिया है। उन्होंने यह प्रतिपादित किया कि मुद्रा का स्थायित्व, विनिमय एवं प्रभावकारी शक्ति इतनी सर्वव्यापक है कि किसी राष्ट्र के आर्थिक जीवन में इसके अवदान की उपेक्षा नहीं की जा सकती। इसलिए अपनी उक्त पुस्तक के अलावा इन्होंने अपने डी. लिट. के लिए प्रस्तुत शोधग्रंथ में यह विचार प्रकट किया कि भारत ही नहीं किसी भी देश के लिए स्वर्ण मुद्रा विनिमय प्रणाली हितकर तथा उपयोगी नहीं है। इसके स्थान पर अपरिवर्तनीय पत्र मुद्रा प्रणाली को लागू किया जाना चाहिए। इसके पीछे इनका तर्क है कि किसी भी देश के पास इतना स्वर्ण भंडार नहीं है कि वह आने वाले समय में मुद्रा के रूप में इसकी आपूर्ति में सक्षम हो पाएगा। दूसरे, यदि स्वर्ण को प्रचलित मुद्रा के वास्तविक मूल्य के रूप में भी सुरक्षित रखा जाता है तो यह एक अनुपयोगी भंडारण होगा जिसका कोई वैकल्पिक उपयोग नहीं होने से राष्ट्र एक उपयोगी संसाधन से बेमतलब वंचित रह जाएगा। आज विश्व में अम्बेडकर के इसी मौद्रिक सिद्धान्त के आलोक में मुद्रा प्रणाली कार्यरत है। लेकिन महान् अर्थशास्त्री अम्बेडकर के इस अवदान को कितने लोग याद करते हैं। क्या अम्बेडकर का यह लोकोपयोगी आर्थिक सिद्धान्त दलितों के लिए सुझाए गए थे?[6]

डॉ. अम्बेडकर ने पत्र-मुद्रा की उपयोगिता और स्वर्णमान प्रणाली की दुरूहता को रेखांकित करते हुए कहा कि "मैं भारत सरकार को यह सुझाव देना चाहूँगा कि वह अपनी धातु मुद्रा को गलाकर उसे वणिकों के हाथ बेच दे तथा उससे प्राप्त आय को अपरिवर्तनीय पत्र-मुद्रा के रूप में राजस्व कार्य के लिए उपयोग में लाए। यह एक कठोर सुझाव है किन्तु यह आवश्यक रूप से एक स्वस्थ सुझाव है। एक बार यदि ऐसा हो जाता है तो मैं यह कह सकता हूँ कि भारतीय मुद्रा जो स्वर्णमान पर वैधानिक, प्रतीक मुद्रा के रूप में अवलम्बित है, ब्रिटिश मुद्रा-प्रणाली के समकक्ष अपने को ला खड़ा करेगी।"[7]

अम्बेडकर साहब ने मुद्रा प्रणाली के सम्बन्ध में अपने मंतव्य को और स्पष्ट करते हुए कहा कि—The far better way would be to have an inconvertable rupee with a fix limit of issue .... He added once that is done, I venture to say that the Indian currency, based on gold as legal tender with rupee currency fixed in issue, will conform to the principles embodied in the English currency system. जब उनसे यह सवाल किया गया कि Did the rupee fail to maintain its gold parity? He emphathically answered–"The only scientific explanation sufficient to account for the fall of the rupee would be to say that the rupee had lost its general purchasing power. "[8]

तात्पर्य यह कि डॉ. अम्बेडकर धातु-मुद्रा प्रणाली के स्थान पर पत्र-मुद्रा प्रणाली को लागू करने के पक्षधर थे। इनके इस दूरगामी दृष्टिकोण को न मात्र भारत ने बल्कि विश्व के सभी देशों ने अपनाकर एक ओर जहाँ अपने बहुमूल्य धातुओं की रक्षा कर उसका वैकल्पिक उपयोग किया है वहीं दूसरी ओर पत्र-मुद्रा के प्रचलन से अर्थव्यवस्था के संचार युग में एक क्रांतिकारी युग का भी सूत्रपात किया है।

उनका कहना था कि "वाणिज्य समाज की एक महत्त्वपूर्ण यांत्रिकी है। यह निजी सम्पत्ति और व्यक्तिगत लाभ के सिद्धान्त पर आधारित व्यवस्था है। वाणिज्य के बगैर विशिष्ट उत्पादों का उसके उत्पादकों द्वारा समाज में वितरण असंभव है। यदि वाणिज्य के इस गुण-धर्म को अक्षुण्ण रखना है तो निजी वाणिज्य व्यवस्था को भी जीवित रखना होगा, क्योंकि वाणिज्यिक समाज निश्चित रूप से एक आर्थिक समाज होता है, एक ऐसा समाज जो अपने सम व्यवहार को मुद्रा के माध्यम से ही व्यक्त करता है। इस तरह वास्तव में वितरण का मतलब वस्तु-विनिमय प्रणाली कदापि नहीं है बल्कि मुद्रा के बदले वस्तुओं का हस्तांतरण विनिमय का वास्तविक स्वरूप है। इसलिए इस तरह के समाज में मुद्रा एक ऐसी धुरी के समान है जिस पर आर्थिक जीवन की सारी क्रियाएँ अवलम्बित हैं। इस तरह मुद्रा मानव समाज में एक ऐसे केन्द्र-बिन्दु के समान है जिस पर मनुष्य का हित, इच्छाएँ एवं अभिलाषाएँ अवलम्बित हैं और मानव मुद्रा के साम्राज्य में ही अपनी गतिविधियों को संचालित कर सकता है। समाज में मुद्रा के प्रचलन की गत्यात्मकता पर ही सामाजिक क्रियाकलापों की सफलता या विफलता निर्भर है।"[9]

डॉ. अम्बेडकर स्पष्ट कहते हैं कि ''मुद्रा का वास्तविक मूल्य वह है जिस मात्रा में सामान एवं सेवाएँ खरीदी जाती हैं, न कि उस मुद्रा की अन्तर्निहित कीमत।"[10] इस तरह डॉ. अम्बेडकर का यह कथन सत्य प्रतीत होता है कि एक अच्छी मुद्रा वह है जिसकी क्रयशक्ति इसके बदले प्राप्त उपयोगिता के रूप में स्थायी एवं स्थिर रहती है। इसका अर्थ यह है कि किसी मुद्रा की विनिमय दर वह है जिसके बदले एवं जिस अनुपात में सामाजिक उपयोगिता प्राप्त की जा सकती है। इस तरह ब्रिटिश मुद्रा और भारतीय मुद्रा की विशेषता इस बात में निहित है कि वह अपने-अपने परिवेश में किस अनुपात में उपयोगिता का क्रय करने में सक्षम है, न कि उसके पौंड्स या रुपए होने में। वस्तुतः मुद्रा की वास्तविक विनिमय-दर उसकी क्रयशक्ति में निहित है और उसकी तुलना दो देशों के अन्तर्राष्ट्रीय व्यापार

के क्रम में उसके मुद्रा की क्रयशक्ति के आधार पर होनी चाहिए। निश्चित रूप से दीर्घकाल में इस तरह के दो देशों की मुद्राओं की क्रयशक्ति में परिवर्तन की संभावना रहती है जो यह परिलक्षित करती है कि मुद्रा का मूल्य उसकी वास्तविक क्रयशक्ति पर अवलम्बित होता है।

इस तरह डॉ. अम्बेडकर ने मुद्रा की क्रयशक्ति क्षमता एवं विनिमय-दर निर्धारण का सुस्पष्ट उदाहरण प्रस्तुत किया है। वे अपने तर्क के आधार पर यह सिद्ध करने में सफल प्रतीत होते हैं कि इस तरह स्वर्णमान लाभकारी रूप से भारत के विदेशी व्यापार को प्रभावित करने में सक्षम नहीं है। आर्थिक चिन्तन के क्षेत्र में डॉ. अम्बेडकर का यह अविस्मरणीय योगदान है। यदि अम्बेडकर के इस चिन्तन का सूक्ष्मतापूर्वक विश्लेषण किया जाए तो यह प्रतीत होता है कि जो वस्तु अन्तर्राष्ट्रीय व्यापार के योग्य है एवं जो घरेलू उपभोग के लिए है उनके मूल्य की गत्यात्मकता में मुद्रा के तुलनात्मक मूल्य-भिन्नता के कारण एकरूपता नहीं होती है। यहाँ स्मरणीय है कि भारतीय वस्तु जो अन्तर्राष्ट्रीय व्यापार में प्रवेश पाती है, के मूल्य पर स्थानीय प्रभाव नगण्य होते हैं, जैसे—गेहूँ, चावल, तेलहन अन्तर्राष्ट्रीय वस्तुएँ हैं, उनके मूल्य में परिवर्तन का प्रभाव घरेलू उपभोक्ता सामग्रियों एवं सेवा पर नहीं के बराबर पड़ता है। इस तरह के निर्यात योग्य एवं अनिर्यात योग्य वस्तुओं के मूल्य पर स्वर्णमान मुद्रा-प्रणाली का प्रभाव नगण्य-सा है।

भारतरत्न डॉ. अम्बेडकर के राजकोषीय सिद्धान्त

सार वाक्य में कहा जाए तो डॉ. अम्बेडकर का कहना है कि राजकोषीय धन का उपयोग सरकार को इस तरह करना चाहिए जिससे कि न्यूनतम व्यय से अधिकतम उपयोगिता एवं उत्पादकता को प्राप्त किया जा सके। साथ ही इनका यह भी मानना था कि राजकोषीय व्यय का प्रथम तथा अंतिम लक्ष्य राज्य की जनता के लिए सुस्थिर विधि-व्यवस्था एवं शांति प्राप्त करना होना चाहिए। इन्होंने इस प्रसंग में स्पष्ट कहा है कि "यदि प्रचलित राजकोषीय व्यवस्था के द्वारा ब्रितानी सरकार का पक्षपातपूर्ण तथा निरंकुश चरित्र उद्घाटित होता है तो वहीं इस सरकार के द्वारा भारत में स्थापित कानून से लोगों की मानवीय पसंद का सर्वोत्तम उपहार 'शांति' भारतीय जनता को प्रदान की है। इतना ही नहीं, इस सत्कार्य ने पश्चिमी शिक्षा-व्यवस्था को भारतीय प्राचीन सभ्यता के सम्पर्क में लाकर भारतीयों का सम्बन्ध आधुनिक शैक्षणिक संस्थाओं एवं जीवनशैली से स्थापित किया है। ब्रिटिश सरकार ने जो शासन-व्यवस्था कायम की है यद्यपि

उसमें सुधार की आवश्यकता है तथापि यह व्यवस्था सुदृढ़ एवं सक्षम प्रतीत होती है। ब्रिटिश सरकार के द्वारा बुद्धिमत्तापूर्ण कानून का निर्माण किया गया है एवं न्यायालयों की स्थापना की गई है। इस स्तर पर तुलनात्मक दृष्टि डालने पर इस व्यवस्था को बुरा नहीं कहा जा सकता है।

अरुण शौरी इसी आधार पर डॉ. अम्बेडकर की आलोचना करते हैं। लेकिन उनसे पूछा जा सकता है कि अंग्रेजों की यह व्यवस्था गलत थी तो जिस सरकार में वे मंत्री थे उस सरकार ने तथा स्वयं शौरीजी ने इसके निवारण के लिए प्रयास क्यों नहीं किया?

लेकिन डॉ. अम्बेडकर ने ब्रितानी आर्थिक नीति एवं राजकोषीय नीति की खामियों से काफी क्षुब्ध होकर कहा कि रोटी के एक टुकड़े से भूखों की भूख शांत करने की ब्रितानी छद्म नीति का भारतीय शासन व्यवस्था को त्याग करना चाहिए। राजकोषीय नीति ऐसी होनी चाहिए जिसमें प्रत्येक व्यक्ति का हितलाभ हो सके।[11]

यहाँ अरुण शौरी की पुस्तक 'वर्शिपिंग फॉल्स गॉड्स' में व्यक्त उनके इस कथन का स्वतः खंडन हो जाता है कि "डॉ. अम्बेडकर अंग्रेजों के पिट्ठू, दलितों के छद्म मसीहा तथा भारतीय स्वतंत्रता के विरोधी व्यक्ति का दूसरा नाम है।"

डॉ. अम्बेडकर की मुद्रा विषयक अवधारणा

डॉ. अम्बेडकर ने पत्र-मुद्रा की उपयोगिता और स्वर्णमान प्रणाली की दुरूहता को रेखांकित करते हुए कहा कि मैं भारत सरकार को यह सुझाव देना चाहूँगा कि वह अपनी धातु मुद्रा को गलाकर उसे वणिकों के हाथ बेच दे तथा उससे प्राप्त आय को अपरिवर्तनीय पत्र-मुद्रा के रूप में राजस्व कार्य के रूप में उपयोग में लाए। यह एक कठोर सुझाव है किन्तु यह आवश्यक रूप से एक स्वस्थ सुझाव है। इस प्रयोग में मात्र निजी टकसाल बनाने वाले संस्थान को बंद करना पड़ेगा। एक बार यदि ऐसा हो जाता है तो मैं यह कह सकता हूँ कि भारतीय मुद्रा, जो स्वर्णमान पर वैधानिक प्रतीक मुद्रा के रूप में अवलम्बित है, ब्रिटिश मुद्रा-प्रणाली के समकक्ष अपने को ला खड़ा करेगी।[12]

उत्पाद-कर बनाम मद्य निषेध सम्बन्धी दृष्टिकोण

डॉ. अम्बेडकर का यह विचार विरोधाभासी लग सकता है कि जब सर्वत्र पूर्ण नशाबंदी के पक्ष में बयार बह रही है तो डॉ. अम्बेडकर पूर्ण नशाबंदी के पक्ष में

क्यों नहीं हैं। लेकिन जब इस विषय में उनके विचारों का अध्ययन हम करेंगे तो पाएँगे कि उनके विचार कितने तार्किक तथा प्रासंगिक हैं।

उत्पाद-कर को राजस्व प्राप्ति का एक सीमित साधन मानते हुए डॉ. अम्बेडकर ने पूर्ण नशाबन्दी के सरकारी सिद्धान्त की आलोचना की। इसका तात्पर्य यह नहीं है कि वे नशाबन्दी के कुप्रभाव से अनभिज्ञ थे बल्कि व्यावहारिक अनुभव के आधार पर उनकी यह मान्यता थी कि नशाखोरी की प्रवृत्ति को किसी भी समाज से पूर्णरूपेण समाप्त नहीं किया जा सकता है। ऐसी स्थिति में पूर्ण नशाबन्दी के नाम पर इससे प्राप्त होने वाले राजस्व को सैद्धांतिक सोच की रक्षा मात्र के लिए कुर्बान किया जाना आर्थिक दृष्टिकोण से कदापि उचित प्रतीत नहीं होता है। बल्कि सच्चाई यह है कि नशाबंदी का जितना अधिक प्रयास किया जाता है उतना ही अधिक अवैध ढंग से मद्य पदार्थों के उत्पादन में चोरी-छिपे वृद्धि होती है।

इसका कुपरिणाम यह होता है कि एक ओर जहाँ नशाबंदी करने का राजकीय प्रयास असफल हो जाता है वहीं सरकार को इससे प्राप्त होने वाली आय से वंचित हो जाना पड़ता है। इस तरह पूर्ण नशाबंदी के राजकीय प्रयास से लाभ के बदले दोहरी हानि होती है।

डॉ. अम्बेडकर, जो एक अद्भुत अर्थशास्त्री के साथ-साथ कुशल समाजशास्त्री एवं राजनीतिज्ञ भी थे, ने इस सम्बन्ध में तुलनात्मक एवं समतुलनात्मक दृष्टिकोण प्रतिपादित करते हुए मद्य पदार्थ के उत्पादन एवं वितरण पर लाइसेंस एवं राशनिंग प्रणाली लागू करते हुए जहाँ एक ओर नशाखोरी की प्रवृत्ति को सीमित करने का सुझाव दिया वहीं इससे राजस्व प्राप्ति के लिए सरकार को भी सुझाव दिया। उन्होंने यह सुझाव दिया कि मद्य व्यापार से प्राप्त आय को भारतीय किसानों की ऋण उन्मुक्ति के लिए उपयोग में लाया जाना चाहिए। साथ ही उस स्रोत से प्राप्त आय को गरीबी उन्मूलन कार्यक्रम एवं शिक्षा प्रसार के ऊपर खर्च किया जाना चाहिए। क्या यह डॉ. अम्बेडकर का मात्र दलित हितकारी चिंतन भर है? क्या आज नशा के शिकार दूसरी जाति के लोग नहीं हैं? और क्या डॉ. अम्बेडकर के सुझावों को मानने से दूसरी जाति के नशेबाज लोगों का कल्याण नहीं होगा?[14]

अपनी रचना 'थॉट्स ऑन लिंग्विस्टिक स्टेट्स' में मद्य निषेध के सम्बन्ध में रोचक दृष्टांत प्रतिपादित करते हुए उन्होंने कहा कि नशाबंदी की नीति आर्थिक गत्यात्मकता को बुरी तरह प्रभावित करती है क्योंकि मद्य निषेध की धारणा महज आदर्शवाद के अतिरिक्त कुछ नहीं है।[15] जब तक सृष्टि है तब तक मद्यपान की प्रवृत्ति किसी न किसी रूप में समाज में रहेगी ही। इसलिए पूर्ण मद्य निषेध में चोरी-छिपे घर में भी मद्य पदार्थों का निर्माण किया जाने लगता है जिसका उपयोग

पुरुषों के साथ-साथ परिवार के अन्य सदस्यों के द्वारा भी किया जाने लगता है। इस तरह यह नीति अर्थहीन बकवास, अवास्तविकता एवं कोरी कल्पना है।

इस तरह उपर्युक्त विश्लेषण के आधार पर यह निष्कर्ष निःसृत होता है कि मद्य निषेध के नाम पर राजस्व की यह अच्छी-खासी राशि व्यर्थ ही बर्बाद होती है। सभी व्यक्ति मद्य निषेध लागू होने पर मद्यपान की प्रवृत्ति नहीं छोड़ सकते। इसका प्रमाण यह है कि कई सरकारों के द्वारा मद्य निषेध की नीति लागू किए जाने के बाद भी मद्यपान की प्रवृति पर नियंत्रण नहीं किया जा सका। दूसरी ओर मद्य निषेध की नीति लागू होने पर इस मद से प्राप्त होने वाले राजस्व को अवैध मद्य सामग्री निर्माता हड़प लेते हैं, इससे आर्थिक असंतुलन एवं कालाधन में वृद्धि होती है। मद्य निषेध का एक कुप्रभाव यह भी देखा गया है कि ऐसी परिस्थिति में जब चोरी-छिपे मद्य का निर्माण घरों में किया जाने लगता हैं तो धीरे-धीरे उस परिवार के बच्चे तथा महिलाएँ भी उसका सेवन करने लगते हैं। परिणामतः मद्य निषेध के बदले मद्यपान की प्रवृत्ति बढ़ने लगती है जिसके कारण सामाजिक एवं नैतिक अधःपतन को भी प्रश्रय मिलता है। मद्य निषेध को लागू करने के लिए सरकार को जहाँ इस मद से प्राप्त होने वाले राजस्व से हाथ धोना पड़ता है वहीं इस प्रणाली को लागू कराने के लिए अतिरिक्त पुलिस प्रशासन व्यवस्था पर अनावश्यक व्यय करना पड़ता है, जो व्यर्थ सिद्ध होता है।

डॉ. अम्बेडकर के उपर्युक्त दूरगामी आर्थिक दृष्टिकोणों के परिप्रेक्ष्य में स्वातंत्र्योत्तर भारत में मद्य निषेध की नीति का संक्षिप्त मूल्यांकन यहाँ प्रासंगिक प्रतीत होता है। आन्ध्र प्रदेश में मद्य निषेध की नीति की विफलता के बाद वहाँ की सरकारें मद्य निषेध की गांधीवादी नीति का त्याग कर इसे नियंत्रण मुक्त करते हुए राजस्व प्राप्ति का एक मुक्त स्रोत बनाया है वहीं कुछ अन्य प्रांतीय सरकारें भी इस नीति की असफलता पर गंभीरतापूर्वक विचार कर रही हैं। दूसरी ओर, वर्तमान समय में एक तरह से अपवादिक परिस्थितियों को छोड़कर मद्य निषेध नीति को ठंडे बस्ते में डाल दिया गया है।

डॉ. अम्बेडकर ने अपने आर्थिक विवेचन में सरकार की त्रुटिपूर्ण राजस्व नीति का इस तरह सचमुच ही विशद एवं व्यावहारिक विवेचन प्रस्तुत किया। उनका यह मंतव्य कि सरकार वोट खोने के भय से जहाँ भूमिकर बढ़ाने में हिचकिचाती है वहीं इस घाटे की पूर्ति के लिए बिक्रीकर तथा आयकर में बढ़ोतरी कर शहरी मध्यवर्ग के ऊपर अनावश्यक आर्थिक बोझ लादती है जो उचित प्रतीत नहीं होता है। खासकर जब तक राजस्व प्राप्ति के स्रोतों के निर्धारण के मामले में स्पष्ट नीति का निर्धारण नहीं करती तब तक—'संग ऐ न हो हि भुआलू, हसब ठठाइ फुलायब

गालू' वाली उक्ति चरितार्थ होती रहेगी। डॉ. अम्बेडकर इस स्थिति के निराकरण के लिए सम्पूर्ण कर प्रणाली में व्यापक संशोधन की भी आवश्यकता पर बल देते हैं।[16]

निष्कर्षतः डॉ. अम्बेडकर स्पष्ट एवं व्यावहारिक कर प्रणाली अपनाकर राजकोषीय स्थिति में व्यापक सुधार लाए जाने के पक्षधर प्रतीत होते हैं। उनके अनुसार कर क्षमता को ध्यान में रखकर कर देने वाले सक्षम व्यक्तियों से बगैर भेदभाव के कर की वसूली सरकार को करनी चाहिए तथा जिस क्षेत्र में इस प्राप्त आय को व्यय करने की सर्वाधिक एवं समुचित आवश्यकता हो उस क्षेत्र में व्यय किया जाना चाहिए।

श्रम-समस्याएँ एवं उनके निदान सम्बन्धी डॉ. अम्बेडकर के विचार

श्रमशक्ति के उपासक भारतरत्न डॉ. अम्बेडकर मात्र दलितों के मसीहा, संविधानशिल्पी तथा आधुनिक कर्ण ही नहीं थे, बल्कि वे भारत के कोटि-कोटि श्रमिकों के दिल की धड़कन एवं जीने का मकसद भी थे। तभी तो वे अहर्निश श्रमिकों की समस्या पर गहन चिन्तन करते रहते थे और उसके समाधान हेतु यथाशक्ति प्रयास भी करते थे। अपने तन के शोणित को सुखाकर पेट के लिए रोटी कमाने वाले भारतीय श्रमिकों को जब वे अमानवीय एवं दुर्दमनीय स्थिति में शोषणपूर्ण मजदूरी की दर पर अपने श्रम को बेचने हेतु मजबूर देखते थे तो उनका कलेजा दो-टूक हो जाता था और उनकी आत्मा आर्तनाद कर उठती थी कि धनी एवं गरीब, पूँजीपति एवं श्रमिक तथा ऊँच-नीच के नाम पर जब तक भारतीय अर्थव्यवस्था में श्रमिकों की स्थिति इस तरह से दयनीय एवं सोचनीय रखी जाएगी, तब तक देश के कृषि या उद्योग किसी भी क्षेत्र में आशातीत सफलता की कामना मात्र मृगमरीचिका एवं दिवास्वप्न ही सिद्ध होगी।

अम्बेडकर का अधिक समय बंबई में व्यतीत हुआ था। मध्य प्रदेश के मउ छावनी में उनका जन्म हुआ था। देश और विदेश का भ्रमण करने का भी उन्हें काफी अवसर मिला था। इसलिए औद्योगिक तथा कृषि दोनों श्रेणी के मजदूरों की दशा-दिशा का उन्हें गहरा अध्ययन था। उन्होंने महसूस किया कि यहाँ के श्रमिकों की स्थिति कमोबेश इंग्लैंड के कल-कारखानों तथा खेत में काम करने वाले मजदूरों तथा यूरोप के विभिन्न देशों के दासों से अच्छी नहीं है। बाबा साहब श्रममेव जयते के सिद्धान्त के समर्थक थे। इसलिए सभी तरह के श्रमिकों के हक की लड़ाई लड़कर उन्होंने मजदूरों को जो अधिकार दिलाया वह निश्चय ही

प्रशंसनीय तथा अनुकरणीय है। यहाँ तो मात्र उनके द्वारा मजदूरों के हक में कराए गए कार्यों की झाँकी भर प्रस्तुत की जा रही है, क्योंकि जो उन्हें मात्र दलितों के मसीहा मानते हैं उन्हें यह प्रतीत हो कि वास्तव में डॉ. अम्बेडकर क्या हैं।

डॉ. अम्बेडकर का मानना है कि श्रमिक समाजरूपी रथ की धुरी के समान हैं। जीवन एवं विकास के किसी भी क्षेत्र में श्रमिक के अस्तित्व से इनकार नहीं किया जा सकता। दूसरे शब्दों में, श्रमिक समाज के सच्चे विश्वकर्मा होते हैं जिनके परिश्रम के बल पर ही पेट में पलने वाले शिशु से लेकर कब्र में पाँव लटकाए मानव का भरण-पोषण एवं संरक्षण होता है। किन्तु यह भारतीय अर्थव्यवस्था की दुर्भाग्यपूर्ण विडम्बना रही है कि यहाँ श्रमिकों की, जो उत्पादन के सर्वाधिक महत्त्वपूर्ण साधन हैं, उपेक्षा होती आई है। इन्हीं विश्वकर्माओं के सर्वांगीण विकास का इन्द्रधनुष महान् मनीषी डॉ. अम्बेडकर की आँखों में सदा उगता-डूबता रहता था।

डॉ. अम्बेडकर कामगारों के अधिकार के साथ उनके कर्तव्य को भी रेखांकित करते हुए कहते हैं कि "कामगारों को हड़ताल करने का अधिकार है लेकिन हड़ताल का उद्देश्य काम एवं कामगारों की दशा सुधारने का होना चाहिए। इस तरह की हड़ताल का राजनीतिक लाभ नहीं लिया जाना चाहिए।[17]

अम्बेडकर के संघर्ष का परिणाम है कारखाना अधिनियम-1948

यहाँ यह उल्लेखनीय है कि डॉ. अम्बेडकर के द्वारा लगातार श्रमिकों के हक की लड़ाई लड़े जाने के परिणामस्वरूप ही भारत सरकार को श्रमिकों के हित में भारतीय कारखाना अधिनियम-1948 को बनाना और लागू करना पड़ा। कारखाना मजदूरों के हाथ में कारखाना अधिनियम-1948 ही एकमात्र ऐसा हथियार है जिसके सहारे वे अपने हक तथा अस्तित्व की लड़ाई लड़ने में आज भी सक्षम हैं और यह कारखाना अधिनियम डॉ. अम्बेडकर के संघर्ष का परिणाम है। जब यह कारखाना अधिनियम देश के सभी श्रमिकों के लिए लागू है तो इस अधिनियम के जन्मदाता डॉ. अम्बेडकर केवल दलितों के मसीहा कैसे हो गए? इसका उत्तर डॉ. अम्बेडकर को केवल दलितों का नेता कहने वाले को देना चाहिए।

कृषि श्रमिक सम्बन्धी डॉ. अम्बेडकर के विचार

इसी तरह कृषि श्रमिकों के बारे में भी डॉ. अम्बेडकर के विचार अभिनव तथा क्रांतिकारी हैं। इनका मानना है कि सामान्यतः कृषि कार्य में आर्थिक या

अनार्थिक, प्रत्यक्ष या अप्रत्यक्ष रूप से संलग्न सभी व्यक्तियों को कृषि श्रमिक माना जाता है। किन्तु अर्थशास्त्र के दृष्टिकोण से इन सभी को कृषि श्रमिक नहीं कहा जा सकता। क्योंकि इनमें से कुछ लोग हो सकता है शौक से भी या कार्य सीखने से उद्देश्य से अथवा वास्तविक मजदूरों का बगैर मजदूरी लिये सहयोग करने के उद्देश्य से भी कृषि कार्य में स्वेच्छया हाथ बँटाते हों, ऐसे व्यक्तियों को कृषि-श्रमिक की श्रेणी में नहीं रखा जा सकता। इसी तरह काश्तकार, जो अपनी भूमि पर कार्य करते हैं उन्हें भी कृषि-श्रमिक की श्रेणी में नहीं रखा जा सकता। अर्थशास्त्र के दृष्टिकोण से कृषि-श्रमिक वे हैं, जो भूमि पर या कृषि से सम्बन्धित धंधों में मजदूर के रूप में काम करते हैं, जिनको मजदूरी नगद में या कृषि पदार्थ (अनाज) के रूप में प्रदान की जाती है, जो कभी-कभी श्रमगत कृषि उत्पादन का ही एक भाग होता है। कृषि-श्रमिक मजदूरी के लिए जिस जमीन पर काम करते हैं उनका उस जमीन पर स्वामित्व का अधिकार होता है। लेकिन ऐसे मजदूरों को उनकी भूमि पर अपने मनोनुकूल किसी भी तरह का कार्य करने की स्वतंत्रता नहीं होती है। ऐसे व्यक्ति अधिकांश समय तक खेतों में या इनसे सम्बन्धित धंधों में ही मजदूर के रूप में कार्य करते हैं।[18]

कृषि श्रमिकों का वर्गीकरण

प्रथम कृषि श्रमिक सर्वेक्षण आयोग ने कृषि मजदूरों को दो वर्गों में विभक्त किया है—

(क) कृषि कार्य से स्थायी रूप से सम्बद्ध श्रमिक एवं

(ख) मौसमी या आकस्मिक कृषि श्रमिक।

स्थायी रूप से सम्बद्ध श्रमिक वे हैं जो किसी काश्तकार के साथ लिखित या मौखिक इकरारनामा के आधार पर स्थायी रूप से कार्य करने के लिए सम्बद्ध होते हैं। इस तरह के श्रमिक का रोजगार स्थायी तथा नियमित होता है। इस आधार पर ऐसे मजदूर का मालिक जब भी इच्छा जाहिर करता है तो वह मजदूर उसके खेत में काम करता है। सामान्यतः ऐसे मजदूर दूसरी जगह काम करने के लिए स्वतंत्र नहीं होते हैं। कई दफा तो ऐसे मजदूर अपने मालिक के खेती से सम्बन्धित कार्य के अतिरिक्त घरेलू नौकर का भी कार्य करते हैं। इस तरह के मजदूर के लिए कार्य के घंटे निर्धारित नहीं होते हैं। अक्सर ऐसे कृषि मजदूरों को अपने मालिक के यहाँ सुबह से शाम तक काम करना पड़ता है। भूमि में पीढ़ी-दर-पीढ़ी हिस्सेदारी का प्रचलन एवं क्रमशः उस पर जनसंख्या के बढ़ते हुए

भार के कारण जोतों का आकार छोटा होता जाता है। जब तक यह प्रथा प्रचलित है तब तक भारतीय भूमि की चकबंदी की सफलता संदिग्ध है।[19]

इस तरह जहाँ जोतों की चकबंदी एक व्यावहारिक समस्या है वहीं इनके विस्तार का प्रश्न एक सैद्धांतिक समस्या है। इस समस्या के निदान में दो तत्व मुख्य रूप से बाधक हैं–

1. इस तरह टुकड़ों में विभाजित भूमि का चकबंदी कैसे हो एवं
2. यदि चकबंदी हो भी जाए तो पुनः इनके उपविभाजन को रोका कैसे जाए।

भारत के लोग वंश परम्परा के अनुसार अपने पूर्वजों की भूमि में बराबर का हिस्सा चाहते हैं। विडम्बना तो यह है कि एक पिता के चार पुत्र हैं और पिता के एक-एक करके चार भूखंड हैं तो चारों पुत्र एक-एक भूखंड लेने के बदले चारों भूखंड को चार-चार भाग में बाँटकर लेना पसंद करते हैं। यह विडम्बना नहीं तो और क्या है? यह प्रथा जोतों को अनार्थिक ही नहीं अनुत्पादक भी बनाती है। इससे श्रम, कृषि साधन एवं सिंचाई साधनों का दुरुपयोग ही होता है। उत्पादन लागत में वृद्धि तो स्वभावतः ही होती है। इस बुराई को दूर करने का एक तरीका कम आर्थिक जोतों को अधिक आर्थिक जोतों से विनिमय का भी है किन्तु भारतीय भू-कानून की जटिलता के कारण यह सुगम नहीं है। एक उपाय यह भी हो सकता है कि भू-स्वामी को ही वह जमीन क्रय का वैधानिक अधिकार हो। लेकिन इस व्यवस्था में भी बहुत-सी त्रुटियाँ हैं। सारांशतः भारतीय भूमि की चकबंदी की समस्या काफी जटिल है। इसके लिए वर्तमान परिस्थिति में कोई एक नीति कारगर प्रतीत नहीं होती है। यथासंभव सरकार को अधिकाधिक चकबंदी एवं जोतों को लाभकारी बनाने की दिशा में कारगर कदम उठाने चाहिए, तभी भारतीय कृषि एवं कृषि श्रमिकों की समस्याओं का निदान संभव है।

डॉ. अम्बेडकर के दृष्टिकोण में खेतों का बार-बार बँटवारा तथा उनके छोटे आकार का होना कृषि के अकुशल एवं अनुत्पादक होने का मुख्य कारण है। बरोदा कमेटी को भी भू-सुधार सम्बन्धी प्रस्ताव समर्पित करते हुए बाबा साहब ने कहा कि जमीन की आर्थिक इकाई एवं उनके मूल स्वामित्व को यदि कायम रखने में हम सफल होते हैं तो हर प्रकार से कृषि को उत्पादक बनाया जा सकता है।

बार-बार भूमि के विभाजन से उनके लिए रास्ता, सिंचाई की पृथक् व्यवस्था एवं मेंड़ आदि बनाने की व्यवस्था करनी पड़ती है जिसके कारण भूमि का आकार छोटा होता जाता है और जोत अनार्थिक होते जाते हैं। इस प्रवृत्ति पर भी रोक लगाकर कृषि को आर्थिक बनाया जा सकता था, ऐसा बाबा साहब का विचार

था। इन्होंने भू-सुधार के लिए एक और दृष्टिकोण सुझाया जिसके अनुसार सरकार को पहले गाँव या क्षेत्र विशेष की सम्पूर्ण कृषि योग्य भूमि को अधिगृहीत कर उसे आर्थिक एवं उत्पादक प्लॉट्स में चकबंदी के आधार पर बाँट कर पुनः उन्हीं जोतदारों के हाथों सौंप दिया जाना चाहिए ताकि खेती लाभकारी एवं उत्पादक हो सके।[20]

बाद के वर्षों में डॉ. अम्बेडकर के इसी सिद्धान्त को आधार बनाकर चकबंदी की व्यवस्था विभिन्न राज्य सरकारों द्वारा की गई। जहाँ यह व्यवस्था सफल हुई है वहाँ निश्चित रूप से कृषि लाभकारी सिद्ध हुई है। यदि अम्बेडकर के सुझाव को राष्ट्रीय स्तर पर लागू कर दिया जाए तो निश्चित ही भारत जैसे कृषि प्रधान देश में कृषि एक लाभकारी उद्योग का स्वरूप ग्रहण कर सकता है। यहाँ यह विचारणीय है कि अपने इस प्रयास में क्या अम्बेडकर केवल दलितों की ही भलाई की सोच रहे थे।

डॉ. अम्बेडकर के आर्थिक जोत सम्बन्धी विचार

डॉ. अम्बेडकर के अनुसार—"कृषि एवं कृषि श्रमिकों की दशा को सुधारने के लिए मात्र जोतों की चकबंदी ही नहीं बल्कि चकबंदी का वृद्धिकरण भी आवश्यक है, क्योंकि इसी से खंड-खंड एवं यत्र-तत्र अनार्थिक रूप से बिखरे खेतों को आर्थिक एवं लाभकारी खेती के योग्य बनाया जा सकता है। प्रो. जेबन्स ने भी अम्बेडकर के इस दृष्टिकोण का समर्थन किया।"[21]

"इतना ही नहीं, डॉ. अम्बेडकर कृषि को आर्थिक उद्यम मानते थे और उनका मत था कि परिवर्तनशील अनुपात के सिद्धान्त के आधार पर कृषि में कृषक उद्यमों का ठीक उसी तरह से उपयोग होना चाहिए जिस तरह से किसी उद्योग में विभिन्न निवेशों का इस तरह से विनियोग किया जाता है कि उनसे अधिकतम उत्पादन प्राप्त किया जा सके। जिस तरह प्रतियोगी समाज में लोगों का दैनिक समव्यवहार उनके उपभोग, उत्पादन एवं क्रय शक्ति के द्वारा नियंत्रित होता है, उसी तरह कृषि के क्षेत्र में भी उत्पादकता, उपभोग एवं उत्पादन लागत तथा लाभ के आधार पर कृषि के आर्थिक या अनार्थिक स्वरूप का निर्धारण किया जाना चाहिए। जिस तरह किसी उद्योग में उद्यमी गुणवत्ता के आधार पर उनका उत्पादन में अंश निर्धारित करता है, उसी तरह कृषि में भी कृषक को यह अधिकार दिया जाना चाहिए जो कि भू-स्वामियों के हाथ में है। किसी उद्योग में उत्पादन के पाँचों साधनों का समन्वय आवश्यक है, उसी तरह कृषि में भी उत्पादकता में वृद्धि लाने

के लिए इसके विभिन्न घटकों में निर्माणात्मक एवं सहयोगात्मक सम्बन्ध की आवश्यकता है।"[22]

उत्पादन में साधनों के सही अनुपात की व्यवस्था से ही जिस तरह सर्वाधिक उत्पादन प्राप्त किया जा सकता है, ठीक उसी तरह कृषि के क्षेत्र में भी कृषि उत्पादन के साधनों के सही अनुपात में प्रयोग से कृषि के क्षेत्र में उत्पादन में वृद्धि कर सर्वाधिक लाभ कमाया जा सकता है और कृषकों की दशा सुधारी जा सकती है और उनके प्रयोग का समानुपातिक लाभ भी उठाया जा सकता है। इसलिए डॉ. अम्बेडकर के दृष्टिकोण में कृषि के क्षेत्र में कृषकों का आर्थिक कुशलता के दृष्टिकोण से चयन लाभकारी है। संक्षेप में जो भी तत्व (कारक) कृषि उत्पादन के कार्य में लगे हों उनकी क्षमता का सर्वाधिक उपयोग होना चाहिए।

"जब कृषि को एक आर्थिक उद्यम मान लिया जाएगा तब कृषकों के लिए महत्त्वपूर्ण नहीं रह जाएगा कि जोत का आकार कितना बड़ा है या छोटा। क्योंकि मजदूर को किसान अपनी आवश्यकता के अनुसार ही उपयोग में लाएँगे और उनका लाभकारी उपयोग कर सकेंगे। जितना महत्त्वपूर्ण आर्थिक भाषा में जोतों के आकार का लाभकारी होना आवश्यक है उतना ही उन पर मजदूरों का लाभकारी अनुपात में प्रयोग भी आवश्यक है, तभी कृषि उत्पादन के साधनों का चयन ही इसके लाभकारी या अलाभकारी स्वरूप के निर्धारण में मुख्य घटक का काम करता है।'' अपने इस विचार से डॉ. अम्बेडकर ने आर्थिक जोत के संदर्भ में कृषि श्रमिकों के विवेकयुक्त उपयोग के द्वारा कृषि उत्पादन में वृद्धि के सुझाव प्रस्तुत किए।[23]

इसमें डॉ. अम्बेडकर ने जाति के आधार पर श्रमिकों में कहाँ विभेद किया है कि उन्हें मात्र कुछ जातियों का प्रणेता कहकर उनके व्यक्तित्व एवं कृतित्व को बौना सिद्ध करने का निंदनीय प्रयास किया जाता है।

कृषि श्रमिकों के दशा सुधार सम्बन्धी डॉ. अम्बेडकर के विचार

अम्बेडकर के अनुसार, कृषि एवं कृषि श्रमिकों की दयनीय स्थिति में सुधार के लिए पूँजी की व्यवस्था के साथ कृषि के औजार, पूँजीगत कृषि योग्य उपकरणों की व्यवस्था एवं सरकारी स्तर पर कृषि की दशा सुधारने के लिए प्रयास की महती आवश्यकता है। भारतीय कृषि एवं कृषकों की समस्या मौलिक नहीं बल्कि हमारी सामाजिक-आर्थिक कुव्यवस्था का परिणाम है। कहने को तो हम कहते हैं भारत कृषि प्रधान देश है लेकिन जो कृषि करते हैं उनमें अधिकतर के पास कृषि कार्य

करने के लिए अपनी भूमि ही नहीं है। वे शोषित कृषि-श्रमिक या कृषि-श्रमिक भर हैं। ये भारतीय कृषि को मात्र जीवन निर्वाहकारी धंधा बनाए रखने के लिए मुख्य रूप से उत्तरदायी हैं। भारतीय कृषि में छिपी हुई बेरोजगारी एक अलग विकट समस्या है। जिस अनुपात में भूमि पर जनसंख्या का बोझ निरंतर बढ़ता जा रहा है वह कभी भी कृषि को लाभकारी नहीं होने दे सकता। उलटे इससे उत्पादक श्रमिक एवं शहरीकरण में कमी आएगी।

इस तरह अर्थशास्त्री रागनर नर्क्से, अर्थर, लुइस एवं नोबेल पुरस्कार विजेता अमर्त्य सेन ने अम्बेडकर के इस मंतव्य का समर्थन किया है। इन अर्थशास्त्रियों ने इस मत का समर्थन किया है कि भूमि पर जनसंख्या के अधिक भार एवं उनके लिए वैकल्पिक रोजगार के अवसरों की कमी ने भी भारतीय कृषि की उत्पादकता में कमी लाकर कृषि श्रमिकों की समस्या में आशातीत वृद्धि की है। बेकार श्रम एवं बेकार पूँजी, दोनों के गुण-धर्म भी अलग अलग हैं। पूँजी बेकार रहने की स्थिति में भी सुरक्षित रहती है किन्तु श्रम को सुरक्षित नहीं किया जा सकता। पूँजी पर अलाभकारी व्यय नहीं के बराबर होता है जबकि श्रमिक को काम मिले या न मिले उसके जीवन निर्वाह पर व्यय होता ही है। अगर कहा जाए कि श्रम की इस तरह की बर्बादी खासकर भारतीय कृषि अर्थव्यवस्था के लिए कैंसर के समान है तो अतिशयोक्ति नहीं होगी। इस तरह का श्रमिक राष्ट्रीय आय की वृद्धि में सहयोग क्या करेगा बल्कि उलटे इसके पास जो कुछ भी होता है उसे भी बेकारी के दिनों में खा-चबा जाता है और राष्ट्रीय आय के ह्रास में भी सहयोग करता है। हमारी राष्ट्रीय आय में कमी का यह प्रमुख कारण है।

डॉ. अम्बेडकर ने इसके लिए कृषि श्रमिकों के साथ-साथ कृषि नीति में सुधार लाने के लिए निम्न सुझाव दिए–

क. आर्थिक स्वतंत्रता, सामाजिक एवं राजनीतिक स्वतंत्रता के लिए पूर्वपीठिका प्रस्तुत करती है। इसलिए आवश्यक है कि आर्थिक अवसरों के वातावरण को सामानता के आधार पर बगैर किसी भेदभाव के सभी श्रमिक-समूहों के लिए खोजा जाए।

ख. लाभकारी उत्पादक रोजगार के अवसरों का सभी श्रमिक वर्गों के लिए सृजन।

ग. इस तरह की व्यवस्था कृषिगत अवसंरचना के क्षेत्र में क्रांतिकारी परिर्वतन के द्वारा संभव है।

घ. कृषि के क्षेत्र में इस तरह का परिर्वतन भूमि चकबंदी के द्वारा सहकारी कृषि से संभव है।

ड. लाभकारी कृषि क्षेत्रों का वैज्ञानिक विकास।
च. सिंचाई के स्थायी एवं लाभकारी स्रोतों की तकनीकी व्यवस्था।
छ. कृषि एवं कृषक बीमा योजना का कार्यान्वयन।
ज. भूमि के समान एवं उत्पादक वितरण हेतु दूरदर्शितापूर्ण नीति का निर्धारण।
झ. भू-कर एवं भूमि सुधार की प्रक्रिया को सरल, सुगम एवं लाभकारी बनाना।
ञ. निश्चित अवधि तक कृषि क्षेत्र को उद्योग का दर्जा देकर उसे प्राथमिकता के आधार पर विकसित करना।[24]"

इस तरह मात्र "उपभोग के आधार पर भूमि के आर्थिक स्वरूप का निरूपण नहीं किया जा सकता...भूमि जो उत्पादन का एक महत्त्वपूर्ण उद्यम है के तत्व को यदि उपभोग के आधार पर परिभाषित किया जाता है तो निश्चय ही निष्कर्ष भ्रामक होगा। वस्तुतः भूमि में विनियोग एवं उससे होने वाले उत्पादन के अन्तर के आधार पर ही उसकी उपादेयता को प्रतिपादित किया जाना चाहिए। अर्थात भूमि से जो उत्पादन करते हैं उन्हीं के उपभोग के लिए उसके उत्पादन के वितरण को ही भू-उत्पादकता का मापदण्ड माना जाना चाहिए।"[25]

डॉ. अम्बेडकर के मतानुसार, मात्र जमीन की चकबंदी द्वारा उत्पादकता में वृद्धि एवं दलित की आर्थिक स्थिति में सुधार संभव नहीं है। बल्कि जो दलित भूमिहीन हैं उनके लिए भूमि की चकबंदी एवं कास्तकारी कोढ़ में खाज के समान है क्योंकि जो भूमिहीन हैं जिनको इस व्यवस्था से कुछ लेना-देना नहीं है उनको इस व्यवस्था से क्या लाभ?[26]

इस भू-व्यवस्था के दोषों की समस्या के समाधान के लिए बाबा साहब कृषि के राष्ट्रीयकरण के सिद्धान्त से 'एक सधे सौ सधे वाली' कहावत चरितार्थ होगी। किन्तु दुर्भाग्य यह है कि भारतरत्न के इस दूरदरिर्शतापूर्ण आर्थिक दृष्टिकोण को सरकार के सामाजिक एवं आर्थिक संगठनों ने अभी तक कोई महत्त्व नहीं दिया है और न ही इसकी भारतीय अर्थशास्त्रियों के लिए ही कोई उपादेयता है।

डॉ. अम्बेडकर ने कृषि के राष्ट्रीयकरण के अपने विचारों को अपने आलेख 'कृषि की साम्यवादी पुनर्रचना' नामक शीर्षक से आबद्ध कर सभापति अल्पसंख्यक समिति के संविधान सभा के समक्ष मार्च-1945 में प्रस्तुत किया। उनके इस आर्थिक दृष्टिकोण के महत्त्वपूर्ण पक्षों को निम्नवत् प्रस्तुत किया जाता है—

1. कृषि को राष्ट्रीय उद्योग के रूप में दर्जा प्राप्त हो।
2. सरकार को कृषि भूमि, निजी भूमि, बंधक भूमि को क्षतिपूर्ति के आधार पर अधिगृहीत करने का अधिकार हो, साथ-ही-साथ क्षतिपूर्ति भुगतान

के क्रम में संभावित विशिष्टता के आलोक में किसी तरह का अतिरिक्त भुगतान न हो।

3. भुगतान की व्यवस्था डिवेंचर के द्वारा की जाए ताकि सरकार को तत्कालीन आर्थिक बोझ नहीं उठाना पड़े तथा इसका तात्कालिक क्रिया-कलाप पर कोई कुप्रभाव नहीं पड़े।
4. डिवेंचर हस्तांतरणीय तो हो लेकिन प्रथम ग्राहक के अलावा उसका भुगतान प्राप्त करने का अधिकार अन्य किसी को नहीं हो।
5. सरकार द्वारा उपार्जित भूमि को एक प्रामाणिक आकार में विभक्त कर उस गाँव के लोगों को ही सामूहिक खेती करने के लिए दिया जाना चाहिए।
6. सामूहिक खेती सरकार द्वारा विनिर्दिष्ट सिद्धान्त पर हो।
7. कृषकों के द्वारा लागत को घटाकर ही उत्पादन में से लाभ का वितरण किया जाए।
8. ग्रामीणों के बीच भूमि का वितरण समान रूप से बिना किसी जाति, लिंग, गौत्र एवं धर्म के आधार पर किया जाए।
9. सरकार को कृषिगत संसाधनों यथा—वित्त, सिंचाई की सुविधाएँ पशु, उन्नत बीज एवं कृषि के साधन एवं तकनीकी ज्ञान उपलब्ध कराना चाहिए।
10. यह व्यवस्था ज्यादा से ज्यादा 10 वर्षों तक चलाई जानी चाहिए।[27]

डॉ. अम्बेडकर के उपरोक्त मंतव्य देश के सभी कृषि श्रमिकों पर समान रूप से लागू होते हैं। इसमें केवल दलित श्रमिकों का विवरण नहीं है बल्कि भारत जैसे कृषि प्रधान देश के समग्र कृषकों की कारुणिक स्थिति का चित्रण है। बाबा साहब ने ऐसे श्रमिकों को उत्पादक तथा लाभकारी संसाधन के रूप में परिणत करने के अनेक क्रांतिकारी सुझाव दिए हैं, जिन्हें आज संघ तथा प्रांतीय सरकारें विभिन्न योजनाओं के नाम से क्रियान्वित कर कृषि श्रमिकों की उत्पादकता बढ़ाने का प्रयास कर रही हैं। यदि बाबा साहब के इस सुझाव से सभी वर्ग एवं जाति के श्रमिक लाभान्वित हो रहे हैं, तो वे मात्र दलितों के मसीहा कैसे हैं?

अम्बेडकर के अनुसार भारतीय समाज में महिला का स्थान

बाबा साहब कहते हैं—"भारत में वैदिक युग में नारी की स्थिति कितनी ही गरिमामय रही हो, मध्यकाल में वह निश्चित रूप से दयनीय थी। देश के कुछ

भागों—विशेषकर राजस्थान में—अधिकतर कन्याओं को जन्म लेते ही मार दिया जाता था। स्त्री को बचपन में पिता के यौवन में पति के और वैधव्य में पुत्र के नियंत्रण में रहना पड़ता था। प्रर्दा प्रथा का प्रचलन था। बाल विवाह कर दिए जाते थे। पुरुष एक से अधिक विवाह कर सकते थे। नारी घर की चारदीवारी में बंद थी। आध्यात्मिक पंथ के लोग नारी को साधना-पथ में बाधक समझते थे। अठारहवीं और उन्नीसवीं शताब्दी में भारत में नारी जागरण के प्रयास हुए। सती प्रथा, विधवाओं के प्रति दुर्व्यवहार, विधवा विवाह, बहुपत्नी प्रथा, बाल विवाह, संपत्ति अधिकारों के निषेध, स्त्री-शिक्षा आदि मुद्दों को लेकर राजा राममोहन राय, ईश्वरचंद विद्यासागर, महादेव गोविंद रानाडे, स्वामी विवेकानंद, श्रीमती एनी बेसेंट और महात्मा गांधी आदि जैसे नेताओं ने भारतीय नारियों में जागरण के लिए शंखनाद किया। लेकिन बावजूद इसके आज भी अधिसंख्य घरेलू महिलाओं की स्थिति दयनीय है। ऐसे में कामकाजी तथा कल-कारखानों में काम करने वाली महिलाओं की स्थिति का सहज ही अंदाजा लगाया जा सकता है।'[28] यही कारण है कि नारी जीवन के प्रत्येक क्षेत्र में सुधार के लिए बाबा साहब ने प्रयास किया।

महिला एवं बाल श्रमिकों के उत्थान के सम्बन्ध में सुझाव

औद्योगिक एवं कृषि श्रमिकों के अलावा बाबा साहब ने महिला एवं बाल श्रमिकों के कल्याण-उत्थान के लिए भी कई महत्त्वपूर्ण प्रावधान भारतीय संविधान में किए हैं। इन प्रावधानों में कहीं भी जाति विशेष की चर्चा नहीं की गई है, मसलन—भारतीय संविधान में मौलिक अधिकारों तथा राज्य के नीति निर्देशक सिद्धान्तों के अन्तर्गत बालकों के हितों की रक्षा तथा कल्याण से संबद्ध महत्त्वपूर्ण उपबंध बाबा साहब ने किए हैं।

संविधान के अनुच्छेद-15 के अधीन धर्म, जाति, प्रजाति, लिंग, जन्म-स्थान आदि के आधार पर नागरिकों के बीच राज्य द्वारा भेदभाव करने की मनाही की गई है, लेकिन राज्य महिलाओं और बालकों के लिए विशेष व्यवस्था कर सकता है। मौलिक अधिकार अनुच्छेद-24 के अन्तर्गत कहा गया है कि 14 वर्ष से कम उम्र के किसी भी बालक को कारखाना या संकटपूर्ण नियोजन में नहीं लगाया जाएगा। राज्य के नीति निर्देशक सिद्धान्तों के अंतर्गत संविधान के अनुच्छेद-39 में कहा गया है कि सरकार ऐसी नीति का निदेशन करेगी कि बालकों की कोमल उम्र का दुरुपयोग न हो, उन्हें स्वतंत्रता और गरिमा की दशाओं में स्वस्थ

ढंग से विकसित होने के अवसर और सुविधाएँ मिल सकें तथा उनकी बाल्यावस्था या युवावस्था शोषण और नैतिक एवं भौतिक परित्याग से रक्षित रह सके।[29]

विशेषकर महिला एवं महिला श्रमिकों के कल्याण को ध्यान में रखते हुए समानता के अधिकार से संबद्ध संविधान के अनुच्छेद-15 में ही विशेष प्रावधान करते हुए लिखा गया है कि राज्य महिलाओं और बच्चों के लिए विशेष व्यवस्था करने के लिए स्वतंत्र है।

अनुच्छेद-45 के अन्तर्गत राज्य को संविधान के लागू होने के 10 साल के अंदर 14 वर्ष से कम उम्र के सभी बालकों के लिए निःशुल्क एवं अनिवार्य शिक्षा की व्यवस्था करने के निर्देश दिए गए हैं। संविधान के कुछ अन्य उपबंध, जैसे—पोषण के स्तर में सुधार, लोगों के रहन-सहन में सुधार, सार्वजनिक स्वास्थ्य में सुधार, बेगार का उन्मूलन, शिक्षा पाने का समान अधिकार, अपाहिजपन की स्थिति में सहायता आदि से संबद्ध उपबंधों का भी बाल कल्याण से गहरा सम्बन्ध है। शोषण के विरुद्ध मूल अधिकार के अन्तर्गत मनुष्यों के अनैतिक व्यापार पर इन्हीं सिद्धान्तों के अन्तर्गत कहा गया है कि सरकार ऐसी नीति का निर्देश करेगी जो स्त्री-पुरुषों को जीवन-यापन के लिए यथेष्ट तथा समान अवसर दे तथा अपनी आर्थिक क्षमता औार विकास की सीमाओं के अनुसार सब को काम और शिक्षा पाने का समान अधिकार दिलाये और बेरोजगारी, बुढ़ापा, बीमारी एवं अपाहिज या आवश्यकता की अल्प पूर्ति के अन्य मामलों में सबको वित्तीय सहायता दे।[30]

अनुच्छेद-42 में सरकार को महिला एवं महिला श्रमिकों के लिए प्रसूति सहायता उपलब्ध कराने के निर्देश दिए गए हैं। 14 वर्ष से कम उम्र के बच्चों को निःशुल्क एवं अनिवार्य प्राथमिक शिक्षा उपलब्ध कराने से संबद्ध संविधान के उपबंध लड़कों और लड़कियों के साथ समान रूप से लागू होते हैं। संविधान में लड़कों या लड़कियों की बाल्यावस्था या युवावस्था को शोषण, नैतिक तथा भौतिक मुक्त हो—रखने के निर्देश दिए गए हैं।[31]

डॉ. अम्बेडकर ने महिला एवं महिला श्रमिकों एवं कार्मिकों के कल्याण के लिए भी संविधान में बिना रंग, लिंग, जाति, गोत्र, सम्प्रदाय, स्थान का विभेद किए सरकार को कल्याणकारी योजनाएँ चलाने के सुझाव दिए हैं। उसी का परिणाम है कि आज देश में सभी स्वास्थ्य सम्बन्धी सामान्य सेवाओं से लाभान्वित होते हैं। लेकिन महिलाओं के स्वास्थ्य की रक्षा के लिए अलग से भी विशेष कार्यक्रम चलाए गए हैं। इनमें सामान्य अस्पतालों में प्रसूति एवं परिवार

नियोजन खंडों की स्थापना, अलग से प्रसूति केन्द्रों की स्थापना, परिवार नियोजन के लिए आवश्यक सामग्री का वितरण, बंध्याकरण की सुविधाएं तथा गर्भवती महिलाओं और दूध पिलाने वाली माताओं के लिए विशेष पोषाहार कार्यक्रम सम्मिलित है। महिलाओं के स्वास्थ्य में सुधार लाने के लिए परामर्श सेवाओं, स्वास्थ्य शिक्षा तथा परिचारिकाओं एवं स्वास्थ्य कार्यकर्त्ताओं की भी समुचित व्यवस्था की गई है।"[32]

कहना न होगा कि आज सरकारों द्वारा महिलाओं तथा बालकों के कल्याण के लिए जो योजनाएँ चलाई जा रही हैं, उन सबका आधार डॉ. अम्बेडकर के द्वारा सुझाई गई उपरोक्त दूरगामी नीतियाँ ही हैं। डॉ. अम्बेडकर ने महिलाओं तथा बालकों के कल्याण विषयक सिद्धान्तों के निरूपण में कहाँ जाति का उल्लेख किया है कि उन्हें मात्र दलितों का मसीहा कहा जाता है?

श्रम एवं बँधुआ मजदूरों की समस्या के सम्बन्ध में अम्बेडकर के विचार

इसी तरह स्वातंत्र्योत्तर भारत में श्रम संसाधन के संरक्षण, संवर्द्धन हेतु केंद्र सरकार के मंत्री के रूप में तो डॉ. अम्बेडकर के द्वारा अविस्मरणीय कार्य किया ही गया है। गुलाम भारत में भी वायसराय काउंसिल के श्रम सदस्य के रूप में वर्ष 1942-1946 के दौरान इनके द्वारा इस क्षेत्र में जो कार्य किए गए, वे मील के पत्थर के समान हैं। द्वितीय विश्वयुद्ध के पूर्व तथा बाद में आर्थिक विकास के क्षेत्र में श्रमिकों के अवदानों को देखते हुए डॉ. अम्बेडकर ने यह महसूस किया कि श्रमिकों की समस्या का निदान करके न मात्र उनके जीवन स्तर में सुधार लाया जा सकता है, बल्कि देश की आर्थिक उत्पादकता को भी एक नया आयाम प्रदान किया जा सकता है। इसी को ध्यान में रखते हुए कारखाना अधिनियम, 1948 का निर्माण एवं क्रियान्वयन किया गया जो अम्बेडकर साहब के श्रमिक समस्या के प्रति अत्यंत संवेदनशील होने का ज्वलंत प्रमाण है।

डॉ. अम्बेडकर के सद्प्रयास से ही नियमित रूप से श्रम सम्मेलन (लेबर कॉन्फ्रेंस) आयोजित किया जाना प्रारंभ हुआ और श्रम सम्मेलन को स्थायी प्रकृति प्रदान करने का सुझाव दिया गया। पहले जहाँ इस कॉन्फ्रेंस में कामगारों तथा नियोक्ताओं का समुचित प्रतिनिधित्व सुनिश्चित नहीं हो पाता था, उसे बाबा साहब ने सुनिश्चित कराया और इसे भविष्य में भी कायम रखने का सुझाव दिया। दुर्भाग्य से बाद के वर्षों में बाबा साहब के इस प्रस्ताव को कर्णधारों के द्वारा अमली जामा नहीं पहनाया गया।

इसी तरह बाबा साहब देश के विभिन्न कोनों में प्रचलित श्रम विधान (लेबर लेजिस्लेशन) में एकरूपता चाहते थे और इसे राष्ट्रीय मुद्दा मानकर इस दिशा में क्रियाशील होने के उद्देश्य से ही बाबा साहब ने श्रम संसाधन को संविधान की समवर्ती सूची में शामिल किया। डॉ. अम्बेडकर के प्रयास से ही बाद के वर्षों में (क) श्रम समिति, (ख) श्रम विधि का निर्माण, (ग) प्रमुख श्रम आयुक्त संगठन, (घ) श्रम अन्वेषण समिति, (ङ) न्यूनतम मजदूरी निर्धारण मशीनरी तथा (च) ट्रेड यूनियन का अस्तित्व में आना संभव हो पाया है।

बँधुआ मजदूरों की मुक्ति हेतु प्रयास

डॉ. अम्बेडकर ने यह पाया कि भारत की 70 प्रतिशत आबादी कृषि पर तो आश्रित है, लेकिन आश्चर्य यह है कि 85 प्रतिशत ग्रामीण श्रमिकों को कृषि कार्य में बराबर रोजगार उपलब्ध नहीं होता है। 15 प्रतिशत श्रमिक जो अपने भू-पतियों के अधीन हैं, वे विशिष्ट रूप से बँधुआ मजदूर हैं जिन्हें यह नाम तो उनके भूस्वामी नहीं देते हैं, लेकिन उनसे काम गुलामों से भी बदतर ढंग से लेते हैं। दूसरा विस्मयकारी तथ्य यह है कि ग्रामीण श्रमिकों में 50 प्रतिशत के पास तो भूमि के नाम पर एक धुर जमीन नहीं है। ग्रामीण श्रमिकों की इस त्रासद स्थिति से डॉ. अम्बेडकर अत्यधिक विचलित थे। उन्हें कहना पड़ा कि बँधुआ मजदूरों की मुक्ति के लिए राज्यों को कानून बनाने तथा उसे लागू करने का अधिकार देकर यदि यह मान लिया जाता है कि इससे बँधुआ मजदूरों को अपने शोषकों से मुक्ति मिल जाएगी तो यह आत्मप्रवंचना से अधिक कुछ नहीं होगा। इसके लिए राष्ट्र स्तर पर कानून बनाकर सामाजिक जागरण के द्वारा सख्ती से लागू करना होगा।[33] लेकिन बाबा साहब के इस सुझाव पर गंभीरता से ध्यान नहीं देने का परिणाम है कि आज भी इस देश में यत्र-तत्र बँधुआ मजदूर रखने की प्रथा किसी-न-किसी रूप में प्रचलित है और कुछ मानवों द्वारा, कुछ मानवों के साथ पाशविक दुर्व्यवहार किया जा रहा है। डॉ. अम्बेडकर का यह श्रम मुक्ति आंदोलन किसी जाति विशेष के लिए नहीं था, बल्कि देश के सभी वर्ग, वर्ण एवं जाति के श्रमिकों के लिए था।

तात्पर्य यह कि जल एवं ऊर्जा संसाधन की तरह मानव संसाधन का भी डॉ. अम्बेडकर समाज और राज्य की उन्नति के लिए समुचित संवर्द्धन एवं संरक्षण के पक्षधर थे। उनका मानना था कि किसी भी राज्य के सामाजिक-आर्थिक उन्नयन के लिए ये विचार त्रिरत्न के समान हैं।

शायद यह बात बहुत कम लोगों को मालूम हो कि डॉ. अम्बेडकर ही भारत के वह प्रथम पुरुष हैं जिन्होंने पानी एवं विद्युत को अति महत्त्वपूर्ण संसाधन के रूप में पहचानकर इसके समुचित उपयोग के लिए वायसराय कमिटी के सदस्य के रूप में केंद्रीय जलमार्ग, सिंचाई एवं नौगमन आयोग (Central Waterways, Irrigation and Navigation Commission [CWINC]) एवं केन्द्रीय तकनीकी ऊर्जा बोर्ड (Central Technical Power Board [CTPB]) की स्थापना भारत के स्वर्णिम भविष्य के निर्माण के लिए करवाई थी। जल एवं ऊर्जा के महत्त्व को ध्यानमध्य रखकर डॉ. अम्बेडकर ने इन दोनों संसाधनों के विकास तथा उपयोग हेतु जो सुझाव दिए थे उसका वर्तमान परिप्रेक्ष्य में मूल्यांकन इसलिए आवश्यक है कि केवल दलितों का मसीहा कहकर हम उनके प्रति अपनी किस मानसिकता का परिचय देते हैं, उसका सहज समाधान प्रस्तुत हो सके।

वायसराय एक्जक्यूटिव काउंसिल के सदस्य के रूप में डॉ. अम्बेडकर ने श्रम, सिंचाई एवं ऊर्जा विभाग का प्रभार ग्रहण किया उस समय इन तीनों विभागों को देखने के लिए केंद्र में तीन अलग-अलग प्रशासनिक इकाइयाँ कार्यरत थीं। जैसे—1. सेंट्रल बोर्ड ऑफ इरिगेशन, 2. द इरिगेशन एडवायजर एवं, 3. इलेक्ट्रिकल्स कमिशनर। इन तीनों की पृथकता को वांछित उद्देश्यों की प्राप्ति में असफल पाते हुए डॉ. अम्बेडकर के द्वारा यह प्रस्ताव रखा गया कि उक्त की जगह यदि सेंट्रल वाटरवेज, इरिगेशन एंड नेविगेशन कमीशन तथा सेंट्रल टेक्नीकल पावर बोर्ड का गठन कर दिया जाए तो राज्य एवं प्रांतों के बीच अधिक सहयोगात्मक एवं उपयोगात्मक ढंग से इन दोनों महत्त्वपूर्ण संसाधनों का सर्वोत्तम दोहन एवं उपयोग किया जा सकता है।

डॉ. अम्बेडकर के इस दूरदर्शितापूर्ण सुझाव एवं प्रयास के परिणामस्वरूप ही कालांतर में इस तरह की इकाइयों का गठन किया गया एवं जनवरी 1944 में डेवलपमेंट ऑफिसर के नाम पद सृजित कर दोनों इकाइयों में अनुभवी एवं विशेषज्ञ कंसलटिंग इंजीनियर की पदस्थापना की गई।

वित्त विभाग के द्वारा इस सम्बन्ध में डॉ. अम्बेडकर से पूछा गया कि जब पहले से ही केंद्र में इरिगेशन एडवायजर का पद है तो इसके लिए पुनः अलग पद की क्या आवश्यकता है? तो इसका जवाब देते हुए बाबा साहब ने लिखा कि—

"There is a real need for an expert body capable of advising both the Government of India and when so required, Provinces in regard to waterways and irrigation problems and be able in so far as Provincial

and agreed to override the Provincial barriers which had held up their progress and prosperity for so long. The Damodar River would be the first along this line.

He further emphasized about the need to have multipurpose project and stated that :

"The issue before us is whether we should be content with damming the river for purpose of stopping the flood only or whether we should make it a multipurpose project so as to cover generation of electricity and supply of water for irrigation and navigation also and that it is to have the object of not only preventing flood in Damodar River but also the object of irrigation, navigation and the production of electricity."

Dr. Ambedkar argued that the constitutional problem could be overcome by establishing a cooperative undertaking in which the Centre and the Provinces of Bihar and Bengal would be partners. If both the Provinces agreed, in the larger interests of the prosperity of the country, the difficulties created by the constitutional provinces would not come in their way. The Damodar Valley Authority, could be of a watershed for India in the multipurpose development as the Tennessee Valley Authority had been for the USA. Both the Governments after detailed deliberation agreed to have a coordinated scheme for the multipurpose development of the project with flood control as a priority and to also undertake detailed surveys for establishing a multi-purpose project.

"The project (harnessing the waters of the Damodar River) is a welcome one to the Government of India. It very clearly shows a fine prospect of the control of the river, a prospect of controlling floods, of securing a fine area for perennial irrigation with resultant insurance against famine and a much needed supply of power. I am sure it will be more than welcome to the Governments of Bengal and Bihar if they realize what the project will mean to them and their people."

Thus observed the Hon'ble Dr. B.R. Ambedkar, Labour Member, Government of India, in his address to representatives of Bengal and Bihar Governments at a Conference held in Calcutta on August 23, 1945 to discuss the Preliminary Memorandum on the Damodar Valley Multi-purpose Project. The session lasted two days, and Dr. Ambedkar presided as Labour Member of Viceroy's Council.

"We are now meeting for the second time to discuss the project for harnessing the water of the Damodar River. As you will recall, our first meeting in this connection took place on January 13, 1944. We then considered the Report of the Damodar River Flood Enquiry Committee appointed by the Government of Bengal in 1944. In the first Conference on Damodar Valley Project (Calcutta, January 3, 1944), Dr. Ambedkar asserted :

"The Damodar project must be multipurpose project... it should not only deal with problem caused by floods, it should also provide for irrigation, electricity and navigation. ...There has not been enough realization that our policy for water resources development must be multipurpose policy so as to include all possible uses of water."

The Damodar Valley Project was to be the first in a series, he said. He reiterated his belief in multipurpose projects in the second Conference on the Damodar Valley Project (Calcutta, August 23, 1945).

The consensus of opinion at that Conference was that we should go in for the latter. Accordingly, the Conference decided to take the next step, namely to create machinery for collecting the necessary data to draw up a multipurpose scheme. On the part of Government of India, he offered the fullest assistance of technical experts in carrying out this preliminary work. Dr. Ambedkar stated :

"The reason why we have met today is to consider this Preliminary Memorandum and the points that arise out of it. As it has already been circulated to the Governments of Bengal and Bihar, it is unnecessary for me to go over it again. I shall, therefore, content myself with making two general observations (1) with regard to matters of policy, and (2) with regard to questions of method and procedure."

In the second Conference held on 23rd August 1945, Dr. Ambedkar stated that :

"Flood control is a matter of policy and there can hardly be any other opinion, as the flood protection will ensure full safety to the vulnerable area of the Damodar basin against even the most adverse combination of foreseeable natural circumstances and scheme drawn up in the Preliminary Memorandum does provide for that full measure of safety."

"Another matter of policy is the collective responsibility of the three Governments assembled here to put their shoulders to the task. The three Governments are proceeding energetically with the development of the Damodar River Valley and the project is fully endorsed by the Government of India, and would undoubtedly be welcomed by the Governments of Bengal and Bihar."

"The project offers a fine prospect of not only controlling floods but also secure considerable area for perennial irrigation and much needed power to the country."

"The project will give them, inter alia, (a) sufficient water for perennial irrigation of about 8 million acres in addition to water for navigation,

(b) electrical energy amounting to 300 MW, and (c) it would promote directly the welfare of 5 million people and indirectly of many more millions."

Dr. B.R. Ambedkar also stressed about the need to take decisions on priority about the selection of dam sites; agency to carry out preliminary investigations; the agency for designing and construction of dams; the creation of administrative machinery; and surveys to the best utilization of water and power.

Dr. Ambedkar also emphasized that in addition to being a multi-purpose project; the project was a post-war employment project, with the sudden reduction of war employment and expenditure. Under the circumstances, the Damodar Valley Project was a matter of grave urgency, and it would be a criminal folly not to come to an early decision, about the project. Dr. Ambedkar exhorted the participants and sought their cooperation to take decisions on these issues during the conference itself. While both Bengal and Bihar had agreed to have this project as a multipurpose project, there was serious difference of opinions regarding the location of dams. Dr. Ambedkar pursuaded both the Governments to accept the recommendations of the Experts Committee on the basis of economic benefits to the region, after taking into consideration the mutual interests of both Bihar and Bengal. The problem of cost sharing was solved by agreeing to share on the basis of the benefits and the ability to pay by the States.

"The Government of India is very keen, very earnest and is prepared to play its full part in carrying through its project. It recognizes their responsibility for doing all that they can to speed up the project on approved lines, and to this end will endeavour to the best of their ability. Though the form of the authority to carry out the project and the manner of setting it up is yet to be defined, the original view of the Government that such an authority should be set up remains unaltered."

Dr. Ambedkar, while reiterating the commitment of the Central Government, promised to assume the direct responsibility for securing the staff and organization necessary to carry out all further preliminary investigations to expedite construction. Dr. Ambedkar also assured for mobilization of necessary engineering manpower including from Army, in view of shortage of staff in Bengal to expedite implementation of the project.

The Centre was also prepared to advance, initially, the funds necessary for the further preliminary investigations on the understanding that such preliminary expenses will be charged to the project if it materialized and divided half and half between the Centre and the Province if it did not materialize.

It expected the Provinces to bear in mind the absolute necessity of ensuring that the benefits of the project got ultimately right down to the grass roots, i.e. everyone living in the Valley and some of those in the vicinity, all had their share in the prosperity which the project should bring. Dr. Ambedkar, therefore, concluded that it was essential to set up some agency early.[36]

डॉ. अम्बेडकर ने इसके महत्त्व को प्रतिपादित करते हुए लिखा है कि

"We have not taken sufficient account of the fact that there is no difference between railways and waterways, at any rate those that flow from Province to Province. On the contrary we have allowed our Constitution to make a distinction between Railways and Waterways. With the result that Railways are treated as Central, but waterways are treated as Provincial."[37]

डॉ. अम्बेडकर ने आश्चर्य व्यक्त किया है कि यह विडम्बनापूर्ण है कि जहाँ रेलवे को केंद्रीय सूची में शामिल किया गया है, वहीं न जाने किस आधार पर नौपरिवहन (Waterways) को राज्य सूची में रखा गया है। उन्होंने कहा कि नदियों से न मात्र नौपरिवहन होता है, बल्कि पनबिजली भी तैयार की जाती है। स्वभावतः इन दोनों की केंद्र तथा राज्य दोनों को समान रूप से आवश्यकता है। ऐसे में इस संसाधन को केंद्रीय सूची में रख कर इनका समुचित संवर्द्धन एवं सदुपयोग किया जा सकता है।[38]

डॉ. अम्बेडकर जल-संसाधन को प्रांतीय अधिकारिता में रखने के सख्त विरोधी थे। इसके पीछे उनका तर्क यह था कि आज भले पानी के महत्त्व को, जनसंख्या के अनुपात में जरूरत से अधिक होने के कारण उचित महत्त्व नहीं दिया जा रहा है, लेकिन यदि पानी का इसी तरह दुरुपयोग किया जाता रहा तथा इसके संरक्षण एवं संवर्द्धन पर राष्ट्रीय स्तर पर ठोस कदम नहीं उठाया गया तो आने वाले समय में पानी सोना से भी अधिक महँगा होगा। और इसमें भी आश्चर्य नहीं कि सोना के बदले भी पानी का मिलना मुश्किल होगा।[39] वायसराय एक्जक्यूटिव कमिटी के सदस्य के रूप में श्रम, सिंचाई एवं ऊर्जा विभाग के प्रभारी के रूप में कार्य करते हुए इन क्षेत्रों में प्राप्त अनुभव के आधार पर डॉ. अम्बेडकर ने संविधान निर्माण के समय अनुच्छेद-246 में यह प्रावधानित किया कि–

As per Entry 17 List II (State List) under Article 246 read with Seventh Schedule of the Constitution the Water, that is to say, water supplies, irrigation and canals, drainage and embankments, water storage and water power comes under the State List. However this provision is subject to the provisions of entry 56 of Union List, which reads :

56 Regulation and development of inter-state rivers and valleys to the extent to which such regulation and development under the control of the Union is declared by Parliament by law to be expedient in the public interest.[40]

लेकिन देश का दुर्भाग्य है कि आज तक दूरदृष्टि सम्पन्न महामानव डॉ. अम्बेडकर के द्वारा सुझाए गए उपरोक्त नीतियों पर सम्यक् रूप से कार्य नहीं हो पाया है। परिणाम यह है कि नदियों को एक-दूसरे से जोड़ने की कारगर योजना नहीं होने के कारण आज भी एक ओर जहाँ देश का पानी बेमतलब समुद्र में चला जाता है, वहीं एक ओर बाढ़ के कारण जहाँ जल प्रलय की स्थिति उत्पन्न होती रहती है तो दूसरी ओर बूँद-बूँद पानी के लिए जन-गण-मन पपीहा की तरह रट लगाकर असमय प्राण त्यागने के लिए विवश होते रहते हैं। आज जनसंख्या विस्फोट की सीमा को पार कर चुका यह देश यातायात एवं संचार (ट्रांसपोर्टेशन एवं कम्यूनीकेशन) के मामले में दुनिया के देशों की तुलना में बहुत पीछे है। इस कमी को यदि डॉ. अम्बेडकर की बताई नीतियों के अनुसार नौपरिवहन (वाटरवेज) को रेलवे के समानांतर विकसित किया गया होता तो आसानी से पूरा किया जा सकता था। व्यापार के क्षेत्र में भी यदि देश की बड़ी-बड़ी नदियों को जोड़ा गया होता तो आशातीत सफलता मिलती। नदी मार्ग से व्यापार करने के कारण जहाँ ग्रामीण उत्पादों को आसानी से बाजार तक पहुँचाने में सुविधा होती, वहीं परिवहन में कम खर्च आने से उत्पादकों की बचत में वृद्धि होती। इससे कृषि उद्योग को बल मिलता। नौपरिवहन से यात्रा एवं गमनागमन सुलभ होने के कारण एक ओर जहाँ पथ-परिवहन, रेल-परिवहन एवं वायु-परिवहन पर दबाव घटता, वहीं प्रदूषण से मुक्ति मिलती तथा बहुमूल्य ईंधनों की बचत का मार्ग प्रशस्त होता।

सर्वाधिक ज्वलंत मुद्दा आज देश के सामने विद्युत संकट का है। स्वतंत्रता प्राप्ति के साठ वर्ष से अधिक बीत जाने के बाद भी देश को विद्युत क्षेत्र में आत्मनिर्भरता प्राप्त नहीं होना अपने आप में यक्ष प्रश्न से भी अधिक कठिन एवं जटिल प्रश्न है। यक्ष प्रश्नों का उत्तर तो युधिष्ठिर ने दे दिया था, लेकिन बिजली के मामले में यह देश आत्मनिर्भर कब होगा, इसका उत्तर आज भी देश के भाग्यविधाता भी दे पाने में समर्थ नहीं हुए हैं। जबकि यह सर्वविदित है कि वर्तमान जीवन प्रणाली पूर्णरूपेण बिजली पर ही अवलंबित है। हमारे घरेलू एवं

वाणिज्यिक सारे क्रियाकलाप विद्युत पर ही अवलंबित हैं। लेकिन विडंबना यह है कि इसकी कमी दिनानुदिन बढ़ती ही जा रही है।

यदि डॉ. अम्बेडकर के समयसेवित सुझावों को अमल में लाकर देश की सारी नदियों को एक-दूसरे से जोड़ दिया जाता और इसके पानी से नौपरिवहन एवं सिंचाई के काम लेने के साथ-साथ पनबिजली उत्पन्न करने का काम शुरू किया गया होता तो निश्चित रूप से देश बिजली के क्षेत्र में आज आत्मनिर्भर होता और देशवासी विकास के चांद पर विराजमान होते। लेकिन ठोस नीति एवं ईमानदार प्रयास के अभाव में डॉ. अम्बेडकर के उपरोक्त बहुमूल्य सुझाव आज भी पूर्णरूपेण क्रियान्वयन की प्रतीक्षा में हैं।

सन्दर्भ ग्रंथों/स्रोतों की सूची

1. Economic Thought of Dr. B.R. Ambedkar, O.D. Heggade, Mohit Publication, New Delhi-02, Page137
2. Economic Thought of Dr. B.R. Ambedkar, O.D. Heggade, Mohit Publication, New Delhi-02, Page 137
3. Ibid, page 137-138
4. बाबा साहब डॉ. अम्बेडकर सम्पूर्ण वाङ्मय, कल्याण मंत्रालय, भारत सरकार की ओर से प्रकाशन विभाग, सूचना एवं प्रसारण मंत्रालय नई दिल्ली से प्रकाशित।
5. डॉ. अम्बेडकर एंड इंडियन कंस्टिच्यूशन, भगवान दास, पृष्ठ 46
6. भारतरत्न डॉ. भीमराव अम्बेडकर, सृष्टि और दृष्टि, डॉ. सुकन पासवान प्रज्ञाचक्षु, भावना प्रकाशन, दिल्ली 91, पृष्ठ 130-131
7. वही, पृष्ठ 131
8. The Problem of The Rupee : Dr. B.R. Ambedkar
9. भारतरत्न डॉ. भीमराव अम्बेडकर, सृष्टि और दृष्टि, डॉ. सुकन पासवान प्रज्ञाचक्षु, भावना प्रकाशन, दिल्ली-91, पृष्ठ 132-133
10. वही, पृष्ठ 132
11. Economic Thought of Dr. B.R. Ambedker, O.D. Heggade, Mohit Publication, New Delhi-02, Page 137
12. वही, पृष्ठ 131
13. वही, पृष्ठ 132
14. वही, पृष्ठ 155
15. Thoughts on Lingustic States, Dr. B.R. Ambedkar
16. Writings And Speeches of Dr. B.R. Ambedkar, Vol-I
17. भारतरत्न डॉ. अम्बेडकर, सृष्टि और दृष्टि, डॉ. सुकन पासवान प्रज्ञाचक्षु, भावना प्रकाशन, दिल्ली-91, पृष्ठ 74
18. वही, पृष्ठ 85

19. वही, पृष्ठ 85-86
20. वही, पृष्ठ 86
21. Economic Thought of Mr.B.R.Ambedkar O.D. Heggade, Page 40
22. Ibid, page 78-84
23. Ibid, pag 86
24. भारतरत्न डॉ. भीमराव अम्बेडकर, सृष्टि और दृष्टि, डॉ. सुकन पासवान, भावना प्रकाशन, दिल्ली-91, पृष्ठ 66
25. Small Holdings in India, Dr. B.R. Ambedkar
26. State And Miniorities, Dr. B.R. Ambedkar
27. Small Holding in India, Dr. B.R. Ambedkar
28. भारतरत्न डॉ. भीमराव अम्बेडकर, सृष्टि और दृष्टि, डॉ. एस.पी. प्रज्ञाचक्षु भावना प्रकाशन, दिल्ली-91।
29. भारत का संविधान, डॉ. जय जयराम उपाध्याय, सेंट्रल लॉ एजेंसी, 30-डी/1 मोतीलाल नेहरू रोड, इलाहबाद, पृष्ठ 6, 14, एवं 21
30. वही, पृष्ठ 23
31. वही, पृष्ठ 22
32. वही, पृष्ठ 07
33. बाबा साहब डॉ. अम्बेडकर सम्पूर्ण वाङ्मय, खंड-9, डॉ. अम्बेडकर प्रतिष्ठान, कल्याण मंत्रालय, नई दिल्ली।
34. Ambedkar's Contribution for Economic Planning and Development : its Relevances, P. Abrahim
35. Ibid.
36. Ibid.
37. Ibid
38. Ibid
39. Ibid
40. Ibid

अध्याय : पाँच

डॉ. अम्बेडकर के सामाजिक एवं आर्थिक दृष्टिकोण एक विश्लेषणात्मक अध्ययन

बाबा साहब डॉ. भीमराव रामजी अम्बेडकर ने सामाजिक-आर्थिक असमानताओं तथा शोषण को बहुत करीब से देखा था तथा आजीवन उसके शिकार रहे थे। वे एक महान् अर्थशास्त्री होने के साथ-साथ सामाजिक विश्लेषक भी थे। उनका मानना था कि सामाजिक एवं आर्थिक स्वतंत्रता के बिना राजनीतिक स्वतंत्रता कालक्रम में बेमानी हो जाती है। जिस देश में सामाजार्थिक विषमता बहुत दिनों तक कायम रहती है उस देश को तत्काल आर्थिक गुलामी तथा बाद में राजनैतिक दासता से कोई शक्ति रोक नहीं सकती है। कुछ समय के लिए यह भले लगे कि सामाजिक-आर्थिक विभेद को देश का जनसामान्य नहीं समझ रहा है लेकिन वास्तव में यह ऐसा सोचने वालों की भूल होती है क्योंकि आर्थिक असमानता सभी तरह की बुराइयों की जननी होती है और देर-सबेर यह जनसामान्य के बीच भीषण असंतोष को जन्म देती है। यह किसी भी राष्ट्र के जीवन के लिए त्रासद सिद्ध होती है।

डॉ. अम्बेडकर की दृष्टि में समाज की विद्यमान अमानवीय कुरीतियाँ जितना व्यक्ति विशेष या वर्ग विशेष के लिए अहितकर नहीं हैं, उससे ज्यादा राष्ट्र के लिए अहितकर एवं अनुचित हैं, क्योंकि राष्ट्र व्यक्ति के समुदाय का दूसरा नाम है। किसी राष्ट्र के नागरिक के अनुरूप ही उस राष्ट्र का स्वरूप होता है। बाबा साहब का मानना था कि यदि भारतीय समाज में मनुष्य को, जो राष्ट्र एवं विश्व दोनों का अति महत्त्वपूर्ण घटक है, जाति एवं वर्ग के नाम पर उपेक्षित एवं प्रताड़ित किया जाएगा तो यह असम्भव नहीं कि राष्ट्र एवं मानवतावाद की परिकल्पना ही संकट में पड़ जाए। इसीलिए बाबा साहब मानवीय जीवन के प्रत्येक क्षेत्र में समानता के सिद्धान्त के पृष्ठपोषक थे।

अपनी इस विचारधारा को अपनी रचना 'बुद्ध एवं उनका धम्म' में प्रतिपादित करते हुए उन्होंने लिखा कि "एक मनुष्य का निर्माण उसके मस्तिष्क के विकास के अनुरूप ही होता है।"[1] इसका तत्वार्थ यह है कि एक राष्ट्र अपने मानव स्रोत का जिस स्तर तक विकास कर पाता है उस राष्ट्र का विकास भी उसी अनुपात में एवं उसी स्तर का होता है। इसलिए यह मान्यता कि मनुष्य जन्म से बड़ा होता है कर्म से नहीं, को वे गलत मानते हैं। उनका मानना था कि किसी भी देश में मनुष्य का जीवन-निर्माण जन्म से नहीं, कर्म से होता है। इस आधार पर वे राष्ट्र की इकाई मनुष्य के सर्वांगीण विकास की वकालत करते थे। उनका मानना था कि "आदर्श समाज वह है जिसमें सामाजिक स्वतंत्रता एवं भ्रातृत्व का समन्वय हो।"

हिन्दू समाज की कुरीतियों की ओर संकेत करते हुए उन्होंने कहा कि "हिन्दू समाज में जाति केवल अपने तक ही सीमित है। जहाँ हिन्दुओं के रीति-रिवाज एक समाज हों तो भी, न तो वे एक हैं और न ही ठीक अर्थों में एक राष्ट्र ही हैं, बल्कि वे जातियों का एक समूह हैं और यही जाति-विभेद हिन्दुओं के विनाश का मूल कारण भी है। इसी ने हिन्दू समाज को गहन अंधकार में ढकेल दिया है। उनके अनुसार समाज एवं राष्ट्र का विकास तो तब संभव है जब मानवीय गत्यात्मकता एक ही स्तर पर हो।"[2]

इसलिए इनका विचार है कि प्रत्येक मानवीय इकाई की सामाजिक क्षमता के लिए मनुष्य के जीवन-स्तर, स्वास्थ्य, शिक्षा, आवास की सुविधा की व्यवस्था अपरिहार्य है, तभी मानवीय स्रोतों का राष्ट्रहित में सर्वाधिक उपयोग किया जा सकता है साथ ही राष्ट्रीय उत्पादकता में भी संतोषजनक वृद्धि की जा सकती है तथा जनजीवन में खुशहाली लाई जा सकती है। यह उद्देश्य व्यक्तिवाद, प्रजातंत्र एवं संवैधानिकता के महत्त्व को अनुप्रमाणित कर ही प्राप्त किया जा सकता है। "मनुष्य तो राजनीतिक या धार्मिक प्राणी होने के पहले एक सामाजिक प्राणी है। मनुष्य का धर्म नहीं हो सकता है, मनुष्य की राजनीति नहीं हो सकती है लेकिन मनुष्य का समाज तो होना ही है। क्योंकि समाज के बगैर मनुष्य की सामाजिक परिकल्पना असंभव है।"[3] बाबा साहब का यह चिंतन क्या मात्र दलित के लिए है?

इससे स्पष्ट होता है कि अम्बेडकर मनुष्य की सामाजिक आवश्यकता को उसकी धार्मिक एवं राजनीतिक आवश्यकता से अधिक महत्त्वपूर्ण मानते हैं। उन्होंने 'विकासशील स्वतंत्रता एवं शोषणमुक्त समाज' नामक अपनी कृति में यह स्पष्टतः उद्घाटित किया है कि "सामाजिक विकास के लिए विकासशील

सामाजिक विवेकशीलता अनिवार्य है। यदि सामाजिक चेतना मानवी अधिकार एवं कर्तव्य को सामाजिक मान्यता देने के लिए तैयार नहीं होती है तो कोई भी कानून, संसद या न्यायालय इसे प्रदान करने की गारंटी प्रदान करने में असमर्थ है। क्योंकि सामाजिक कुरीतियों एवं कोढ़ों को जब तक समाज त्यागने के लिए तैयार नहीं होता है तब तक वैधानिक या संवैधानिक व्यवस्था से उसे दूर नहीं किया जा सकता।" प्रचलित हिन्दू धर्म को उन्होंने सुविधाभोगियों का षड्यंत्र कहा है। क्योंकि–"धर्म आदमी के लिए है, न कि आदमी धर्म के लिए।"[4] मनुष्य किसी-न-किसी धर्म से बँधा होता ही है और इस पर उसका कोई वश नहीं रहता है और तद्नुसार किसी भी समय मनुष्य अपनी सर्वांगीण तरक्की के लिए अपने पूर्व धर्म को बदल भी सकता है। जबकि "हिन्दू धर्म में आचरण स्वतंत्रता एवं सहजता नहीं है; बल्कि इसमें अन्य लोगों द्वारा लाए गए नियमों को बिना सोचे-समझे पालन करने का विधान है। कानून में विषमता है क्योंकि अलग-अलग व्यक्ति के लिए भिन्न-भिन्न व्यवस्था है।"

वे कहते हैं–"जो धर्म आत्मसम्मान को पाप समझता है वह धर्म नहीं मानसिक रुग्णता है, वह धर्म जो गन्दे पशु को छूने की सलाह तो देता है लेकिन मनुष्य को अछूत कहता है, वह धर्म नहीं पागलपन है, वह धर्म जो किसी जाति विशेष को धन, शस्त्र तथा शिक्षा उपार्जन से जाति के नाम पर मनाही करता है, वह धर्म नहीं मानवीय जीवन से मजाक है, वह धर्म जो अनपढ़ को अनपढ़, गरीब को गरीब, बीमार को बीमार तथा मूर्ख को मूर्ख रहने की शिक्षा देता है, वह धर्म नहीं सुनियोजित सामाजिक षड्यंत्र है।"[5]

डॉ. अम्बेडकर हिन्दू धर्म के इस विभेदकारी चरित्र को सामाजिक-आर्थिक परिवर्तन के मार्ग में अति विकट अवरोध मानते थे। हिन्दू धर्म की उपर्युक्त मान्यता मानवीय समाज को विखंडित कर अकर्मण्यता के पथ पर अग्रसर मात्र ही करनेवाली नहीं है; बल्कि यह दासता के लिए समाज को तैयार कराने का गोपन षड्यंत्र भी है। हिन्दू धर्म के इस अवनतिमूलक प्रेरणाओं का ही यह परिणाम है कि भारतवर्ष हजारों-हजार वर्षों तक गुलामी की चक्की में पिसता रहा है। यह धर्म कभी भी सामाजिक एकता को सुदृढ़ होने देने के लिए तैयार नहीं है। यह धर्म आदमी-आदमी में फूट डालकर अपने स्वार्थ की रोटी सेंकने का उपक्रम मात्र है। यह धर्म राष्ट्र के सामाजिक, आर्थिक, राजनीतिक जीवनधारा की प्रगतिशीलता के मुहानों को बन्द करनेवाली चट्टान है। इसीलिए भारतरत्न डॉ. भीमराव अम्बेडकर इस धर्म के स्थान पर मानवतावादी एक ऐसे धर्म की आवश्यकता महसूस करते थे जो सामाजिक एकता, समानता, भ्रातृत्व भाव की

भावना का विकास कर सके एवं राष्ट्र को हर स्थिति में संवर्द्धन के लिए संबल प्रदान कर सके।

जब तक समाज में समदर्शिता, पेशागत गत्यात्मकता, शिक्षा के क्षेत्र में प्रगति, समान भाव का उन्नयन तथा बहुमुखी प्रगति का विकास नहीं होता तब तक समाज का कल्याण संभव नहीं है। इसी तरह सामाजिक उन्नयन के लिए जब तक वर्ण-व्यवस्था में ब्राह्मणों के जन्मवाद का सिद्धान्त, मानवीय विभेद, अस्पृश्यता, कर्म सिद्धान्त में अविश्वास आदि कुरीतियों एवं अंधविश्वासों का परित्याग नहीं किया जाता तब तक सामाजिक क्षेत्र में प्रगति के वातायन बंद ही रहेंगे। इन सामाजिक विद्रूपताओं की समाप्ति के लिए डॉ. अम्बेडकर (क) अन्तर्जातीय विवाह प्रथा, (ख) अन्तर्जातीय भोज एवं (ग) पुजारी के रूप में मंदिरों में अन्य जातियों की नियुक्ति को आवश्यक मानते हैं। अर्थात् बाबा साहब के अनुसार–"एक पूर्ण राष्ट्रवाद तभी अपना औचित्य ग्रहण कर सकता है जब मानव के मध्य जाति, नस्ल एवं रंग का विभेद भुलाकर उसमें सामाजिक भ्रातृत्व भाव को भरा जाए। जब अल्पमत बहुमत से सत्ता में कुछ अधिकार माँगते हैं तो उन्हें सहजता से साम्प्रदायिक तो कह दिया जाता है लेकिन जब उनके वाजिब हकों की बटमारी की जाती है तो इसके विरोध में कोई आवाज नहीं उठती है। इससे वैसे व्यक्ति या समूह के अधिकार के साथ-साथ उसकी स्वतंत्रता का भी हनन होता है।"[6]

वस्तुतः अम्बेडकर प्रत्येक व्यक्ति की स्वतंत्रता के प्रबल समर्थक थे। वे विखंडित भारतीय समाज की दुर्दशा से इतने दुखी थे कि भारतीय संविधान की प्रस्तावना में, 'हम भारत के लोग' की जगह 'भारत राष्ट्र' लिखे जाने के पक्षधर थे। क्योंकि उनका कहना था कि हजारों जाति में बँटे लोग एक राष्ट्र कैसे हो सकते हैं। अतः जितनी जल्दी हम यह समझ जाएँगे कि समाज तथा मानव कल्याण की दृष्टि से अभी हम एक राष्ट्र नहीं हैं उतना ही हमारे तथा राष्ट्रहित में अच्छा होगा। उस समय तक राष्ट्रवाद निरर्थक है जब तक उसमें राष्ट्रीयता की भावना विद्यमान न हो। हमारे यहाँ तो सवर्ण हिन्दू जातियाँ राष्ट्रवाद के नाम पर निम्न जातियों को धोखा दे सकती हैं, फिर यह कैसी राष्ट्रीयता है।"[7]

सामाजिक व्यवस्था का विश्लेषण

गहन अध्ययन के पश्चात बाबा साहब इस निष्कर्ष पर पहुँचे थे कि भारतीय समाज आर्य, द्रविड़, मंगोलियन, शीथियन–इन वंशों के मिश्रण से बना है।

इसमें से प्रत्येक वंश आक्रामक बनकर आया और यहीं स्थित हुआ। इन चारों वंशजों में एकजीवता नहीं आ सकी। परन्तु उनमें सांस्कृतिक एकता आ सकी और इसी सांस्कृतिक एकता के कारण भारतीय जाति-व्यवस्था का विश्लेषण अत्यधिक कठिन है। जाति स्वयं एक मर्यादित संस्था है। इसमें भोजनादि सामाजिक व्यवहार पर बन्धन डाले जाते हैं। जाति के अन्तर्गत विवाह-बंधन के कारण ही जाति-व्यवस्था सुरक्षित रह सकती है, इसे उन्होंने स्पष्ट किया है। जाति के अन्तर्गत विवाह का यह बंधन भूतकाल में भी कठोर था और आज भी है। विवाह का यह बंधन तब तक पाला जा सकता है जब तक उस जाति में स्त्री-पुरुषों की संख्या में बहुत खाई नहीं होती। पुरुषों की तुलना में अगर स्त्रियों की संख्या अधिक हो तो जाति-अंतर्गत विवाह का नियम निभाया नहीं जा सकता। अथवा किन्हीं अन्य कारणों से स्त्रियों की संख्या बढ़ गई तो इसके लिए परम्परा ने जो मार्ग बतलाए हैं उसके अनुसार मृत पति के साथ स्त्री को चिता पर जला दिया जाए। इससे स्त्री-पुरुष संख्या में विषमता नहीं आ सकती।"[8]

परन्तु प्रत्येक स्थान पर इस पद्धति को अपनाया नहीं जा सकता। उस विधवा को बिना विवाह के रखना भी धोखा है क्योंकि वह जाति से बाहर के व्यक्ति से विवाह कर सकती है। इस कारण उसे जला देना जरूरी है। अथवा जिन्दगी-भर वैधव्य अनिवार्य कर दिया जाए। अनादि काल से स्त्री की तुलना में पुरुषों को समाज-व्यवस्था में विशेष स्थान प्राप्त रहा है। इस कारण पुरुषों ने स्त्रियों पर ही अधिक बंधन डाले हैं। मृत पत्नी के साथ पुरुष को जलाने की व्यवस्था इसी कारण संभव नहीं हुई। उन्होंने कहा कि भारतीय समाज की यह मूढ़ मान्यता है कि पुरुष जाति के लिए अधिक उपकारक होता है। वह अपनी जाति के लिए संतति पैदा कर सकता है। इस कारण जो बंधन विधवा स्त्री पर डाले गए वे पुरुष पर नहीं डाले गए। उसके लिए संन्यास का एक मार्ग उपलब्ध था ही।[9] इस प्रकार स्त्री-पुरुष की संख्या समान रखने के लिए हिन्दू-परम्परा ने चार मार्ग सुझाए हैं—(1) मृत पति के साथ स्त्री को जला देना, (2) मृत्यु तक वैधव्य लादना, (3) विधुर पर ब्रह्मचर्य लादना, (4) कम उम्र की लड़की का विवाह अधिक उम्र के पुरुष के साथ करना। इन बंधनों के कारण जाति-व्यवस्था अधिक मजबूत होती गई। आगे के काल में इन सभी बंधनों का उदात्तीकरण किया जाता रहा। अपने इस सिद्धान्त को अनेक प्रमाणों सहित स्पष्ट करते हुए बाबा साहब यह सिद्ध करते है कि—"जाति-अंतर्गत विवाह ही जाति-व्यवस्था को सुरक्षित रखने के लिए कारणीभूत है।"[10]

इसी आलेख में वे एक अन्य सामाजिक सिद्धान्त को गलत साबित करते हैं—"व्यक्ति-समूह से समाज बनता है, यह एक बहुत ही स्थूल और मामूली वक्तव्य है। समाज कभी भी व्यक्ति से नहीं बनता, वह वर्ग से ही बनता है। प्रत्येक समाज में वर्ग अस्तित्व में होते हैं। वर्ग-रचना के मूल में निहित कारण अलग-अलग होते हैं। कभी आर्थिक, कभी बौद्धिक, कभी राजनीतिक कारणों से वर्ग बनते हैं। व्यक्ति किसी-न-किसी वर्ग की इकाई बनकर ही जीना चाहता है। यह एक वैश्विक सत्य है। हिन्दू समाज भी इसका अपवाद नहीं है। इस नियमानुसार वर्ग जाति में रूपान्तरित होते गए। वास्तव में 'जाति और वर्ग' यह आमने-सामने रहने वाले पड़ोसी की तरह होते हैं। बहुत मामूली भेदों के कारण उनका अस्तित्व भिन्न-भिन्न लगता है। वस्तुतः जाति स्वयं एक मर्यादित वर्ग है।

वे यह प्रश्न उठाते हैं कि वह कौन-सा पहला वर्ग था जो जाति में रूपान्तरित हुआ? दूसरे शब्दों में जाति-व्यवस्था का जनकत्व किस वर्ग को दिया जाए। अनेक प्रमाण देते हुए वे यह सिद्ध करते हैं कि आरम्भ में ब्राह्मण वर्ग जाति में बदल गया। इसी ब्राह्मण वर्ग ने इस देश की गरीब जनता पर जातिप्रथा को लादा ऐसी उनकी स्थापना है। सैकड़ों वर्षों से वर्ग के जाति में परिवर्तित होने की प्रक्रिया चल रही थी। वे यह भी स्पष्ट करते हैं कि मनु इस व्यवस्था का जन्मदाता नहीं है। मनु के सैकड़ों वर्ष पूर्व जातिप्रथा अस्तित्व में थी। मनु इस व्यवस्था को एक दार्शनिक धरातल पर ले जाकर शास्त्र का रूप मात्र देते हैं। जाति से सम्बन्धित नियमों का मनु ने केवल संकलन किया है। जाति का प्रचार-प्रसार किसी व्यक्ति या वर्ग द्वारा संभव ही नहीं है। वास्तव में जाति की मानसिकता जाति-अंतर्गत विवाह के कारण अधिक मजबूत होती गई है। विदेशी विद्वानों के अनुसार जाति की निर्मिति के मूल में पाँच कारण हैं—(1) व्यवसाय, (2) वर्गीय संस्था के अवशेष, (3) नई श्रद्धा का उदय, (4) मिश्र जातीय संतति, (5) विस्थापित हो जाना। बाबा साहब इन कारणों को निमित्तमात्र मानते हैं।"[11]

जाति-व्यवस्था का उदय

उनके अनुसार प्राचीन भारत में चार वर्ग थे—(1) ब्राह्मण अथवा उपाध्याय वर्ग, (2) क्षत्रिय अथवा सैनिक वर्ग, (3) वैश्य अथवा व्यापारी वर्ग, (4) शूद्र अथवा किसान और श्रमिकों का वर्ग। इन चार वर्गों में से व्यक्ति अपनी पात्रता के अनुसार वर्ग बदल सकता था। इसलिए किसी कालखंड में उपाध्याय वर्ग ने इतर जनता से खुद को अलग कर लिया। श्रम-विभाग के तत्वानुसार शेष जनता का

भी विभाजन शासक और सैनिक इन दो उप-विभागों में ही हुआ। यह उप-विभाग स्वयं मर्यादित वर्ग बन गए। इसी को जाति-अंतर्गत विवाह का बंधन डाल लेने के लिए क्या इन्हें मजबूर किया गया अथवा क्या स्वेच्छा से उन्होंने अपने दरवाजे बन्द कर लिए? इस प्रश्न का वे खुद उत्तर देते हैं कि–"कुछ ने खुद अपने दरवाजे बन्द कर लिए और कुछ को यह अनुभव हुआ कि उनके लिए दरवाजे बन्द हो चुके हैं। पहली स्थिति मनोवैज्ञानिक है और दूसरी यान्त्रिक, पर ये दोनों परस्पर पूरक हैं। अपने दरवाजे प्रथमतः उपाध्याय वर्ग ने बन्द किए ऐसी उनकी स्थापना है। इस कारण अन्य वर्गों या जातियों ने धीरे-धीरे इसको स्वीकार लिया।"[12]

अनुकरण की प्रवृत्ति मनुष्य की मूल प्रवृत्ति है

वॉल्डर बॅग हॉट ने कहा है कि–"अनुकरण की प्रवृत्ति ऐच्छिक है अथवा सोच-समझकर पैदा की जाती है, ऐसा समझना ही भ्रमपूर्ण है। यह प्रवृत्ति अचेतन मन में होती है। अचेतन मन की यह इच्छा प्रत्यक्ष प्रकट होने तक व्यक्ति को समझ में ही नहीं आता कि क्या हुआ है। इस प्रकार अनुकरण द्वारा जातियाँ अधिक बदतर होती गईं। उनके और भी भेद-उपभेद होते गए। अनुकरण के सम्बन्ध में दूसरा सत्य यह है कि–(1) जिसका अनुकरण किया जाता है उसकी प्रतिष्ठा समाज में सम्मान की होनी चाहिए, (2) उस समाज के लोगों का परस्पर सम्बन्ध नित्य होना चाहिए। इस सिद्धान्त के आधार पर वे यह स्पष्ट करते हैं कि भारतीय समाज-व्यवस्था में ब्राह्मणों को अत्यधिक आदर का स्थान प्राप्त था। वह देव ही नहीं, भूदेव कहलाते थे। उनका नित्य सम्बन्ध समाज के इतर जनों से रहता था। इस प्रकार वर्ग जाति में बदलते गए। जाति-अंतर्गत विवाह के बंधन के कारण वे अधिक स्थितिशील बन गए। इस पूरी प्रक्रिया में ब्राह्मणों का महत्त्व बढ़ता गया। बाद में इसके अनुकूल शास्त्रग्रन्थ बने। जाति-अंतर्गत नियमों की कठोरता ब्राह्मण वर्ग में सर्वाधिक थी। विवाह के सम्बन्ध में यह कठोरता उनमें अधिक पाई जाती थी। यह कठोरता धीरे-धीरे वर्ण और जाति के क्रमानुसार कम होने लगती है।"

विवाह प्रथा की कठोरता का विरोध

ब्राह्मणों के बाद क्षत्रियों में जाति-अंतर्गत विवाह, वैधव्य और सतीप्रथा को कठोरता से पाला जाता था। वृद्ध-विवाह और बाल-विवाह इनमें अधिक थे। परन्तु

इनके नीचे की जातियों में इतनी कठोरता नहीं मिलती है। जाति-पद्धति को बनाए रखने के लिए बनी प्रथाओं का विरोध जरूरी हो जाता है। जाति के सामाजिक, धार्मिक और आर्थिक नियमों के विरोध में अगर विद्रोह शुरू हुआ तो सम्पूर्ण विषम व्यवस्था के ही नष्ट होने की संभावना होती है। इस कारण जाति से बहिष्कार की आवश्यकता महसूस हुई। प्रत्येक जाति में इतनी बन्दिश होने लगी कि उसने अपने दरवाजे औरों के लिए बन्द कर दिए। किसी जाति में से अगर कोई विद्रोह करता और इतर जाति के कई उसके अनुयायी हो जाते तो उन सबके लिए उनकी अपनी जाति के दरवाजे बन्द हो जाते। इन्हें बहिष्कृत किया जाता। परिणामस्वरूप इन विद्रोहियों की एक नई जाति बनती। इस प्रकार जातियों की संख्या में बढ़ोतरी होती गई है।

जाति का आधार 'श्रद्धा' है। अपने-अपने दड़बों में बन्द ये जातियाँ औरों के लिए अपने दरवाजे भले ही बन्द कर रखती हों, तो भी इन सबमें एक गंभीर प्रकार की सांस्कृतिक एकता है। एक वृहद् सांस्कृतिक एकता रखने वाले समाज का एक छोटा-सा टुकड़ा जाति है। जाति की शुरुआत करनेवाली पहली एक जाति है। अनुकरण और बहिष्कार के कारण वर्गों का रूपान्तरण जाति में होता गया।

इस प्रकार अत्यंत दुरूह, क्लिष्ट और अनेक गुत्थियों में फँसी हुई भारतीय समाज-रचना की उत्पत्ति का सिद्धान्त डॉ. अम्बेडकर ने बहुत परिश्रम के साथ प्रस्तुत किया है। अपने इस आलेख के अंत में वे पूरी नम्रता के साथ कहते हैं कि उनके निष्कर्ष ठोस नींव पर खड़े हैं, पर ये निष्कर्ष अंतिम नहीं हैं। शोध की एक दिशा की ओर यहाँ संकेत किया गया है, ऐसा वे कहते हैं।

लाहौर में आर्य समाज के तत्वावधान में जात-पाँत तोड़ो मंडल कई वर्षों से कार्यरत था। इस समिति के गोपीचन्द नारंग और हर भगवान ने बाबा साहब से यह निवेदन किया कि वे उनके अधिवेशन की अध्यक्षता करें। बाबा साहब ने इस निमंत्रण को स्वीकार कर अपने स्वभाव के अनुसार काफी परिश्रम के साथ एक आलेख तैयार किया। इस आलेख को उन्होंने सभा सचिव के पास भेज दिया। इस आलेख में आर्यसमाज के वर्ण-व्यवस्था विषयक विचारों पर प्रहार किया गया था। इस कारण सभा सचिव ने इसका वाचन नहीं करवाया।

व्यवसाय स्वतंत्रता-समर्थक

बाबा साहब ने प्रतिपादित किया कि भारतीय सामाजिक संरचना में देखने को भले लगे कि इसमें व्यवसाय चयन की स्वतंत्रता है किन्तु वास्तविकता कुछ और

ही है। उद्योग-व्यवसाय चुनने की स्वतंत्रता इस समाज-रचना ने नहीं दी है। अपनी भीतरी ऊर्जा-शक्ति के अनुरूप उद्योग-व्यवसाय चुनने की स्वतंत्रता समाज और व्यक्ति की कार्यक्षमता की दृष्टि से अत्यंत जरूरी है। इस प्रकार के चुनाव की स्वतंत्रता को ही हिन्दू समाज ने छीन लिया है। बात केवल यहीं तक सीमित नहीं है, अपितु श्रम के अनेक व्यवसायों को परम्परा ने घृणास्पद घोषित किया है। न केवल उन व्यवसायों को, अपितु उन व्यवसाय करने वाली जातियों को भी घृणा और तिरस्कार से देखा है। इस कारण मनुष्य की ऊर्जा-शक्ति, उसकी संवेदन क्षमता ही नष्ट होती गई है। जब सम्पूर्ण समाज किसी समूह को तिरस्कार, उपेक्षा और अस्पृश्य के रूप में देखता है तो उस समूह का संवेदनशून्य बनना एक स्वाभाविक प्रक्रिया है। इस कारण एक आर्थिक संस्था की दृष्टि से भी वे जाति संस्था को एक विशेष जहरीली संस्था के रूप में देखते हैं। एक ऐसी संस्था जो मनुष्य की प्राकृतिक ऊर्जा-शक्ति और संवेदन क्षमता को तथाकथित सामाजिक नियमों में जकड़कर खत्म कर देती है, उसे वे मानव मस्तक पर एक कलंक मानते हैं।[13]

व्यावहारिक एवं वैज्ञानिक दृष्टिकोण के पृष्ठपोषक

जाति को निर्मूल मानते हुए बाबा साहब कहते हैं कि—जाति और वर्ण के संरक्षण के लिए कुछ लोग जीवशास्त्र का आधार लेते हैं। जीवशास्त्र विषयक और वैज्ञानिकों के सिद्धान्तों का आधार लेते हुए वे वंशवाद का खंडन करते हैं। प्रो. बेटसन के 'मेंडवेस प्रिंसपल्स ऑफ हेरिडिटी' ग्रन्थ का उद्धरण देते हुए वे वंश-सिद्धान्तों का खंडन करते हैं। वे लिखते हैं—"जाति पद्धति आधुनिक सन्ततिशास्त्र का मूर्त रूप नहीं है, उल्टे जन्मतः जिन्हें श्रेष्ठ सामाजिक स्थान मिला था, ऐसे कुटिल और स्वार्थी हिन्दुओं की उद्दाम वृत्ति का मूर्त रूप ही जाति-संस्था है।" हिन्दू समाज की मानसिकता का विश्लेषण करते हुए वे यह स्पष्ट करते हैं कि आदर्श हिन्दू वही कहलाता है जो अपने दड़बे में चूहे की तरह सुरक्षित रहता है। किसी भी बाहरी प्रभाव को वह स्वीकार नहीं करता। इसके परिणामस्वरूप ही हिन्दू एक अखंड संघ और राष्ट्रवादी नहीं बन सका है। केवल रूढ़ियों और श्रद्धाओं की समानता से राष्ट्र एक नहीं होता। उस राष्ट्र में स्थित वस्तुओं पर सबका अधिकार हो तो ही राष्ट्रीयत्व का एहसास बढ़ता है। यहाँ तो मन्दिर से लेकर कुएँ तक प्रत्येक की अपनी-अपनी स्वतंत्रता है। सभी के अधिकार की चीजें यहाँ नाममात्र हैं। तो फिर राष्ट्रीयत्व कैसे संभव है? दूसरी

महत्त्वपूर्ण बात सहभाग की है। कार्य धार्मिक हो या सामाजिक या राष्ट्रीय, प्रत्येक को समान रूप से भाग लेने की स्वतंत्रता होनी चाहिए। 'स्वतंत्रता है' ऐसा एहसास प्रत्येक को होना चाहिए। यह एहसास ही राष्ट्रीयत्व की अभिवृद्धि के लिए कारणीभूत होता है। इन दोनों बातों का अभाव हिन्दू धर्म में है।[14] यह सब मात्र जाति की जटिलता को जानबूझकर कुछ स्वार्थी लोगों के द्वारा कायम रखने के कारण है।

अंधानुकरण नहीं, विवेकाश्रित निर्णय के पक्षधर

हिन्दुओं का साहित्य कुछ विशिष्ट वंशों के गान से भरा हुआ है। एक जाति की श्रेष्ठता बतलाते-बतलाते दूसरी जाति की निन्दा की गई है। एक की महानता बतलाते हुए दूसरे की निकृष्टता यहाँ स्पष्ट की जाती है। इस कारण एक जाति दूसरी जाति को अपना शत्रु मानती है। इस तरह—"हिन्दू समाज केवल जाति की क्रमबद्धता ही नहीं है, अनेक शत्रु गुटों का एक समूह भी है।" बाबा साहब पूछते हैं—क्या इस बुराई से सभी भारतीय कुप्रभावित नहीं हैं? फिर यह मात्र दलित प्रेम कैसे हो गया?

जाति-व्यवस्था से जो दोष हिन्दू समाज में आए उनका विस्तृत विश्लेषण करते हुए वे यह सवाल उठाते हैं कि क्या इन दोषों से हम मुक्त हो सकते हैं? जाति-व्यवस्था नष्ट कैसे की जा सकती है? जाति-व्यवस्था नष्ट करने के लिए सर्वप्रथम उपजातियाँ नष्ट करनी चाहिए, ऐसी एक धारणा है। यह धारणा कैसे गलत है, इसे वे स्पष्ट करते हैं। उपजातियाँ नष्ट करने के इस प्रयत्न में जातियाँ अधिक मजबूत और शक्तिशाली बनेंगी इसे वे सप्रमाण सिद्ध करते हैं। कुछ लोग अंतर्जातीय सहभोज की कल्पना रखते हैं। उनके अनुसार यह उपाय भी अधूरा है।[15]

अंतर्जातीय विवाह : जाति प्रथा मिटाने का अमोघ अस्त्र

'अंतर्जातीय-विवाह'—यही एकमात्र उपाय जाति-व्यवस्था तोड़ने के लिए है, ऐसा वे सुझाते हैं। रक्त सम्बन्धों के कारण ही आत्मीयता की भावना तैयार होती है। इसी कारण अंतर्जातीय-विवाह अधिकाधिक होते जाएँ तो जाति के बंधन कमजोर होते जाएँगे। एक-दूसरे के प्रति अधिक आत्मीयता तैयार होती जाएगी। जाति-व्यवस्था मनुष्य-निर्मित है, वह नष्ट की जा सकती है। जाति एक काल्पनिक व्यवस्था है, एक मानसिक वृत्ति है, वह नष्ट की जा सकती है। किसी

की मानसिकता को बदलना आसान काम नहीं है। हिन्दू जाति का पालन करते हैं इसका एकमात्र कारण यह है कि हिन्दू मूलतः धार्मिक हैं, जाति को धार्मिकता से जोड़ा गया है। हिन्दू धर्म ने ही एक गलत अमानवीय कुव्यवस्था का समर्थन किया है। शास्त्रों में जाति-धर्म की परम्परा को बनाए रखा है। शास्त्रों की हँसी उड़ाकर यह व्यवस्था खत्म होने वाली नहीं है। इसके विरोध में प्रखर बुद्धिवाद और समतावादी समाज-रचना के प्रति प्रतिबद्धता की नितांत आवश्यकता है। जाति और वर्णाधिष्ठित लोगों के आचरण के मूल में हजारों वर्षों से आई श्रद्धाएँ हैं, समर्थन करने वाला शास्त्र है। इस कारण उन शास्त्र और परम्परा पर टूट पड़ना एकमात्र उपाय नहीं है। उनकी कमजोरी तथा असत्यता को सप्रमाण उद्घाटित करना होगा और शिक्षा के प्रचार-प्रसार के द्वारा इस मशाल को जन-जन तक पहुँचाना होगा। साथ ही उन पर के अंधविश्वासों को खत्म कर देना हेगा। अंतर्जातीय-विवाह का नारा लगाकर काम नहीं होगा। शास्त्रों का खंडन करना होगा। शास्त्रों की केवल नई व्याख्या से बात बनने वाली नहीं है, शास्त्रों को पूर्णतः नकारना और उनकी स्थापना को भी अमान्य करना जरूरी है। उनकी इसी मान्यता के कारण आर्यसमाजी रूठ गए थे। आर्यसमाजी वेदों की श्रेष्ठता को छोड़ने को तैयार नहीं थे। जन्माधिष्ठित वर्ण-व्यवस्था के स्थान पर कर्माधिष्ठित वर्ण-व्यवस्था में उनका विश्वास था। इस विश्वास के कारण समूह शास्त्रों से फिर से जुड़ने वाला था। बाबा साहब ने कहा—शब्दों की अलग व्याख्या करने से मानसिकता बदल नहीं सकती। इससे आर्यसमाज फिर से एक स्वतंत्र जाति में बदल जाएगा और सम्पूर्ण समाज जहाँ का तहाँ रह जाएगा।

आर्यसमाज व्यक्ति के कर्मों की ओर ऊँच-नीच की दृष्टि से देखता है। शारीरिक श्रम करने वालों को वह 'शूद्र' ही कहता है। उन्होंने कहा—"जब-जब आदर्श और काल्पनिक वर्ण-व्यवस्था का प्रचार करते हैं, तब-तब जातियों से चिपककर जीने का एक बहुत बड़ा आधार जनसामान्य को मिल जाता है। इस कारण वर्ण-व्यवस्था की काल्पनिक उपयोगिता का समर्थन कर आप (आर्यसमाजी) सामाजिक सुधार का बहुत बड़ा नुकसान करते जा रहे हैं।[16] वर्ण-व्यवस्था की जड़ों पर ही आघात की आवश्यकता है। जब तक ये जड़ें तोड़ नहीं डाली जाएँगी, तब तक अस्पृश्यता की मानसिकता समाप्त नहीं हो सकती। अस्पृश्यता और जातिभेद नष्ट करने के लिए शास्त्रों से आधार ढूँढ़ने का प्रयत्न वास्तव में कीचड़ को कीचड़ से ही साफ करने का हास्यास्पद प्रयत्न है।

इस तरह बाबा साहब के द्वारा पूरी तटस्थता और निर्भयता के साथ भारतीय समाज-रचना की चिकित्सा करते हुए, इससे जाति व्यवस्था को नष्ट करने हेतु

अंतर्जातीय-विवाहों का खुला प्रतिपादन किया गया है। इस प्रकार के विवाह बहुत तेजी से और बहुत बड़ी संख्या में होने चाहिए, ऐसा वे आग्रह करते हैं। शास्त्र के प्रति उनके विचारों के कारण ही आर्यसमाज ने उन्हें आलेख पढ़ने नहीं दिया। बाबा साहब ने इस आलेख को प्रकाशित किया और देशभर के समाज-सुधारकों और विद्वज्जनों के पास प्रतिक्रिया के लिए भिजवा दिया। महात्मा गांधीजी ने 'हरिजन' में इस पर एक टिप्पणी लिखकर अपनी घोर असहमति व्यक्त की। वर्ण-व्यवस्था का खंडन तथा शास्त्रों के प्रति डॉ. अम्बेडकर के उद्गार उन्हें मान्य नहीं थे। इस सम्बन्ध में श्री संतरामजी और गांधीजी की टिप्पणियाँ प्रकाशित हुईं। महात्मा गांधी जी की टिप्पणियों पर बाद में डॉ. अम्बेडकर ने विस्तृत उत्तर दिया। उन्होंने लिखा–

1. जातिभेद के कारण ही हिन्दुओं का नाश हुआ।
2. वर्ण-व्यवस्था के आधार पर हिन्दू समाज का पुनर्गठन असंभव है। वर्ण-व्यवस्था कानूनन बन्द करनी चाहिए।
3. वर्ण-व्यवस्था के आधार पर हिन्दू समाज का पुनर्गठन श्रेयस्कर नहीं है, क्योंकि यह व्यवस्था सामान्य जनता का ज्ञान का अधिकार नकारकर उसकी अधोगति करती है और शास्त्र का अधिकार नकार कर उसे पौरुषहीन बनाती है।
4. हिन्दू समाज के पुनर्गठन की आवश्यकता ऐसे धर्मतत्वों के आधार पर संभव है जिनका सम्बन्ध समता, स्वतंत्रता तथा बन्धुभाव से जुड़ा है।
5. इस उद्देश्य की सफलता के लिए जातिभेद तथा वर्ण को, जिस पर धर्म का आधार है, उस आधार को ही नष्ट करना चाहिए।
6. शास्त्रों को जब भगवद्गीता मानने की मानसिकता खत्म हो जाएगी तभी जाति और वर्ण का आधार नष्ट हो सकता है।[17]

मानवता तथा राष्ट्रीयता

अपने पूरे विवेचन में वे यह सिद्ध करते हैं कि हमारे चिन्तन का मूल आधार 'मनुष्य' होना चाहिए। इस मनुष्य को उसके मानवीय अधिकार उपलब्ध करा देना हमारी नैतिक जिम्मेवारी है। शास्त्रों ने मानवीय अधिकार ही छीन लिए इसलिए उनको नकारना जरूरी है। वास्तव में यह आलेख आज भी प्रासंगिक है। इस आलेख के एक-एक शब्द के पीछे बाबा साहब की मनुष्य के प्रति निष्ठा और श्रद्धा व्यक्त होती है।

1940 में, डॉ. अम्बेडकर की एक पुस्तक 'थॉट्स ऑन पाकिस्तान' प्रकाशित हुई। इस पुस्तक के माध्यम से मुसलमानों के सम्बन्ध में उनके विचारों को हम जान सकते हैं। मुसलमानों के प्रति उनकी अपनी विशिष्ट धारणाएँ हैं और आश्चर्य इस बात का है कि ये धारणाएँ कट्टर हिन्दुत्ववादियों की तरह ही हैं। "मुसलमान एक राष्ट्र है। इस देश पर जिनकी निष्ठाएँ संशय से भरी हुई हैं उन मुसलमानों को हिन्दुस्तान में रहने की अपेक्षा हिन्दुस्तान के बाहर चले जाना अधिक योग्य है।" भीतरी दंगों की अपेक्षा इन दोनों धर्मों के लोग अलग-अलग हिस्सों में चले जाएँ ऐसा वे कहते हैं। पाकिस्तान का समर्थन करते हुए उन्होंने कहा—"देश-विभाजन हमें मान्य करना चाहिए। केवल मान्य ही नहीं, अपितु आगे के दंगों को रोकने के लिए तथा हिन्दू-इस्लाम में बंधुत्व के संवर्द्धन हेतु भी दो भाइयों की तरह होने वाले विभाजन में, वह भी जब इसके लिए देश भर में आपसी वैमनस्य तथा दूराव का माहौल बनता जा रहा है तो विभाजन में बुराई क्या है?" इसके कारण को और स्पष्ट करते हुए वे कहते हैं—"मुसलमानों में अब (1940) एक नई चेतना विकसित हो रही है। उन्हें स्वतंत्र राष्ट्र दे देना चाहिए। अखंड हिन्दुस्तान कभी भी केन्द्रीय और एकजीव हो नहीं सकता।"[18] उनके इन विचारों के कारण उन दिनों उन पर भयंकर टीका हुई। पाकिस्तान का उन्होंने समर्थन किया था इसलिए मुसलमान खुश थे। उनके विचारों का खंडन करने के लिए बाद में अनेक ग्रंथ प्रकाशित हुए। लेकिन अंततः क्या हुआ वह सबको मालूम है। यदि बाबा साहब का सुझाव मान लिया गया होता तो न तो विभाजन के समय जैसी त्रासदी का हमें साक्षी बनना पड़ता और न पाकिस्तान के साथ हमारे आज जैसे कटु सम्बन्ध होते। तिस पर अरुण शौरीजी को बाबा साहब की राष्ट्रभक्ति पर संदेह होता है तो इसे क्या कहा जा सकता है।

गुलाम-प्रथा और अस्पृश्यता : भारत में मनुष्य के साथ मनुष्य के द्वारा ही अस्पृश्यता की अंधपरंपरा तथा बेबुनियाद मान्यता के कारण किए जाने वाले अमानवीय व्यवहार को रेखांकित करते हुए मानव समाज में प्रचलित दो घृणित प्रथाओं का जिक्र करते हुए डॉ. अम्बेडकर ने कहा कि—"अस्पृश्यता और गुलाम-प्रथा में कौन-सी प्रथा अच्छी या बुरी है, इसे आधार मानकर उठाए जाने वाले तर्क का उत्तर देने के लिए सबसे अच्छा उपाय इन दोनों के बीच अर्थात अस्पृश्यता का गुलाम-प्रथा के साथ, जैसी कि यह प्राचीन रोम और आधुनिक अमेरिका में थी, तुलना करना और उनके अन्तर को स्पष्ट करना आवश्यक है।"[19]

रोमन साम्राज्य में व्यवहार में गुलामों की क्या स्थिति थी? जहाँ तक मेरी जानकारी है, इसका सबसे अच्छा विवरण श्री बैरो की 'स्लेवरी इन रोमन एम्पायर' नामक पुस्तक में मिलता है। श्री बैरो लिखते हैं–

"अब तक जो चित्रण किया गया, वह घरों की गुलाम-प्रथा का घृणित पक्ष है। इसका एक दूसरा पक्ष भी है। साहित्य में घरों को सामान्य रूप में चित्रित किया गया है जो निश्चय ही अपवादस्वरूप है। निस्संदेह गुलाम भारी संख्या में होते थे, और ये प्रायः रोम में पाए जाते थे। इटली और अन्य प्रांतों में दिखाने के लिए इनकी आवश्यकता घरों में कम थी। इनके गुलाम भारी संख्या में खेतों में काम करने और इससे जुड़े उत्पादकता कार्यों के लिए लगाए जाते थे। वहाँ इन गुलामों के बीच आपसी सम्बन्ध ठेकेदार और मजदूरों के बीच जैसा होता था, उनमें से एक उनका मुखिया होता था, बाकी उसके अधीन काम करते थे। प्लिनी का अपने गुलामों के प्रति दयापूर्ण व्यवहार प्रसिद्ध है। वह अपने गुलामों के प्रति यह व्यवहार धार्मिक भावना से प्रेरित होकर या इस इच्छा से नहीं करता था कि आगे आने वाली पीढ़ी की दृष्टि में वह अच्छा समझा जाएगा और यह पीढ़ी उसके उन पत्रों को पढ़ेगी जिसमें उसने अपने गुलामों की मुसीबतों और मृत्यु का वर्णन किया है। प्रत्येक घर (या प्लिनी) उसके गुलामों के लिए मानो एक गणराज्य था। प्लिनी का अपने गुलामों के साथ व्यवहार सामान्य या कभी-कभी के व्यवहार की तुलना में इतना अच्छा मान लिया जाता है कि उसे कोई ठोस साक्ष्य नहीं माना जाता है। इस दृष्टिकोण के लिए कोई कारण समझ में नहीं आता।

अमीर लोग कुछ तो दिखावे के लिए और कुछ सचमुच साहित्यिक रुचि के कारण अपने-अपने घरों में ऐसे गुलाम रखा करते थे, जो साहित्य और कला में दक्ष होते थे। 'क्लाविससेस सेबीनस' के बारे में 'सैनेडा' का कहना है कि उसने अपने ग्यारह गुलामों को होमर, हैसीओइड और नौ अन्य गीतकारों की रचनाएँ कंठस्थ करा दी थीं। जब उसके एक मित्र ने इस पर यह टिप्पणी की कि इससे सस्ती तो किताबों की अलमारियाँ होंगी, तब यह उत्तर दिया गया कि नहीं, जो घर का मालिक जानता है, घर के सभी लोग भी वही जानें। इन अतिशयोक्तियों के अलावा, सच्चाई तो यह है कि छपाई आदि की सुविधा नहीं होने के कारण पढ़े-लिखे गुलाम आवश्यक समझे जाते होंगे। व्यस्त वकील, काव्यप्रेमी, कवि, दार्शनिक और साहित्यिक अभिरुचि के व्यक्तियों को नकलनवीसों, रीडरों और लिपिकों की आवश्यकता होती थी। ऐसे लोग स्वाभाविक रूप से भाषा वैज्ञानिक भी होते थे। एक पुस्तक विक्रेता का दावा है कि वह लैटिन और ग्रीक साहित्य

का विद्वान है। आशुलिपिकों की भरमार थी। निजी और सार्वजनिक पुस्तकालयों में लाइब्रेरियन होते थे।...शासन में आशुलिपि की सहायता लेना साधारण बात थी, और गुलाम नाजिरों को नियमित नौकरियाँ मिलती थीं। एक विशेष शोध-प्रबंध में स्नेटोनियस ने बहुत से मुक्त गुलाम शास्त्रकारों और वैयाकरणिकों का उल्लेख किया है। आगस्टस के पोते का अध्यापक वैरीअस फलाकस था, और उसकी मृत्यु हो जाने पर उसकी मूर्ति लगाकर उसका सार्वजनिक रूप से सम्मान किया गया। स्क्रीबोनियस एफ्रोडीसियस एक गुलाम था। वह ओरबीलियस का शिष्य था, जो बाद में स्किबेनिया द्वारा आजाद कर दिया गया था। हाईजीनियस, पैलेटाइन पुस्तकालय का लायब्रेरियन था। इस कार्यालय में उसके पश्चात उसी के द्वारा आजाद किए गए जूलियस मोडेसटस नामक गुलाम को नियुक्त किया गया। हमें एक गुलाम दार्शनिक का भी पता चलता है, जिसके अनेक मुक्त किए गए गुलाम इतिहासकार होते थे। इस दार्शनिक को अपने मालिक, गुलामों के दोस्तों, और मुक्त हुए गुलाम वास्तुकारों के साथ बहस के लिए प्रोत्साहित किया जाता था। शिलालेखों में मुक्त किए ऐसे गुलामों का बार-बार उल्लेख मिलता है, जो डॉक्टर होते थे। इनमें से कुछ विशेषज्ञ भी थे। जैसा कि एक या दो उदाहरणों से पता चलता है, इनका प्रशिक्षण बड़े-बड़े घरानों में गुलाम के रूप में हुआ। ये कुछ दिन पश्चात प्रख्यात हो गए और मोटी फीस लेने के लिए बदनाम हो गए।

समाज के कुछ वर्गों द्वारा नर्तकों, गायकों, संगीतकारों, खेलकूद प्रशिक्षकों आदि की माँग हुई। गुलामों में इस कोटि के लोग भी हुए। इनमें से कुछ को शिक्षकों द्वारा प्रशिक्षित भी किया गया और उन्होंने ख्याति अर्जित की।

आगस्टस के समय में वाणिज्य और उद्योगों का विस्तार हुआ। इससे पहले भी गुलामों को (कला और शिल्प) के कार्यों में लगाया जाता था। परन्तु व्यापार में अचानक वृद्धि हो गई, अन्यथा उन्हें अधिक संख्या में रखना व्यर्थ होता। रोम निवासी और भी खुलकर विभिन्न व्यावसायिक और औद्योगिक गतिविधियों में लग गए। चूँकि व्यापारिक गतिविधियाँ और अधिक बड़े पैमाने पर होने लगीं और दलालों का महत्त्व और अधिक बढ़ गया, तो भी ये दलाल वही होते थे, जो गुलाम थे। यह इस कारण था कि गुलामी की शर्तें लचीली होती थीं। यह इसलिए भी लचीली होती थीं कि जिससे किसी भी गुलाम को यह लालच दिया जा सके कि वह धन और स्वतंत्रता की आशा से कार्य करे और उनमें इतनी बंदिश भी रहे कि जिससे गुलाम द्वारा अपने मालिक को अपने दुर्व्यवहार के कारण हुए नुकसान की भरपाई करने की गारंटी भी रहे। व्यापार में किसी गुलाम

और उसके मालिक अथवा अन्य व्यक्ति के बीच व्यावसायिक शर्तें आम बात थीं और इस प्रकार किया गया कार्य निस्संदेह बहुत लाभकारी था।...गुलामों को भूमि किराए पर देने की प्रथा का ऊपर जिक्र किया जा चुका है...और यह प्रणाली उद्योगों में कई रूपों में प्रचलित थी। मालिक किसी भी गुलाम को अपने बैंक या जहाज के उपयोग की इजाजत दे सकता था, लेकिन शर्त यह होती थी कि वह उसे इसके बदले में निश्चित राशि या कमीशन देगा।[20]

ये गुलाम जो कुछ कमाते, वह कानून की दृष्टि में उनकी संपत्ति बन गई और जिसे वे विभिन्न प्रयोजनों पर खर्च कर सकते थे। निस्संदेह अधिकांश मामलों में यह धनराशि या तो भोजन पर खर्च होती या आमोद-प्रमोद पर खर्च होती। यह संपत्ति कोई थोड़ी बचत नहीं होती थी जिसे वह कभी-कभी कमाते और मौज-मस्ती के लिए उड़ा देते हों। जो गुलाम अपने मालिक के कारोबार को इस लायक बना देते कि उससे लाभ होने लगे और उन्हें खुद भी लाभ हो, वे यह भी कोशिश करते कि उन्होंने जो कुछ खर्च कर दिया है उसकी भरपाई भी हो जाए। वह अपनी इस अतिरिक्त आय को अपने मालिक के कारोबार में या उससे भिन्न किसी दूसरे कारोबार में फिर से लगा देते। वह अपने मालिक के साथ व्यापारिक सम्बन्ध रखते और मालिक उन्हें बराबर का हिस्सेदार मान लेते या वे किसी के साथ करार करते। वह अपनी संपत्ति अथवा अपने कारोबार के इंतजाम के लिए मुख्तार भी रख लेते और इस प्रकार उनकी संपत्ति में केवल भूमि, भवन, दुकानें ही नहीं होती थीं, बल्कि अधिकार-पत्र और दावे भी होते थे।

व्यापार में लगे गुलामों के अनगिनत कारोबार होते, उनमें से बहुत से दुकानदार होते जो खाने की तरह-तरह की सामग्री बेचते, जैसे—रोटी, मांस, नमक, मछली, शराब, सब्जियाँ, फल, शहद, दही, बतखें और ताजा मछलियाँ आदि। कुछ गुलाम कपड़े, चप्पलें, जूते, गाउन और मेंटल आदि बेचते थे। रोम में सर्कस मामीमस या पोर्टिकस ट्रिगमिमस या इसक्विलाइन मार्केट या दि ग्रेट मार्ट (कैओलिन पहाड़ी पर स्थित) या सुबर्रा नामक स्थानों पर इनकी दुकानें थीं।...

पेम्पेई में सैसीलियस जुकुंडस के घर पर जो रसीदें मिलीं, उनसे यह स्पष्ट पता चलाता है कि ये गुलाम कितनी अधिक संख्या में अपने-अपने मालिकों के यहाँ मुख्तार और एजेंटों के रूप में काम किया करते थे।

यह बात कोई आश्चर्यजनक नहीं लगती कि राज्य के अधीन भी गुलाम हुआ करते थे। आखिरकार युद्ध करना तो राज्य का ही कार्य था और इससे जो बंदी

बनाए जाते, वह राज्य की ही तो संपत्ति होती थी। आश्चर्यजनक तो यह है कि राज्य में इन गुलामों से बड़े-बड़े काम लिए जाते और यह कि इन्हें समाज में विशेष पद प्राप्त थे।

किसी साम्राज्य के लिए 'राज्य का गुलाम' शब्द का अर्थ यह होने लगा कि वह गुलाम राज्य में शासन के विभिन्न पदों में से किसी पद पर नियुक्त है, उसका एक निश्चित कर्तव्य है तथा समाज में प्रायः उसकी एक प्रतिष्ठा है। राज्य के गुलाम, नगर के गुलाम और सीजर के गुलाम से क्रमशः ऐसे कर्मचारियों का बोध होने लगा, जैसे कि आजकल सिविल सेवाओं के उच्च और समस्त अवर पद या नगर निगम में कार्यरत कार्मिक होते हैं। (कोषागार के) अधीनस्थ अनेक लिपिक और वित्तीय अधिकारी काम करते थे। इनमें सभी मुक्त गुलाम होते थे। ये लोग जो व्यवसाय करते, उसका क्षेत्र व्यापक होता...जैसे टकसाल... यहाँ इसका प्रधान कोई सामंत होता, जो सारी टकसाल का अधिकारी होता था...इसके अधीन एक मुक्त गुलाम होता और उसके अधीन अनेक मुक्त गुलाम और गुलाम होते थे। लेकिन कुछ विशेष संकट के समय एक या दो अवसरों को छोड़कर इन गुलामों को एक कार्य से बिल्कुल अलग रखा जाता था। उन्हें सेना में शामिल होकर युद्ध करने की अनुमति नहीं थी, क्योंकि ये इस सम्माननीय कार्य के योग्य नहीं समझे जाते थे। हो सकता है कि इसके अन्य कारण भी हों, अधिक संख्या में गुलामों का शस्त्रास्त्रों के प्रयोग का विधिवत् प्रशिक्षण खतरनाक प्रयोग हो सकता था। अगर इन्हें सेना में रख भी लिया जाता तो इन्हें युद्ध करने बहुत कम भेजा जाता और इन्हें नियमित रूप से सेना के हरावल में रखा जाता था, जहाँ ये भारी संख्या में सेवक के रूप में काम करते और इनसे रसद की ढुलाई करने का काम लिया जाता था। नावों के बेड़ों में गुलाम काफी संख्या में होते थे।

अब हम अमेरिका में नीग्रो लोगों के बारे में उनके उस युग की वास्तविक दशा पर विचार करेंगे, जब कानून की दृष्टि में वे गुलाम माने जाते थे। यहाँ कुछ ऐसे तथ्य दिए जा रहे हैं, जिनसे उनकी दशा पर पर्याप्त प्रकाश पड़ता है।

लैफायत ने स्वयं यह देखा कि क्रांति के दौरान श्वेत और अश्वेत नाविकों और सैनिकों ने एकजुट हो आपस में बिना किसी कटुता के संघर्ष किया। उत्तरी कैरोलिना के ग्रानविले काउंटी में जॉन चैविस नामक एक मूल नीग्रो था, जिसकी शिक्षा-दीक्षा प्रिंस्टन विश्वविद्यालय में हुई थी। वह श्वेत छात्रों के लिए एक प्राइवेट स्कूल चलाता था। उसे स्थानीय चर्च द्वारा राज्य में श्वेतों की सभाओं में प्रवचन करने का भी अधिकार मिला हुआ था। उसके शिष्यों में से एक शिष्य

उत्तरी कैरोलिना का गवर्नर और दूसरा राज्य का एक प्रमुख विग सीनेटर भी हुआ। उसके दो शिष्य उत्तरी कैरोलिना के मुख्य न्यायाधीश के पुत्र थे। राज्य की सबसे बड़ी सैनिक अकादमी के संस्थापक का पिता उसके स्कूल में पढ़ा और उसी के घर में रहा।...इस प्रकार गुलाम हर प्रकार का कार्य करते थे। नीग्रो गुलामों में जो अधिक प्रतिभाशाली होते थे, उन्हें कारीगर का प्रशिक्षण दिया जाता था, जिससे उनका उपयोग हो सके और उनकी सेवाएँ ठेके पर दी जा सकें। गुलाम कारीगरों से बाजार में उपलब्ध दूसरे सामान्य कारीगरों की अपेक्षा दुगुनी आय होती थी। उस्ताद कारीगरों के अपने कर्मचारी होते थे। चूँकि इस पद्धति का विकास होता गया, कुछ उस्ताद कारीगर अपने गुलाम कारीगर को अपनी बचत से जो उन्हें सामान्यतः किए गए काम से अधिक काम करने से होती, उन्हें खरीद लिया करते थे।[21]

काम छोड़कर भाग जाने वाले गुलामों और उनकी बिक्री के बारे में जो विज्ञापन प्रकाशित होते, उनसे इस परिपाटी के विकसित हो जाने की पुष्टि होती है। इन लोगों को गरीब श्वेत मजदूरों के बराबर या उनसे अधिक वेतन मिलता और अपने उस्तादों के प्रभाव से अच्छे से अच्छा काम मिल जाता था। 1838 में एथेन्स और जार्जिया में चिनाई व लकड़ी का काम करने वालों के ठेकेदारों को एक याचिका दी गई कि वे नीग्रो मजदूरों को तरजीह देना बंद कर दें। कानूनी तौर पर, नैतिक दृष्टि से और नागरिकता की दृष्टि से इस देश और राज्य के असली मालिक श्वेत हैं। उनके स्वामित्व का अधिकार तभी स्थापित हो गया था, जब श्वेत जाति के कोपरनिकस और गैलीलियो ने पृथ्वी को गोलाकार साबित कर दिया था। इसका ज्ञान एक अन्य श्वेत व्यक्ति कोलंबस को भी था, जिसने पश्चिम की ओर चलकर इस भूमि का पता लगाया। इसलिए एक श्वेत व्यक्ति ने ही इस महाद्वीप की खोज की। इस प्रकार आप उसी वर्ग के व्यक्तियों को रोजी-रोटी से वंचित कर रहे हैं, उनके परिवार का पेट काट रहे हैं। आप सौदेबाजी में भी उन्हें काम न देकर नीग्रो लोगों का पक्ष ले रहे हैं। 1858 में अटलांटा में श्वेत मिस्त्रीयों और मजदूरों ने उस्तादों के अश्वेत गुलाम कारीगरों के खिलाफ याचिका दी, जो अलग कॉलोनी में रह रहे थे। उसके अगले वर्ष ही बहुत से श्वेत नागरिकों ने इस बात पर आपत्ति प्रकट की कि नगर परिषद् ने उनकी कॉलोनी में एक नीग्रो दंत चिकित्सक को डॉक्टरी की इजाजत दे रखी है। हमारे और समाज के साथ न्याय करने के लिए उस पर रोक लगाई जाए। हम अटलांटा के नागरिक आपसे न्याय की गुहार करते हैं। जार्जिया के रिचमंड काउंटी में 1819 में स्वतंत्र नीग्रो वर्ग की जनगणना से पता चला है कि उनमें

बढ़ई, नाई, जीनसाज, चर्खा कातने वाले, आरा मशीन चलाने वाले और स्टीम बोट पायलेट थे। एक नीग्रो मोची ने अपने हाथ से जूते बनाए थे, जो राष्ट्रपति मुनरो ने अपना पद ग्रहण करते समय पहने थे। मॉटीसेलो में थामस जेफर्सन के घर पर जिस खूबसूरती से एक गुलाम ने टाइलें बिछाई थीं, उसे देख हैरियत मार्टीन्यू को दंग रह जाना पड़ा था। आज भी पुराने बाग में यह भवन मौजूद है, जिसमें इन नीग्रो कारीगरों का कमाल देखने को मिलता है। इन लोगों ने ओक वृक्षों के तनों को चीरकर उसे उन्हीं वृक्षों की लकड़ी की कीलों को जोड़-जोड़ कर तैयार किया था। कताई और बुनाई में प्रवीण नीग्रो स्त्रियाँ मिलों में कार्य करती थीं। बकिंघम ने 1839 में एथेंस और जार्जिया में देखा कि ये नीग्रो श्वेत लड़कियों के साथ कार्य कर रहे थे और उनमें श्वेत लड़कियों के प्रति तिरस्कार या आपत्ति की कोई भावना नहीं थी। दक्षिण के नीग्रो कारीगर चाहे वे गुलाम होते या मुक्त, सभी अपने उत्तरी क्षेत्र के भाइयों से बेहतर थे। फिलाडेल्फिया में 1856 में लोगों की चिढ़ के कारण 1,637 नीग्रो कारीगरों में से दो-तिहाई से भी कम अपना धंधा कर पाते थे। उत्तर में आयरिश लोगों से जो 19वीं शताब्दी के शुरू से ही अमेरिका में आने शुरू हो गए थे, उन्हीं सिद्धान्तों के आधार पर काम पर लिया जाने लगा, जो नीग्रो गुलामों पर लागू होते थे। उनके पक्ष में कहा गया था कि एक आयरिश कैथोलिक मुश्किल से ही अपनी स्थिति को सुधार पाता है, जबकि इस बारे में नीग्रो लोग सफल हो जाते हैं। जिस समय अश्वेत गुलामों की खरीद-फरोख्त का चलन था तो क्या ओलीवर क्रोमवेल ने उन सभी आयरिश लोगों को बेच नहीं दिया था जो फ्लोरिडा के ड्रोघेदा नरसंहार से बच बार्बाडोस भाग आए थे। न्यूयॉर्क और पैंसिलवानिया के मुक्त और भगोड़े नीग्रो लोगों का इन लोगों के साथ बराबर टकराव होता रहता था। इस टकराव का सबसे भयंकर रूप उन दंगों में देखने के लिए मिला, जो न्यूयॉर्क में भड़क उठे थे। इन मूल आयरिश लोगों का मकान बनाते समय बेलदार के रूप में काम पर और छोटे-बड़े कामों पर एकाधिकार था। इसलिए वे नीग्रो लोगों की किसी भी ऐसी कोशिश पर भड़क उठते, जो उन्हें अपनी रोजी-रोटी के लिए खतरा लगती।[22]

यह रोमन गुलामों और अमेरिका के नीग्रो गुलामों की यथार्थ स्थिति थी। क्या भारत में अस्पृश्यों की स्थिति में कहीं कोई ऐसी बात है, जिसकी रोमन गुलामों और नीग्रो गुलामों की स्थिति से तुलना की जा सके? अगर हम रोमन और नीग्रो गुलामों की स्थिति के साथ अस्पृश्यों की स्थिति की तुलना करने के लिए समान युग का चयन करें तो यह अनुचित नहीं होगा। लेकिन मैं आज के अस्पृश्यों की तुलना गुलामों की उस दशा से करना अनुचित नहीं समझता, जो

रोमन साम्राज्य में उनकी थी। यह तुलना ऐसी होगी कि हम बदतर स्थिति की तुलना किसी श्रेष्ठ स्थिति से कर रहे हैं, क्योंकि अस्पृश्यों के सम्बन्ध में उनकी आज की स्थिति स्वर्णिम स्थिति समझी जाती है। आज की अस्पृश्यों की वास्तविक स्थिति गुलामों की वास्तविक स्थिति से कितनी भिन्न है? आज कितनी संख्या में अस्पृश्य; लायब्रेरियन एवं स्टेनोग्राफर आदि वैसे व्यवसायों में लगे हुए हैं, जितने कि इन व्यवसायों में रोम में गुलाम नियुक्त थे। आज कितने अस्पृश्य वाक्पटु, भाषाविज्ञानी, दार्शनिक, अध्यापक, डॉक्टर और कलाकार हैं और बौद्धिक कार्यकलाप करते हैं, जैसा कि रोम में गुलाम किया करते थे। क्या रोम के गुलामों की तरह भारतीय अस्पृश्यों से ये काम कराए जाते हैं? क्या कोई हिन्दू ऐसी हिम्मत रखता है कि इन प्रश्नों का उत्तर 'हाँ' कह कर दे? अस्पृश्यों के लिए ये सारे रास्ते पूरी तरह बंद हैं, जबकि रोमन गुलामों के लिए ये पूरी तरह खुले हुए थे। इससे यह सिद्ध हो जाता है कि हिन्दू अस्पृश्यता को उचित ठहराने के लिए जो दलील देते हैं, कितनी सारहीन है। दुख तो इस बात का है कि अधिकांश लोग गुलामी को मात्र इसलिए बुरा बताते हैं कि इसमें कानून द्वारा एक व्यक्ति के जीवन का जो अधिकार दूसरे को सौंप दिया जाता है, वह गलत है। वे यह भूल जाते हैं, चाहे गुलाम-प्रथा हो या न हो, जुल्म, उत्पीड़न, क्रूरता और प्रताड़ना बनी ही रहती है, जिससे पीड़ा, हताशा और नैराश्य का जन्म होता है। जो लोग गुलामों की उपरोक्त यथार्थ स्थिति पर विचार करेंगे, उन्हें यह मानना पड़ेगा कि गुलाम-प्रथा को उसकी कानूनी अवधारणा पर हल्के-फुल्के ढंग या तपाक से बुरा कह देना निरर्थक बात होगी। जो कुछ कानून अनुमति देता है, वह समाज में प्रचलित व्यवस्था का साक्ष्य नहीं है। बहुत से गुलाम यह स्वीकार कर लेंगे कि उनके पास जो कुछ है, वह गुलाम-प्रथा के कारण ही है, और बहुतों ने सम्पदा अर्जित की, चाहे उन्होंने इस तथ्य को स्वीकार किया हो अथवा नहीं।

यह अवश्य स्वीकार किया जाना चाहिए कि गुलाम-प्रथा कोई स्वतंत्र समाज-व्यवस्था नहीं है। किन्तु क्या अस्पृश्यता एक स्वतंत्र-व्यवस्था है? जो हिन्दू अस्पृश्यता का समर्थन करते हैं, निस्संदेह वे कहेंगे कि 'हाँ, यह स्वतंत्र समाज-व्यवस्था है।' वे यह भूल जाते हैं कि गुलामी और अस्पृश्यता में अनेक प्रकार के अन्तर हैं, और इनके कारण ही अस्पृश्यता परतंत्र समाज-व्यवस्था का सबसे अधिक कुत्सित रूप है। गुलामी कभी अनिवार्य नहीं रही, परन्तु अस्पृश्यता अनिवार्य व्यवस्था है। कोई व्यक्ति किसी को भी गुलाम के रूप में रख सकता था। यदि वह किसी को गुलाम न रखना चाहे, तब उस पर ऐसा न करने की कोई पाबंदी नहीं। परन्तु अस्पृश्यता के सम्बन्ध में कोई विकल्प नहीं। अगर कोई एक बार

अस्पृश्य के घर में जन्म ले ले, तब वह सब तरह से अस्पृश्य हो जाएगा। गुलाम-प्रथा के कानूनों में मुक्ति का विधान है। कोई व्यक्ति यदि एक बार गुलाम हो गया, तो यह आवश्यक नहीं कि वह जीवन-भर गुलाम ही रहेगा। अस्पृश्य होने पर वह उससे बच नहीं सकता। एक बार अस्पृश्य, तो हमेशा के लिए अस्पृश्य। दूसरा अन्तर यह है कि अस्पृश्यता गुलामी का एक अप्रत्यक्ष रूप है और इसलिए अत्यंत कुत्सित है। किसी व्यक्ति को उसकी स्वतंत्रता से खुले तौर पर और प्रत्यक्ष रीति से वंचित कर देना गुलाम बनाने की बेहतर प्रथा है। इससे एक गुलाम को अपनी गुलामी का अहसास रहता है और यह प्रतीति ही आजादी की लड़ाई का सबसे पहला और अमोघ अस्त्र है। परन्तु यदि किसी व्यक्ति की स्वतंत्रता अप्रत्यक्ष रीति से छीन ली जाए, तब उसे अपने गुलाम होने का एहसास ही नहीं होगा। अस्पृश्यता गुलाम-प्रथा का एक अप्रत्यक्ष रूप है। किसी अस्पृश्य से कहा जाए कि 'तुम एक नागरिक हो, तुमको नागरिकता के सभी अधिकार प्राप्त हैं,' और उसे रस्सी से इस तरह बाँध दिया जाए कि वह स्वतंत्र होने का अनुभव भी न कर सके, तब यह निर्दयतापूर्वक धोखा देना है। अस्पृश्यों को उनकी गुलामी का अहसास न होने देना उनको गुलाम बनाना है। यह अस्पृश्यता है, तो भी यह गुलामी है। यह यथार्थ है, हालाँकि यह अप्रत्यक्ष है। यह अव्यक्त है, इसलिए यह स्थायी है। इन दोनों व्यवस्थाओं में से अस्पृश्यता निस्संदेह बुरी है।

न तो गुलामी ही स्वतंत्र समाज-व्यवस्था है, और न ही अस्पृश्यता। परन्तु यदि इन दोनों में अन्तर किया जाए, और इस बात में कोई संदेह भी नहीं है कि इन दोनों में अन्तर है, तो इस अन्तर की कसौटी यह होगी कि क्या गुलामी की स्थिति में शिक्षा, नैतिक आदर्श, संस्कृति और समृद्धि संभव है, या यह अस्पृश्यता की स्थिति में संभव है। अगर इस कसौटी पर इन दोनों स्थितियों को परखा जाए, तब निस्संदेह यह पता चलेगा कि गुलामी की स्थिति सौ दर्जे अच्छी है। गुलामी में शिक्षा, नैतिक आदर्श, सुख, संस्कृति और समृद्धि की गुंजाइश है। अस्पृश्यता में तो इनमें से किसी की गुंजाइश नहीं। अस्पृश्यता में गुलामी जैसी परतंत्र समाज-व्यवस्था के लाभ की कोई संभावना नहीं। इसमें स्वतंत्र व्यवस्था की सारी हानियाँ विद्यमान हैं। गुलामी जैसी परतंत्र समाज-व्यवस्था में कुछ लाभ भी हैं, जैसे व्यापार, दस्तकारी या कला का अनुभव या जैसा कि प्रोफेसर मूरेस ने इसे 'उच्च संस्कृति की दीक्षा का सोपान' कहा था। गुलामी की प्रथा में, विशेषकर जो प्रथा रोमन साम्राज्य में प्रचलित थी, उसमें अस्पृश्यता को समाप्त करने या व्यक्तिगत विकास की बाधाओं की अस्वीकृति का प्रश्न ही नहीं हुआ। इसलिए

अभी यह कहना जल्दबाजी होगी कि गुलामी की प्रथा अस्पृश्यता से बेहतर है।

इस प्रकार यह प्रशिक्षण, संस्कृति से परिचय निस्संदेह गुलामों के लिए एक बहुत बड़ी नियामत थी। इसमें मालिकों को अपने गुलामों के प्रशिक्षण और उन्हें सुसंस्कृत करने पर काफी धन खर्च करना पड़ता था। गुलामों के रूप में रखने से पूर्व बहुत कम गुलाम ऐसे मिलते थे, जो शिक्षित या दीक्षित होते थे। इसका उपाय यही था कि उन्हें छोटी अवस्था से ही घरेलू कामों में प्रशिक्षित कर दिया जाए या कारीगरी सिखा दी जाए, जैसा कि साम्राज्य की स्थापना के पूर्व कुछ मात्रा में ज्येष्ठ काटो ने किया था। यह प्रशिक्षण उनके मालिकों और उनके यहाँ मौजूद कार्मिकों द्वारा दिया जाता था। दरअसल अमीर घरों में विशेष प्रशिक्षक होते थे। यह प्रशिक्षण कई प्रकार के क्षेत्रों में दिया जाता था, जैसे—उद्योग, व्यापार, कला और साहित्य।

ये मालिक अपने गुलामों को अच्छे से अच्छे कामों और संस्कृति में क्यों प्रशिक्षित करते थे, निस्संदेह उनका उद्देश्य इनसे आर्थिक लाभ प्राप्त करना होता था। कुशल श्रमिक अकुशल श्रमिक की तुलना में अधिक मूल्यवान मद होती थी। उसे बेचने पर उसकी कीमत ज्यादा मिलती और भाड़े पर चढ़ाने पर उसकी मजदूरी भी ज्यादा मिलती थी। इसलिए मालिकों द्वारा गुलामों को शिक्षित करना मानो पूँजी निवेश करना था।

गुलाम-प्रथा जैसी परतंत्र समाज-व्यवस्था में गुलामों का भरण-पोषण करना और उन्हें स्वस्थ रखना उनके मालिकों का दायित्व था। गुलाम को अपने भोजन, कपड़ों और अपनी रिहायश के बारे में चिंता से मुक्त रखा जाता था। इस सबकी व्यवस्था करने के लिए मालिक बाध्य होता था। यह उसके मालिक के लिए बोझ नहीं होता था, लेकिन हर स्वतंत्र व्यक्ति के लिए अपनी रोजी-रोटी और मकान की कोई सुरक्षित व्यवस्था हमेशा संभव नहीं होती है, क्योंकि श्रमिक अपनी-अपनी कीमत जानते हैं। जो काम करने के लिए तैयार है, उस तक को काम नहीं मिलता और श्रमिक के सम्बन्ध में ऐसा कोई नियम भी नहीं है, जिसके अधीन उसे उन दिनों तक दाना-पानी मिल सके, जब तक उसे कोई काम नहीं मिल जाता है। यह नियम कि काम नहीं तो रोटी नहीं, गुलामों पर नहीं लागू होता है। उसके लिए रोटी के साथ-साथ काम ढूँढ़ने में असफल रहता है, तो इससे गुलाम का अपने लिए रोटी मिलने का अधिकार नहीं छिन जाता है। व्यापार में उतार-चढ़ाव, लाभ और हानि सामान्य परिवर्तन हैं, जिन्हें हर स्वतंत्र श्रमिक को भोगना होता है। लेकिन इनका गुलामों पर कोई प्रभाव नहीं पड़ता है। इनका प्रभाव उसके मालिक पर तो पड़ सकता है, लेकिन गुलाम इन सबसे मुक्त है।

उसे अपनी रोटी, शायद वही रोटी मिलती है, चाहे लाभ के दिन हों या घाटा हो रहा हो।

गुलाम-प्रथा जैसी परतंत्र समाज-व्यवस्था में गुलाम के स्वास्थ्य और उसके कुशल-क्षेम का ध्यान रखने के लिए उसका मालिक बाध्य है। गुलाम मालिक की संपत्ति था। लेकिन गुलामों की यही निर्भरता स्वतंत्र व्यक्ति के मुकाबले उनके लिए वरदान बन गई। वे संपत्ति स्वरूप थे, इसलिए मूल्यवान थे। मालिक अपने हित में गुलामों के स्वास्थ्य और उनके कुशल-क्षेम का पूरा ध्यान रखते थे। रोम में गुलामों को दलदली इलाकों या मलेरियाग्रस्त क्षेत्रों में कभी नहीं भेजा जाता था। ऐसे क्षेत्रों में स्वतंत्र व्यक्ति भेजे जाते थे। काटो ने रोमन किसानों को सलाह दी थी कि वे कभी भी अपने गुलामों को दलदली या मलेरियाग्रस्त क्षेत्रों में न भेजें। यह अजीब-सा लगता है। परन्तु जरा-सा ध्यान देने पर ही पता चल जाएगा कि यह स्वाभाविक भी था। आखिर गुलाम उनकी मूल्यवान संपत्ति होते थे। इसलिए कोई समझदार मालिक जिसे अपने हित का ज्ञान है, अपनी मूल्यवान संपत्ति को मलेरिया से क्यों तबाह होने दे। परन्तु जो गुलाम नहीं थे, उनकी किसे परवाह थी क्योंकि वे किसी की संपत्ति थोड़े ही होते थे? इस कारण गुलामों को बड़ी सुविधा प्राप्त थी। उनका इतना ध्यान रखा जाता था, जितना और किसी का नहीं रखा जाता।

अस्पृश्यों को परतंत्र समाज-व्यवस्था की उक्त इन तीनों सुविधाओं में से कोई भी सुविधा प्राप्त नहीं है। उच्चतर अध्ययन के क्षेत्र में अस्पृश्य का कोई प्रवेश नहीं है, उसके लिए सभ्य जीवन के रास्ते नहीं खुले हुए हैं। उसका काम सिर्फ सफाई करना है। उसे और कुछ नहीं करना है। अस्पृश्यता का अर्थ उसकी रोजी-रोटी की सुविधा नहीं है। हिंदुओं में से कोई भी अस्पृश्य को रोजी-रोटी, मकान व कपड़ा मुहैया करने के लिए जिम्मेदार नहीं है। अस्पृश्य का स्वास्थ्य किसी की जिम्मेदारी नहीं। अस्पृश्य की मौत शुभ मानी जाती है। एक हिन्दू कहावत है—'अस्पृश्य मरा, गंद हटा'।

दूसरी तरफ, अस्पृश्य के लिए स्वतंत्र समाज-व्यवस्था की सभी बलाएँ उसकी तकदीर में लिखी हैं। स्वतंत्र समाज-व्यवस्था में प्रत्येक व्यक्ति को अपने जीवन के लिए संघर्ष करना पड़ता है। उसकी यही जिम्मेदारी स्वतंत्र समाज-व्यवस्था का सबसे बड़ा अभिशाप है। कोई इस उत्तरदायित्व को पूरा कर पाता है या नहीं, यह समान अवसर और समान व्यवहार मिलने पर निर्भर करता है। हालाँकि अस्पृश्य एक स्वतंत्र व्यक्ति होता है, तो भी उसे समान अवसर नहीं मिलते और न उसके साथ राग-द्वेष से मुक्त व्यवहार ही होता है। इस दृष्टि से अस्पृश्यता गुलाम-प्रथा

की तुलना में न केवल बदतर है, बल्कि यह निश्चय ही एक क्रूर कर्म है। गुलामी की प्रथा में गुलाम के लिए रोजी ढूँढ़ने की जिम्मेदारी उसके मालिक की होती है। स्वतंत्र मजदूर व्यवस्था में रोजी प्राप्त करने के लिए मजदूरों को अपने साथियों का मुकाबला करना पड़ता है। इस धक्का-मुक्की में अस्पृश्य के लिए अवसर कहाँ? संक्षेप में, जिस प्रतियोगिता में सामाजिक कलंक के कारण अस्पृश्य का पक्ष निर्बल हो, तब जिन्हें रोजगार दिया जाएगा, उनकी सूची में उसका आखिरी नम्बर होगा और जिन लोगों को निकाला जाना है, उनमें उसका प्रथम स्थान होगा। गुलाम-प्रथा की तुलना में अस्पृश्यता इसलिए क्रूर कर्म है कि इससे अस्पृश्यों पर अपने लिए रोजी कमाने का दायित्व डाल दिया जाता है, जबकि रोजी कमाने के दरवाजे उनके लिए पूरी तरह खुले नहीं होते।

सारांश यह है कि हिन्दू, अस्पृश्यों को गुलामों की स्थिति से भिन्न उन स्थितियों में अपना मानते हैं, जिनसे उनके स्वार्थ की पूर्ति होती है और जब उन्हें अपने साथ रखने में उनका स्वार्थ आड़े आ जाता है और वे बोझ लगने लगते हैं, तब वे उनको अपना कहने और अपने बराबर रखने से इनकार कर देते हैं। अस्पृश्य, परतंत्र समाज-व्यवस्था के किसी लाभ के अधिकारी होने का दावा नहीं कर सकते, उन्हें स्वतंत्र समाज-व्यवस्था की सभी मुसीबतों को स्वयं ढोने के लिए स्वतंत्र छोड़ दिया जाता है।[23]

सागररूपी सामाजिक विचार-बिन्दु रूप में

डॉ. बाबा साहब अम्बेडकर के सामाजिक विचारों को जानने के लिए उनके द्वारा स्थापित और संशोधित सिद्धान्तों को जान लेना जरूरी है। उनके ग्रंथों के मूल अध्ययन से ही इस पर अधिक अधिकार से बात की जा सकती है। अन्य समाज सुधारकों की तुलना में अम्बेडकर की अपनी कुछ विशेषताएँ हैं। चिन्तन के स्तर पर सामाजिक पुनर्रचना सम्बन्धी विचारों को स्पष्ट करना, उन्हें सिद्ध करना और उसी समय उन विचारों के आधार पर सामाजिक आंदोलनों की मोर्चेबन्दी करना—यह अम्बेडकर के समाज सुधारक व्यक्तित्व की विशेषता है। वे सम्पूर्ण समाज की पुनर्रचना की बात कर रहे थे। समाज-रचना की इस पुरानी इमारत को दुरुस्त करने के लिए उसे पूर्णतः गिराकर नई इमारत बनाना चाह रहे थे। अन्य समाज सुधारकों में और अम्बेडकर में यही अन्तर है। छोटे-मोटे उपचार से विषमता का यह रोग समाप्त नहीं हो सकता, ऐसी उनकी धारणा थी। समग्र व्यवस्था की पुनर्रचना के लिए उनकी नींव ही उखाड़ देना जरूरी है, ऐसा वे मानते

थे। वर्ण और जाति-व्यवस्था की नींव पर हिन्दू समाज की इमारत खड़ी हुई है। इस नींव को खत्म कर समता, बन्धुता और करुणा की नींव पर नई इमारत खड़ी करनी होगी, ऐसा उनका दृढ़ विश्वास था।

उनके सामाजिक विचारों का केन्द्रबिन्दु 'मनुष्य' है। वे किसी विशिष्ट जाति या वर्ण के विरोध में नहीं थे, वे वर्ण और जाति-व्यवस्था के विरोध में थे। वे ब्राह्मण या सवर्ण के विरोध में नहीं थे। एक ऐसी समाज-व्यवस्था के लिए प्रयत्नशील थे जहाँ मनुष्य के प्रति आदर हो, जहाँ मनुष्य मनुष्य के प्रति प्रेम, बन्धुता और मानवीयता से जुड़ा हो, मनुष्य मनुष्य का शोषण न करता हो। मनुष्य को उसके न्याय का हक दिला देने के लिए वे संघर्षरत थे। ठीक इसी समय इतिहास के गम्भीर अध्ययन से समतावादी समाज रचना के लिए आवश्यक दर्शन और चिन्तन की अभिव्यक्ति भी वे कर रहे थे। मानव-जाति एवं विभाजन और कुछ नहीं बल्कि प्रचलित षड्यंत्रमूलक भारतीय वर्ण-व्यवस्था का उप-उत्पादन है। जब तक भारत में जाति रहेगी, तब तक भारत में अछूत रहेंगे। क्योंकि भारतीय वर्ण-व्यवस्था की यही व्यवस्था ही है। वर्ण-व्यवस्था की समाप्ति से ही अछूतोद्धार संभव है।

संदर्भ ग्रंथों/स्रोतों की सूची

1. भारतरत्न डॉ. भीमराव अम्बेडकर : सृष्टि और दृष्टि, डॉ. सुकन पासवान प्रज्ञाचक्षु, भावना प्रकाशन, दिल्ली-91, पृष्ठ 32
2. डॉ. बाबा साहब अम्बेडकर : जीवन चरित, धनंजय कीर, अनुवादक गजानंद सुर्वे, पॉप्यूलर प्रकाशन, नई दिल्ली।
3. बुद्ध एवं उनका धर्म : डॉ. भीमराव अम्बेडकर, सिद्धार्थ कॉलेज, बम्बई, 1957 में प्रकाशित, पृष्ठ 69
4. Ambedkar On Buddhist Convention And Its Impact, Prof. Shamsher Singh, Delhi, Page 185
5. शूद्र कौन थे : डॉ. अम्बेडकर, पृष्ठ 7-8
6. स्टेट्स एंड मायनोरिटीज, डॉ. भीमराव अम्बेडकर, पृष्ठ 11
7. संसदीय बहस : भाग 830
8. भारतरत्न डॉ. भीमराव अम्बेडकर : सृष्टि और दृष्टि, डॉ. सुकन पासवान प्रज्ञाचक्षु, भावना प्रकाशन, दिल्ली-91, पृष्ठ 36
9. एनीहीलेशन ऑफ कास्ट इन इंडिया, डॉ. बी.आर. अम्बेडकर, पृष्ठ 83-84
10. वही।
11. भारतरत्न डॉ. भीमराव अम्बेडकर : सृष्टि और दृष्टि, डॉ. सुकन पासवान प्रज्ञाचक्षु, भावना प्रकाशन, दिल्ली-91, पृष्ठ 37

12. वही, पृष्ठ 38
13. वही, पृष्ठ 40
14. वही, पृष्ठ 41
15. हिन्दू जाति प्रथा एवं उनसे मुक्ति के उपाय, डॉ. बी.आर. अम्बेडकर, पृष्ठ 56
16. भारतरत्न डॉ. भीमराव अम्बेडकर : सृष्टि और दृष्टि, डॉ. सुकन पासवान प्रज्ञाचक्षु, भावना प्रकाशन, दिल्ली-91, पृष्ठ 42
17. वही, पृष्ठ 43
18. Thoughts on Pakistan : Dr. B.R. Ambedkar, Publication Division, Delhi.
19. बाबा साहेब डॉ. अम्बेडकर : सम्पूर्ण वाङ्मय, खंड-9, डॉ. अम्बेडकर प्रतिष्ठान, कल्याण मंत्रालय, नई दिल्ली, पृष्ठ 26
20. वही, पृष्ठ 27-28
21. वही, पृष्ठ 29-31
22. वही, पृष्ठ 31-33
23. वही, पृष्ठ 33-38
24. भारतरत्न डॉ. भीमराव अम्बेडकर : सृष्टि और दृष्टि, डॉ. सुकन पासवान प्रज्ञाचक्षु, भावना प्रकाशन, दिल्ली-91, पृष्ठ 47-48

अध्याय : छह

व्यक्ति, समाज और राज्य : अम्बेडकर की दृष्टि में

जिस जाति में यह चेतना आ जाती है कि वह उद्योग एवं सम्पत्ति के क्षेत्र में किसी भी वरिष्ठ जाति से कम नहीं है, उस जाति का शोषण बहुत ज्यादा दिनों तक नहीं हो सकता। डॉ. अम्बेडकर कहते हैं कि सामाजिक, आर्थिक, शैक्षणिक तथा राजनीतिक दृष्टिकोण से सभी प्रकार से उपेक्षित तथा वंचित वह सभी मानव समुदाय दलितशास्त्र की विषय-वस्तु हैं जिनके सभी अधिकारों का सुविधाभोगियों ने षड्यंत्रपूर्वक अपहरण कर लिया है चाहे उनकी जाति, लिंग, गोत्र, वर्ण, वर्ग, समुदाय तथा अधिकार क्षेत्र कुछ भी क्यों न हो? आज दलित और ललित को लेकर बहसबाजी का बाजार बहुत गरम है। साहित्य में भाषा-शैली, शास्त्र तथा व्याकरण के आधार पर दलित साहित्य को ललित साहित्य से कमतर सिद्ध करने का शीर्षासन किया जा रहा है तो राजनीति में गौण होते वर्गवाद तथा वर्णवाद को पुनर्जीवित कर स्वार्थ साधने का महाभारत लड़ा जा रहा है। लेकिन बाबा साहब का दलितशास्त्र इससे भिन्न है। वे सभी वर्ग-वर्ण के सभी अधिकार वंचितों को दलित मानते हैं। उन्होंने कहीं भी जाति का नाम लेकर दलित-ललित का विभाजन करने की बात नहीं की है। वे व्यक्ति, समाज और राज्य की अवधारणा में भी अपने इसी सिद्धान्त को लेकर आगे बढ़ते हैं।

यद्यपि अम्बेडकर ने राज्य की अपेक्षा समाज को अधिक महत्त्व दिया है, फिर भी उनके चिंतन में राज्य की अपनी महत्ता है। जब समाज में अव्यवस्था हो, या बाहरी शत्रु आक्रमण कर दे, तब राज्य के बिना काम ही नहीं चल सकता। अम्बेडकर ने राज्य को निरपेक्ष सत्ता नहीं माना है। राज्य का मुख्य कार्य है मानव सेवा। इस दृष्टि से अम्बेडकर, हीगल, हॉब्स, ग्रीन और बोसांक्वे जैसे

राजनीति के विचारकों की दृष्टि में राज्य अपने आप में साध्य है, उसके अपने अधिकार हैं जो व्यक्ति या समाज के अधिकारों से बड़े हैं। व्यक्ति अपने अधिकार राज्य से प्राप्त करता है। यदि व्यक्ति के अधिकारों तथा राज्य के अधिकारों में संघर्ष हो, तो व्यक्ति के अधिकारों की तुलना में राज्य के अधिकार अधिक मायने रखते हैं। अम्बेडकर राज्य को मानव संगठन मानते हैं, निरंकुश और निरपेक्ष संगठन नहीं।[1]

अम्बेडकर के विचार से प्रत्येक सामाजिक संगठन एक प्रकार का मिला-जुला संगठन होता है। उसमें भाषा, धर्म, संस्कृति, परम्परा, नैतिकता आदि के आधार पर अनेक समूह पाए जाते हैं। जब कभी इन समूहों में परस्पर संघर्ष हो तब राज्य का कार्य इन संघर्षों को दूर करना और विरोधी हितों में सामंजस्य बैठाना है। अम्बेडकर चाहते हैं कि राज्य स्थिर हो तथा लोग उसके द्वारा निर्मित विधियों का पालन करें।

"राज्य का वास्तविक और प्रत्यक्ष रूप सरकार है। सरकार अपना कार्य सुचारु रूप से तभी कर सकती है जबकि रिआया उसके आदेशों को माने। प्रजा द्वारा सरकार के आदेशों का पालन स्वैच्छिक होना चाहिए। अम्बेडकर सविनय अवज्ञा जैसे आंदोलन के विरुद्ध हैं और उन्हें अराजकता का पर्याय समझते हैं।"[2]

अम्बेडकर राज्य के कार्यक्षेत्र को कम से कम रखने के पक्ष में हैं। राज्य के अभाव में समाज में अराजकता की स्थिति उत्पन्न हो सकती है। यदि शासन अन्याय और अत्याचार की राह पर चले, तो अम्बेडकर नागरिकों को उसका विरोध करने की सलाह देते हैं।

अम्बेडकर ने राज्य के निम्नलिखित कर्तव्य निर्धारित किए हैं–

1. जीवन, स्वतंत्रता, सुख प्राप्ति, भाषण स्वतंत्रता और धार्मिक स्वतंत्रता के अधिकार की रक्षा करना।
2. समाज के दलित वर्गों को अपेक्षाकृत आर्थिक सुविधाएँ देकर सामाजिक, राजनीतिक और आर्थिक असमानता को दूर करना।
3. नागरिकों को अभावों और भय से मुक्ति देना।[3]

अम्बेडकर के राजनीतिक चिंतन में स्वैच्छिक संस्थाओं के लिए गुंजाइश है जो नागरिकों की अनेक आवश्यकतओं को पूरी करते हैं। इन संस्थाओं के बिना नागरिकों का उचित रीति से विकास नहीं हो सकता।

राज्य और व्यक्ति

अम्बेडकर के विचार से भारत में प्रायः व्यक्ति को समूह अथवा जाति के अधीन माना गया है। यदि व्यक्ति जाति-बिरादरी के नियमों का उल्लंघन करता तो उसका हुक्का-पानी बंद किया जा सकता था। उसे जाति से बहिष्कृत कर दिया जाता था। राज्य और समाज दोनों ही व्यक्ति की स्वतंत्रता पर अंकुश लगा देते थे।[4] अम्बेडकर स्वतंत्र भारत में यह स्थिति सहन करने के लिए तैयार नहीं हैं। स्वतंत्र भारत में राज्य से अपेक्षा की जा सकती है कि वह व्यक्ति के विभिन्न अधिकारों की रक्षा करेगा और उसे आत्मविकास के पूरे अवसर देगा।

स्व-शासन और सुशासन

डॉ. अम्बेडकर स्व-शासन के पक्षपाती थे। लेकिन उनके विचार से स्व-शासन की सार्थकता तभी तक है जब तक कि वह सुशासन हो। सुशासन की कसौटी है—"निष्पक्षता, न्याय, स्वच्छ प्रशासन और एक ऐसे वातावरण का निर्माण जिसमें लोग अपनी सामाजिक, आर्थिक, राजनीतिक और सांस्कृतिक उन्नति कर सकें। अच्छे शासन के लिए यह आवश्यक है कि वह वर्गगत भेदभावों तथा संघर्षों से ऊँचा उठे।"[5]

अम्बेडकर ने प्रतिनिधिक शासन की सफलता के लिए कुछ शर्तें आवश्यक ठहराई हैं। आपसी सहयोग, विश्वास, विवेक। अम्बेडकर का मत है कि पारस्परिक सहयोग के बिना देश की स्वतंत्रता और एकता की रक्षा नहीं हो सकती। एक लोकतंत्रात्मक शासन-व्यवस्था में कोई सरकार अच्छी है या बुरी, इसकी पूरी जिम्मेदारी लोगों के ऊपर होती है। भारत में दलितों के साथ सदियों से बुरा बर्ताव होता रहा है। लोकतंत्र की सफलता के लिए यह आवश्यक है कि उनकी स्थिति में सुधार हो और वे ऊँचे वर्गों के साथ बराबरी का दावा कर सकें।[6]

अम्बेडकर लोकतंत्रात्मक शासन में राजनीतिक दलों के महत्त्व को स्वीकार करते हैं। उनकी दृष्टि में एक दल का शासन लोकतंत्र की भावना के विरुद्ध है और वह निरंकुशता की राह खोल देता है।

अम्बेडकर के विचार से राज्य अथवा शासन तभी सार्थक समझा जा सकता है जब कि वह लोगों की आवश्यकताएँ पूरी करता हो। राज्य को चाहिए कि वह लोगों की बाहरी आक्रमण से रक्षा करे, समाज में विधि और व्यवस्था बनाए रखे

और लोगों के कल्याण का प्रबंध करे। इस कसौटी पर राज्य एक नैतिक और सामाजिक संस्था बन जाता है। ऐसे राज्य में नागरिक कुछ अधिकारों का प्रयोग करने के साथ ही कुछ कर्तव्यों का पालन करता है। अम्बेडकर राज्य में नागरिकों को पूरी स्वतंत्रता देने के पक्ष में हैं। धर्म, जाति, धन, सामाजिक स्थिति और स्त्री-पुरुष भेद के आधार पर व्यक्ति-व्यक्ति के बीच कोई भेद नहीं होना चाहिए।

लोकतंत्र में बहुमत का अपना महत्त्व है लेकिन बहुमत को अल्पमत की भावनाओं का ध्यान रखना आवश्यक है। यदि लोकतंत्र को व्यावहारिक रूप धारण करना है तो राजनीतिक संविधान और सामाजिक संविधान के बीच अंतर्सम्बन्ध होना चाहिए। अम्बेडकर के अनुसार राज्य में अल्पसंख्यकों को कुछ संरक्षण प्राप्त होने चाहिए जिससे वे बहुमत की निरंकुशता से बच सकें।

अम्बेडकर अमरीकी संविधान के शक्ति-पृथक्करण के सिद्धान्त से प्रभावित थे। उनके विचार से सरकार के तीन मुख्य कार्य हैं—कानूनों को बनाना, कानूनों को कार्यान्वित कराना और जो लोग कानूनों का पालन न करें उन्हें दंड देना। ये कार्य क्रमशः विधानमंडल, कार्यपालिका और न्यायपालिका करते हैं। शासन के ये तीनों अंग एक-दूसरे के ऊपर नियंत्रण रख सकते हैं। नियंत्रणों का उद्देश्य यह है कि शासन के तीनों अंग मिल-जुलकर लोगों की भलाई के लिए कार्य करें।

राज्य और धर्म

डॉ. अम्बेडकर के विचार से धर्म का कार्य लोगों की सामाजिक स्थिति में सुधार करना है। धर्म सामाजिक संगठन में दृढ़ता लाता है और समान हित के प्रति समर्पण का भाव पैदा करता है। राज्य को चाहिए कि वह लोगों की धार्मिक स्वतंत्रता में किसी प्रकार का हस्तक्षेप नहीं करे क्योंकि धार्मिक स्वतंत्रता भारतीय संस्कृति की आत्मा है।

भारतीय सविधान का लक्ष्य देश में पंथ-निरपेक्ष राज्य की स्थापना करना है। पंथ-निरपेक्ष राज्य न धार्मिक होता है और न अधार्मिक। वह धार्मिक रूढ़ियों से मुक्त होता है। धार्मिक मामलों में उसके क्रिया-कलाप बिलकुल तटस्थ होते हैं। पंथ-निरपेक्ष राज्य में धर्म को व्यक्ति का अपना निजी मामला माना जाता है। राज्य सभी धर्मों के प्रति समानता का भाव रखता है। पंथ-निरपेक्ष राज्य में धर्म किसी व्यक्ति की योग्यता का पैमाना नहीं बनता।[7]

भारतीय संविधान में पंथ-निरपेक्ष राज्य की स्थापना का लक्ष्य बिलकुल स्पष्ट है। आजादी की लड़ाई के दौरान भारत में सांप्रदायिक त्रिभुज का विकास हुआ था। इस त्रिभुज में हिन्दू और मुसलमान तो दो भुजाएँ थीं और ब्रिटिश सरकार आधार थी। भारत का सांप्रदायिक आधार पर विभाजन हुआ था। इस इतिहास की सबसे बड़ी चेतावनी यह है कि धर्म और राजनीति का समन्वय हुआ था। धर्म और राजनीति का समन्वय धर्म और राजनीति दोनों के ही लिए विनाशकारी है। इसके अलावा भारत में कई धर्मों के मानने वाले लोग रहते हैं। ऐसी दशा में राज्य का अपने आपको किसी धर्म के साथ नत्थी करना उचित नहीं है।

भारतीय संविधान के विविध प्रावधानों की पड़ताल करने पर स्पष्ट हो जाता है कि उसमें पंथ-निरपेक्षता के सिद्धान्त को पूरी तरह अपनाया गया है। संविधान की प्रस्तावना में ईश्वर की कोई चर्चा नहीं है और न किसी धार्मिक भावना को ही स्थान दिया गया है। भारतीय गणराज्य का उद्देश्य देश में सामाजिक, आर्थिक और राजनीतिक न्याय की स्थापना करना निश्चित किया गया है। फ्रांसीसी क्रांति के मूल मंत्रों स्वतंत्रता, समता और बंधुता को भी प्रस्तावना में जोड़ दिया गया है। समानता और स्वतंत्रता शब्दों की तो वैधानिक महत्ता है और बंधुता एक नैतिक मूल्य है। 'धर्म' शब्द युग-युगान्तर से हिन्दू विधि का उद्गम रहा है। प्रस्तावना में इसका कोई उल्लेख नहीं है।[8]

संविधान के भाग दो में नागरिकता के आधार और नियम का वर्णन है। नागरिकता धर्म, वंश और रंग के आधार पर नहीं प्रत्युत प्रादेशिक आधार पर निर्भर है। संविधान ने भारत राज्य क्षेत्र में जन्म, अधिवास और निवास को ही नागरिकता की कसौटी माना है। संविधान के भाग तीन में नागरिकों के मूल अधिकारों का उल्लेख है। इन अधिकारों को समता-अधिकार, स्वातंत्र्य अधिकार और संस्कृति तथा शिक्षा सम्बन्धी अधिकार आदि विभिन्न भागों में बाँट दिया गया है। इन अधिकारों में वे अधिकार अत्यंत महत्त्वपूर्ण हैं जिन्होंने धार्मिक परम्पराओं द्वारा आरोपित भेदभावों का अंत कर दिया है। संविधान के धर्म स्वातंत्र्य विषयक अधिकार पंथ-निरपेक्ष राज्य की आधारशिला हैं। सभी व्यक्तियों को अंतःकरण की तथा धर्म के अबाध मानने, आचरण और प्रचार करने की स्वतंत्रता दे दी गई है। संविधान ने अल्पसंख्यक वर्गों के हितों का संरक्षण किया और अनुसूचित जातियों के सम्बन्ध में विशेष उपबन्ध किए हैं। इसका कारण यह है कि ये जातियाँ बहुत पिछड़ी हुई हैं और अनेक निर्योग्यताओं की शिकार हैं। विशेष उपबन्धों का लक्ष्य उन्हें समाज के शेष वर्गों के बराबर स्तर पर लाना है।

डॉ. अम्बेडकर की विदेश नीति विषयक धारणा

भारत की विदेश नीति शान्ति, साम्यवाद और मुक्त जनतंत्र के सह-अस्तित्व और सीटो करार के विरोध में है ऐसा उनका मत था। जनतांत्रिक प्रणाली बनाए रखने के लिए सीमा सुरक्षा की सर्वाधिक आवश्यकता है, इस कारण हमारी जो सहायता करना चाहते हैं—उन सबसे हमें मैत्री के सम्बन्ध प्रस्थापित करने चाहिए, ऐसा उनका आग्रह था। सोवियत यूनियन से मैत्री उन्हें मान्य नहीं थी। रूस जनतंत्र के लिए एक खतरा है—इन शब्दों में उन्होंने अपना विरोध व्यक्त किया था। भारत और चीन की मैत्री भी उन्हें संदेहपूर्ण लगती थी। अपने देश की सुरक्षा खतरे में डालकर वे शान्ति का प्रचार करने के विरोध में थे। सैनिक की दृष्टि से हमें मजबूत होना चाहिए, अंतरराष्ट्रीय स्तर पर किसी और राष्ट्र का अपमान करने वाले अथवा उसकी स्वतंत्रता को कुचलनेवालों के प्रति स्नेह बनाए रखना उन्हें कायरता लगती थी। प्रत्येक राष्ट्र के स्वतंत्र अस्तित्व को मान्यता और शान्तिमय जीवन यह अम्बेडकरजी की विदेश नीति के मूलभूत तत्व हैं। "हमें शान्ति चाहिए। वास्तव में युद्ध कोई भी नहीं चाहता। सवाल इतना ही है कि शान्ति के लिए हम कौन-सी कीमत दें?"

राष्ट्रवाद

राष्ट्रवाद वर्तमान युग की एक महान् शक्ति है। यद्यपि राष्ट्रवाद की ऐतिहासिक परम्परा बहुत पुरानी है, एक सशक्त राजनीतिक दर्शन के रूप में उसका उदय अठारहवीं शताब्दी के अंत में हुआ था। आज एशिया और अफ्रीका के विभिन्न देशों में जो राजनीतिक परिवर्तन हो रहे हैं, उनके मूल में राष्ट्रवाद की शक्ति ही सक्रिय है।[9]

राष्ट्रवाद की धारणा को समझने के लिए दो शब्दों में भेद को समझना आवश्यक है। वे हैं—'राष्ट्र' (नेशन) और 'राष्ट्रीयता' (नेशनलिटी)। 'राष्ट्र' शब्द का अर्थ राजनीतिक स्वतंत्रता और प्रभुसत्ता से है, चाहे वह प्राप्त कर ली गई हो या वांछित हो। 'राष्ट्रीयता' मुख्य रूप से सांस्कृतिक भावना है। वह एक होने की सक्रिय भावना है, लोगों की एक साथ एक ही जगह रहने की आकांक्षा है, समचरित्रता की प्रवृत्ति जो समान सांस्कृतिक परम्परा के कारण एक जनसमूह के मन में पैदा होती है।[10]

"राष्ट्रीयता विभिन्न व्यवसायों और आनुवंशिक समाज के ऐसे वर्गों का समूह है जिसकी चेतना, भावना और जाति एक होती है और जो भाषा एवं

परम्परा के द्वारा एक सभ्यता के रूप में ग्रंथित होते हैं। यह सभ्यता उन्हें एकता का भान देती है और जो भाषा एवं परम्परा के द्वारा एक सभ्यता के रूप में ग्रंथित होते हैं। यह सभ्यता उन्हें एकता का भान देती है और विदेशियों से पृथक् कर देती है।"

'राष्ट्र' का अर्थ एक स्वशासी राज्य की जनसंख्या से है जिसमें कई राष्ट्रीयताओं का समावेश हो सकता है। जहाँ राष्ट्रीयता राजनीतिक स्वतंत्रता और प्रभुसत्ता प्राप्त कर लेती है, वह एक राष्ट्र बन जाती है।

राष्ट्रवाद की भावना एक प्रकार की समूह-भावना है, उसी प्रकार की समूह-भावना जैसे कि परिवार की समूह-भावना, धर्म की समूह-भावना या समाज की समूह-भावना। यह एक भावात्मक राजनीतिक मान्यता है। इसमें राज्यों की पृथक् अस्मिता को स्वीकार किया जाता है। राष्ट्रवाद समान आदर्शों और विश्वासों के आधार पर पल्लवित होता है।

राष्ट्रवाद के कई रूप होते हैं। कहीं वह जातीयता से सम्बन्ध रखता है। उदाहरण के लिए नाजी जर्मनी में राष्ट्रवाद का यही अर्थ समझा गया कि जर्मन जाति संसार की सर्वश्रेष्ठ जाति है और उसे समूचे भूमंडल पर अपनी प्रभुता स्थापित करने का दैवी अधिकार है। इंग्लैंड और अमेरिका जैसे लोकतंत्रात्मक देशों में राष्ट्रवाद का अभिप्राय यहाँ के सामाजिक उद्देश्यों, राज्यों और संविधान के प्रति निष्ठा से है। एशिया और अफ्रीका के उन विभिन्न देशों में जो विदेशियों के प्रभुत्व से अपने को मुक्त करने का प्रयास करते रहते हैं, राष्ट्रवाद से अभिप्राय है—राष्ट्रीयता, स्वतंत्रता की प्राप्ति, अपनी कुछ नियति का स्वयं निर्माण करने की शक्ति। पाकिस्तान में राष्ट्रवाद की भावना बहुत कुछ इस्लाम के साथ जुड़ी हुई है। पाकिस्तान का जन्म इस्लाम धर्म के आधार पर हुआ था और इस्लाम की डोर ही उसके लोगों को आपस में जोड़े हुए है। स्वतंत्रता से पहले भारत में राष्ट्रवाद का अभिप्राय अतीत का गुणगान, सामाजिक कुरीतियों से संघर्ष, स्वभाषा, साहित्य और संस्कृति के प्रति अनुराग तथा विदेशी शासन से मुक्ति प्राप्त करना था। स्वतंत्रता प्राप्ति के बाद भारत में राष्ट्रवाद का अभिप्राय है—देश की चतुर्मुखी सामाजिक, आर्थिक, राजनीतिक और सामाजिक उन्नति के मार्ग में आने वाली बाधाओं का निवारण।

राष्ट्रवाद की भावना कई तत्वों से मिलकर बनती है जिनमें से मुख्य हैं—भौगोलिक एकता, जातीय एकता, विचारों और आदर्शों की एकता, भाषा की एकता, धर्म की एकता, विदेशी शासन के प्रति अधीनता और उससे मुक्त होने की इच्छा।

आधुनिक राष्ट्रीय राज्यों का उदय मुख्य रूप से अठारहवीं और उन्नीसवीं शताब्दी में हुआ था। सोलहवीं शताब्दी में इटली में मैकियावेली ने इटली के लोगों में राष्ट्रवाद की भावना का प्रसार किया था। यूरोप में राष्ट्रवाद की भावना सबसे पहले इंग्लैंड में पैदा हुई। इंग्लैंड ने फ्रांस पर अपना अधिकार स्थापित करने की चेष्टा की। प्रतिक्रियास्वरूप फ्रांस में राष्ट्रवाद की भावना पनपी। क्रमशः स्पेन, पुर्तगाल, डेनमार्क और स्वीडन में राष्ट्रवाद की भावना का प्रसार हुआ और ये देश राष्ट्रीय राज्यों के रूप में संगठित हुए। अठारहवीं शताब्दी के अंत में पोलैंड का विभाजन हुआ और उसने राष्ट्रवाद के सिद्धान्त को एक दीपशिखा की भाँति प्रज्वलित कर दिया। पोलैंड के विभाजन के कुछ समय पश्चात् ही फ्रांस में क्रांति हुई और नेपोलियन ने यूरोप के अधिकांश भाग को अपने अधीन कर लिया। जिन देशों पर नेपोलियन ने यूरोप का आधिपत्य किया था, वहाँ राष्ट्रीय भावनाओं का ज्वार उमड़ पड़ा। नेपोलियन की पराजय के उपरांत 1814 में वियना की कांग्रेस ने यूरोप के राजनीतिक मानचित्र का फिर से गठन किया। लेकिन ऐसा करते समय राष्ट्रीयता की भावना की ओर कोई ध्यान नहीं दिया। परिणाम यह हुआ कि इससे यूरोप में राष्ट्रवाद की भावना और गहरी हुई। इटली और जर्मनी में राष्ट्रीय एकता के लिए प्रबल आंदोलन आरम्भ हो गए। बेल्जियम निवासी अपने डच शासकों के विरुद्ध उठ खड़े हुए और उन्होंने 1831 में स्वतंत्रता प्राप्त की। प्रथम विश्वयुद्ध के समय तक राष्ट्रीयता का सिद्धान्त राज्य निर्माण का एक प्रमुख तत्व बन गया। वर्साय की संधि में राष्ट्रीय आत्मनिर्णय के सिद्धान्त को स्वीकार किया गया और इस सिद्धान्त के आधार पर चेकोस्लोवाकिया, पोलैंड, लेटविया, लिथूनिया आदि कई नए राष्ट्रीय राज्यों का निर्माण हुआ।

आजकल संसार के अधिकांश राज्य स्वतंत्र हैं। ये राज्य जातीय और भौगोलिक एकता पर जोर देते हैं। राष्ट्रीयता की भावना संसार के कोने-कोने में फैल चुकी है। भारत में सांस्कृतिक भावना शुरू से अब तक रही है। समान तीर्थस्थल, साहित्यिक प्रवृत्ति, रीति-रिवाज, राष्ट्रीय आदर्श—ये सब सांस्कृतिक राष्ट्रवाद के उपकरण रहे हैं। भारत में राजनीतिक एकता का विचार भी किसी न किसी रूप में सदियों से ही विद्यमान रहा है। चंद्रगुप्त मौर्य, अशोक, अकबर जैसे शासकों ने भारत में राजनीतिक एकता स्थापित की। 1707 में मुगल सम्राट औरंगजेब की मृत्यु के बाद भारत की राजनीतिक एकता छिन्न-भिन्न होने लगी थी और देश में अनेक क्षेत्रीय रा-्यों का उदय हुआ जो किसी केन्द्रीय सरकार के अधीन न थे। अंग्रेजों ने सम्पूर्ण देश को दृढ़ केन्द्रीय शासन के अन्तर्गत

लाकर भारत में राजनीतिक एकता का मार्ग प्रशस्त किया। इस एकता को पाश्चात्य शिक्षा, यातायात एवं संचार-साधनों के विकास ने और महत्त्वपूर्ण बना दिया। ब्रिटिश शासन के अन्तर्गत विभिन्न भाषा-भाषी, धार्मिक एवं सामाजिक विचार वाले लोगों और बुद्धिजीवियों को एक-दूसरे के निकट आने तथा पारस्परिक विचार-विनिमय का अवसर मिला। इससे भारतीयों में राष्ट्रीयता की भावना जाग्रत हुई।

अम्बेडकर मानव-व्यवहार में राष्ट्रवाद को एक सशक्त तत्व मानते हैं। संसार की अधिकांश जातियों और देशों के लिए वह जीवन-मरण का प्रश्न है। जब किसी जनसमूह में राष्ट्रवाद की भावना जोर पकड़ने लगती है, तब वह पृथक् राष्ट्रीय राज्य की स्थापना का प्रयत्न करता है। तुर्की, चेकोस्लोवाकिया और भारत इसके उदाहरण हैं।

अम्बेडकर ने स्वतंत्रता-संग्राम में सीधे भाग नहीं लिया। उन्होंने अपनी लेखनी और वाणी द्वारा स्वतंत्रता की हिमायत की, ब्रिटिश शासन की कमजोरियों की ओर लोगों का ध्यान आकृष्ट किया और हिन्दू समाज की कुरीतियों के उन्मूलन का प्रयास किया। संविधान-निर्माण के समय उनका राष्ट्रवाद अपने प्रखरतम रूप में सामने आया। जब कभी उनके व्यक्तिगत हितों तथा देश के हितों में संघर्ष हुआ, अम्बेडकर ने देश के हितों को ऊँचा स्थान दिया। उनका सवर्ण हिन्दुओं से विवाद रहता था, लेकिन देश की रक्षा के लिए वे अपनी जान न्योछावर करने के लिए तैयार रहते थे। यह अम्बेडकर का कैसा दलित प्रेम था? क्या राष्ट्रीयता की इससे भी प्रखर मिसाल की आवश्यकता है कि संविधान निर्माण के समय बाबा साहब ने हर अनुच्छेद में राष्ट्रीयता को सशक्त करने के लिए शंखनाद किया है।

अम्बेडकर का ब्रिटिश सरकार के ऊपर एक आरोप यह था कि उसने दलितों की दशा सुधारने और उन्हें मानवोचित अधिकार दिलाने के लिए कुछ नहीं किया है। ब्रिटिश शासन में दलितों की स्थिति पहले जैसी बनी रही है। दलितों की स्थिति में सुधार तभी हो सकता है जब कि देश आजाद हो और राजनीतिक सत्ता हमारे अपने हाथों में आए। अम्बेडकर ब्रिटिश सम्राज्यवाद के विरुद्ध थे और स्व-शासन अर्थात् जनता का, जनता के लिए, जनता द्वारा शासन चाहते थे। अम्बेडकर की दृष्टि में राष्ट्रवाद का अर्थ सिर्फ यह नहीं था कि अंग्रेज भारत से निकल जाएँ। राष्ट्रवाद का असली अर्थ यह था कि भारत के लोगों का कल्याण हो।

पश्चिम के अधिकांश राजनीतिक विचारक देश की स्वतंत्रता और जनता की स्वतंत्रता के बीच कोई भेद नहीं मानते। उनके विचार से यदि कोई देश स्वतंत्र

है, तो वहाँ की जनता भी स्वतंत्र है। अम्बेडकर ऐसा नहीं मानते। उनके मत से देश की स्वतंत्रता और जनता की स्वतंत्रता में अन्तर है। उदाहरण के लिए अमेरिका स्वतंत्र देश है। लेकिन वहाँ के रहने वाले नीग्रो लोग पूरी तरह स्वतंत्र नागरिक नहीं हैं, दूसरे दर्जे के नागरिक हैं। यही स्थिति भारत में है। भारत स्वतंत्र देश है। लेकिन भारत के दलित वर्ग स्वतंत्र नहीं हैं। उन्हें अनेक निर्योग्यताओं का सामना करना पड़ता है। क्या इस मानवाधिकार की बात उठाने को दलित चिंतन कहना श्रेयस्कर है?

राजनीतिक दल

लोकतंत्रात्मक शासन-प्रणाली की एक महत्त्वपूर्ण विशेषता राजनीतिक दलों का उत्कर्ष है। लोकमत के संगठन और निर्माण में उनका निर्णायक योग रहता है। जनता के अंदर विभिन्न विचारधाराओं का प्रसार करने में वे मध्यस्थ का कार्य करते हैं। शासन का स्वरूप कुछ भी हो, राजनीति ही उनकी प्रेरक शक्ति होती है। राजनीतिक दलों के अभाव में लोकतंत्र नहीं चल सकता।[11]

अम्बेडकर के अनुसार लोकतंत्र की सफलता के लिए कम से कम दो दल आवश्यक हैं—एक दल शासन चलाने के लिए और दूसरा दल उसका विरोध करने के लिए। देश में एक ही दल होने पर अधिनायकवाद पनप सकता है। सत्तारूढ़ दल की आलोचना करने, उसकी कमियाँ बताने के लिए विरोधी दल होना चाहिए। दल के लिए यह आवश्यक है कि उसका जनता के साथ संपर्क बना रहे। कोई भी राजनीतिक दल जन-सम्पर्क के बिना जीवित नहीं रह सकता। राजनीतिक दल की सफलता इस बात पर निर्भर है कि वह राजनीतिक प्रश्नों के बारे में जनता को कहाँ तक शिक्षित कर सकता है। अम्बेडकर भारत में बहुत-से राजनीतिक दलों के पक्ष में नहीं, दो राजनीतिक दलों के पक्ष में थे।[12]

सामाजिक लोकतंत्र

डॉ. अम्बेडकर के विचार से लोकतंत्रात्मक शासन-प्रणाली लोकतंत्रात्मक समाज में ही फल-फूल सकती है। सामाजिक लोकतंत्र के अभाव में लोकतंत्र का औपचारिक संगठन महत्त्वहीन होगा। लोकतंत्र में समाज के सभी वर्गों के साथ समतायुक्त और मानवोचित व्यवहार अपेक्षित है। सामाजिक लोकतंत्र के दो तत्व हैं—समाज

के सभी वर्गों के प्रति सम्मानपूर्ण व्यवहार और सामाजिक प्रतिरोधों से मुक्त सामाजिक संगठन।[13]

प्रजातंत्र सम्बन्धी दृष्टिकोण

डॉ. अम्बेडकर मूलतः समाज-सुधारक थे। 'समाज-सुधारक' कहने की अपेक्षा उन्हें सम्पूर्ण भारतीय समाज-व्यवस्था को नई पद्धति से बाँधने के लिए प्रयत्नशील व्यक्ति के रूप में देखना अधिक औचित्यपूर्ण होगा। परम्परा द्वारा नकारे गए एक समूह को मानवीय अधिकार दिलाने के लिए उन्होंने जो आंदोलन किए, जो संघर्ष किए और परम्परा के जो गवेषणापूर्ण अध्ययन प्रस्तुत किए, वह अपने आपमें विशिष्ट हैं। वे इस बात को जान चुके थे हिन्दू मानसिकता में इतनी सहजता से परिवर्तन संभव नहीं है। दलितों को उनके मानवीय अधिकार सवर्णों के हृदय-परिवर्तन से प्राप्त नहीं हो सकते, इन मानवीय अधिकारों को राजनीति में सक्रिय हिस्सा लेकर खींच लेना होगा, इस निर्णय पर वे आ चुके थे। क्या समता के अधिकार के लिए प्रयास करना पक्षपात है?

वे प्रजातांत्रिक व्यवस्था के जबरदस्त समर्थक थे। परन्तु जनतंत्र बहुसंख्यकों के मतों पर निर्णय लेता है और इस निर्णय-प्रक्रिया में परंपरा से नकारे गए समाज को स्थान मिलना असंभव ही है। इसलिए दलितों को उनके अधिकार प्राप्त करा देने के लिए, इस निर्णय-प्रक्रिया में हिस्सेदारी माँगना जरूरी ही नहीं, अपरिहार्य भी था। 1917 से वे लगातार इस निर्णय-प्रक्रिया में हिस्सेदारी माँग रहे थे। वे इस निष्कर्ष पर पहुँच चुके थे कि जब तक दलितों को राजनीति में साझेदारी प्राप्त नहीं होगी तब तक उन्हें उनके अधिकार प्राप्त नहीं हो सकते। इसलिए वे राजनीतिक मोर्चे पर दलितों के हक की लड़ाई लड़ रहे थे। सभी मनुष्य को मनुष्य का अधिकार प्राप्त हो, यह प्रयास करना दलित प्रेम कैसे हो गया? उनका निम्न सुझाव क्या पक्षपातपूर्ण कहा जा सकता है–

1. प्रखर बुद्धिमत्ता और तटस्थ संशोधन वृत्ति के सहारे वे भारतीय जाति-व्यवस्था, वर्ण-व्यवस्था, अस्पृश्यों की उत्पत्ति आदि की खोज कर इन सबकी निरर्थकता को सप्रमाण सिद्ध कर रहे थे।
2. 1917 से वे लगातार पहले अंग्रेजों से और बाद में भारतीय संसद से दलितों के राजनीतिक अधिकारों की माँग कर रहे थे।

विविध प्रतीकात्मक आंदोलनों, सत्याग्रहों, भाषण और लेखों द्वारा वे दलित और सवर्णों में वैचारिक परिवर्तन की कोशिश कर रहे थे। दलितों को उनकी 'अस्मिता' का एहसास करा रहे थे।

बाबा साहब ने अस्पृश्य और दलितों के लिए जो संघर्ष किए हैं, उनकी मुक्ति के लिए जो दर्शन प्रस्तुत किए हैं, वह किसी जाति या वर्ण तक सीमित नहीं है। वे एक ऐसी राजनीतिक व्यवस्था चाह रहे थे जिसमें धर्म, राज्यसत्ता, पूँजीवाद, पौरोहित्यवाद आदि द्वारा स्त्री और पुरुष का शोषण समाप्त हो जाए। उनके समग्र राजनीतिक विचारों के केन्द्र में 'मनुष्य' है। इस मनुष्य की स्वतंत्रता को नष्ट करने वाले आर्थिक, धार्मिक, सामाजिक और राजनीतिक बन्धनों के विरोध में वे अपना विचार प्रस्तुत करते हैं। उनका राजनीतिक दर्शन व्यक्ति और समाज के परस्पर सम्बन्धों से, परस्पर अनुभव और एहसास के साथ जुड़ा हुआ है।

उनके राजनीतिक विचार व्यक्ति और समाज की मूलभूत आवश्यकताओं तक ही सीमित नहीं हैं। रोटी, कपड़ा और मकान की पूर्ति से सत्ता की जिम्मेदारी खत्म होती है, ऐसा वे नहीं मानते हैं। इन जरूरतों के अलावा मनुष्य के सामाजिक, धार्मिक और सांस्कृतिक मूल्यों को भी वे महत्त्व देते हैं।

'धर्म एक अफीम की गोली है'—मार्क्स की यह उक्ति उन्हें मान्य नहीं थी। ठीक उसी प्रकार किसी भी धर्म में स्थित पौरोहित्यवाद भी उन्हें मान्य नहीं था। जनतंत्र की व्याख्या करते हुए उन्होंने लिखा—"जनतंत्र सार्वजनिक जीवन जीने की पद्धति है। जनतंत्र की जड़ें व्यक्ति के सामाजिक सम्बन्धों में खोजनी पड़ती हैं। जनतंत्र एक ऐसी शासन-प्रणाली है, जिसके द्वारा आर्थिक और सामाजिक क्षेत्र में बिना रक्त की एक बूँद बहाए क्रांतिकारी परिवर्तन लाए जा सकते हैं।"[14]

भारतीय संविधान बनाते समय उन्होंने व्यक्ति के मूलभूत अधिकारों के सम्बन्ध में आक्रामक भूमिका निभाई थी। रंग, वर्ण जाति और लिंग के परे जाकर मनुष्य की मनुष्य के रूप में पहचान हो, ऐसा उनका आग्रह था। ऐसी पहचान अगर हो तो जनतंत्र मजबूत हो सकता है, ऐसा उनका विश्वास था। इसमें कौन सा गलत भाव था अम्बेडकर का?

प्रजातांत्रिक व्यवस्था की सफलता के लिए मजबूत विरोधी दल की आवश्यकता का वे प्रतिपादन करते हैं। "एक ही व्यक्ति अथवा एक ही राजनीतिक दल के हाथों अगर सत्ता सुरक्षित रह जाए तो ऐसी स्थिति में उस राष्ट्र में संसदीय प्रणाली और जनतंत्र की हत्या हो जाती है, अराजकता की स्थिति पैदा हो जाती है, ऐसा वे महसूस करते थे।" मजबूत विरोधी दल सत्ताधारियों पर नियंत्रण रख सकता है, उन्हें जनहित की ओर मोड़ सकता है, ऐसा उनका विश्वास था।

1936 में उन्होंने स्वतंत्र मजदूर पार्टी की स्थापना की। उनकी धारणा थी कि भारतीय राजनीति में सम्पन्न और उच्च वर्ग ही अधिक सक्रिय है। ऐसी सत्ता किसानों और मजदूरों को न्याय नहीं दे सकती। सामाजिक, राजनीतिक और आर्थिक समता की लड़ाई के लिए मजबूत और प्रभावपूर्ण विरोधी दल की आवश्यकता है और इसीलिए उन्होंने स्वतंत्र मजदूर दल की स्थापना की। इस दल के घोषणा-पत्र से यह स्पष्ट है कि वे किस प्रकार की समाज व्यवस्था चाह रहे थे। मजदूरों की एक सभा में उन्होंने कहा था–"दुनिया में दो ही वर्ग हैं गरीब और अमीर, शोषित और शोषक। एक और मध्यवर्ग है, पर वह संख्या में बहुत छोटा है। किसान और मजदूर शोषित हैं। इसी कारण उन्हें संगठित होना जरूरी है।" क्या मजदूर केवल दलित ही होते हैं?

स्वतंत्र मजदूर पार्टी के घोषणा-पत्र में डॉ. अम्बेडकर का दृष्टिकोण

स्वतंत्र मजदूर पार्टी के घोषणा-पत्र में उनके राजनीति-विषयक विचार अधिक स्पष्ट शब्दों में व्यक्त हुए हैं। यह घोषणा-पत्र कई हिस्सों में बँटा हुआ है।

आर्थिक नीति के अन्तर्गत वे यह स्पष्ट करते हैं कि–

1. कृषि को व्यवसाय के रूप में देखा जाए। व्यवसाय को आर्थिक सहायता की अत्यधिक आवश्यकता है। इसके लिए भू-विकास बैंक, को-ऑपरेटिव क्रेडिट सोसायटीज, मार्केटिंग सोसायटीज की स्थापना की जाए।
2. कृषि व्यवसाय आज (1936) घाटे में है, क्योंकि जमीन के छोटे-छोटे टुकड़े किए गए हैं, कृषि पर बहुत बड़ी जनसंख्या निर्भर है। इस जनसंख्या को दूसरे व्यवसायों की ओर मोड़ना जरूरी है।
3. उद्योग व्यवसाय की शिक्षा देने वाले शिक्षा-केन्द्र शुरू करने जरूरी हैं।
4. जनहित की दृष्टि से देश के बड़े उद्योगों का राष्ट्रीयकरण होना जरूरी है।
5. देश की अर्थव्यवस्था का लाभ विशिष्ट वर्ग को ही होता है। बहुत बड़े वर्ग पर अगर अन्याय होता हो तो इस व्यवस्था को बदलना, परिवर्तित करना या नष्ट करना जरूरी है।
6. जमीन जोतने वाले की ही जमीन होनी चाहिए।
7. मजदूरों का शोषण कम कर उनके वेतन पर सरकारी नियंत्रण चाहिए। उन्हें उनकी छुट्टियों और काम की अवधि, सवेतन छुट्टी, बोनस, पेंशन आदि देने की कानूनी व्यवस्था जरूरी है।[15]

सामाजिक सुधार-विषयक मत

1. सामाजिक बहिष्कार को कानूनन बन्द करना होगा।
2. संविधान और कानून से प्राप्त अधिकारों का उपभोग करते समय किसी व्यक्ति या वर्ग को अगर आतंकित किया जाए अथवा बहिष्कृत किया जाए तो उसे कानूनन अपराधी घोषित किया जाना चाहिए।
3. धर्म के नाम पर इकट्ठी होने वाली सम्पत्ति का दुरुपयोग न हो इस हेतु सार्वजनिक धार्मिक संस्थाएँ निर्माण कर उन पर नियंत्रण रखने के लिए कानून बनाने चाहिए।[16]

शिक्षा सम्बन्धी विचार

1. निःशुल्क और अनिवार्य रूप से प्राथमिक शिक्षा की व्यवस्था हो।
2. साक्षरता प्रचार के लिए अशिक्षित, प्रौढ़ शिक्षा की योजना हो।
3. औद्योगिक शिक्षा पर विशेष बल हो।
4. दलित, अस्पृश्य और पिछड़ी जातियों के प्रतिभासम्पन्न और बुद्धिमान युवकों को उच्च शिक्षा के लिए सरकारी कोष की व्यवस्था हो।
5. प्रादेशिक विश्वविद्यालयों की स्थापना हो।

बाद में रिपब्लिकन पार्टी के जो मार्गदर्शक तत्व उन्होंने बनाए थे, उससे भी उनके राजनीतिक विचार अधिक स्पष्ट हो जाते हैं। इसके अन्तर्गत उन्होंने कहा–

(i) सभी भारतीयों को समता का व्यवहार मिलना चाहिए।
(ii) जीवन के सभी क्षेत्रों में ऐसी व्यवस्था हो, जिससे प्रत्येक व्यक्ति अपनी बुद्धि और प्रतिभा के अनुसार अपना विकास कर सके।
(iii) प्रत्येक भारतीय को धार्मिक, आर्थिक और राजनीतिक स्वतंत्रता मिले।
(अ) प्रत्येक भारतीय अपनी जरूरतों से और भय से मुक्त हो जाए। उसे इन दोनों से मुक्त रखने की जिम्मेदारी राज्य की है।
(आ) एक व्यक्ति दूसरे व्यक्ति का, एक वर्ण दूसरे वर्ण का, एक राष्ट्र दूसरे राष्ट्र का शोषण न करें।

जनतंत्र और संसदीय प्रणाली के सम्बन्ध में उनके अपने स्वतंत्र विचार हैं। प्रौढ़ मताधिकार के कारण जनसामान्य की सरकार स्थापित होने की केवल संभावना मात्र होती है। परन्तु ऐसी प्रणाली के लोगों के द्वारा लोगों के लिए चलाई

गई सरकार अस्तित्व में आएगी ही, ऐसी गारंटी नहीं होती, ऐसा स्पष्ट संकेत भी वे देते हैं।[17]

जनतांत्रिक व्यवस्था परिवर्तनशील व्यवस्था का प्रतिरूप

जनतांत्रिक व्यवस्था परिवर्तनशील व्यवस्था है—ऐसा वे कहते हैं। इंग्लैड की जनतांत्रिक व्यवस्था के इतिहास को प्रस्तुत करते हुए वे उपर्युक्त सिद्धान्त को सिद्ध करते हैं। जनतंत्र की सफलता के लिए उसके अनुकूल पृष्ठभूमि की जरूरत होती है। उनके मतानुसार किसी भी देश की समाज-रचना में निम्नलिखित बातें हों तो जनतंत्र की सफलता संभव होती है—

1. उस समाज-व्यवस्था में विषमता अधिक मात्रा में न हो।
2. वहाँ विरोधी दल का अस्तित्व हो।
3. कानून और प्रशासन में समानता हो। ये एक-दूसरे के पूरक हों, विरोधक नहीं।
4. संवैधानिक नैतिकता के पालन की वृत्ति जनता तथा शासक में हो। असंवैधानिक आचरण न हो।
5. बहुसंख्यकों की दादागिरी न चलती हो।
6. उस समाज में नैतिक मूल्यों को सर्वोपरि महत्त्व दिया जाता हो। नैतिक मूल्य आचरण में प्रस्थापित हुए हों।
7. जाग्रत जनमत हो। देश के प्रशासन के प्रति जनता संवेदनशील हो। देश में घटित घटनाओं, पारित कानूनों के प्रति उनमें अत्यधिक जागरूकता हो।

जनतांत्रिक प्रणाली उपर्युक्त नींव पर खड़ी होती है। दरिद्रता, अशिक्षा, जाति और वर्णभेद जनतंत्र के लिए बहुत बड़े खतरे होते हैं। उनके मतानुसार वर्गीय समाज रचना जनतंत्र के लिए हमेशा खतरनाक साबित हुई है। क्योंकि—"वर्गीय समाज में एक ओर जुल्म, झूठ, अहंकार, दुरभिमान, लोभ और स्वार्थ फैला हुआ होता है तो दूसरी ओर स्वतंत्रता, अस्मिता, स्वाभिमान और प्रतिष्ठा का पूर्ण अभाव होता है। असुरक्षितता, दरिद्रता तथा भय का आतंक भी ऐसे समाज में होता है।"

जनतंत्र को वे सामाजिक संगठन के रूप में देखते हैं। इसी कसौटी पर वे जनतंत्र की समीक्षा करते हैं। समाज में स्थित प्रत्येक नागरिक को इतनी फुर्सत मिलनी चाहिए कि वह सांस्कृतिक दृष्टि से अपनी प्रगति कर सके। इस

प्रकार की समाज-व्यवस्था में जनतंत्र अधिक सुरक्षित रह सकता है। आम आदमी को सुरक्षित होने का एहसास हो, यह जरूरी है। ऐसी व्यवस्था में मानवी अधिकारों को सर्वोपरि महत्त्व दिया जाना चाहिए। व्यक्ति-विकास के अनुकूल समाज-रचना के लिए जनतंत्र को अस्तित्व में लाने के पूर्व 'सामाजिक जनतंत्र' मजबूत करना जरूरी है। 'सामाजिक जनतंत्र' (समता, बन्धुता, स्वतंत्रता) का निर्माण अगर नहीं हो पाया तो राजनीतिक जनतंत्र किसी भी क्षण खत्म हो सकता है—ऐसा इशारा वे देते हैं।

'सामाजिक जनतंत्र' की उनकी कल्पना में दो प्रमुख बातें अंतर्निहित थीं—अपने सहयोगियों के प्रति बन्धुत्व की भावना, समता की दृष्टि और कठोर सामाजिक बन्धनों से मुक्ति। 'विशेष अधिकार प्राप्त समूह' और 'अधिकारहीन समूह' जनतंत्र के लिए विसंगत होते हैं। उच्च राजनीतिक लक्ष्य की प्राप्ति के लिए उच्च सामाजिक लक्ष्य भी होने जरूरी हैं। तभी इन दोनों में संगति और संवाद की संभावना होती है। इन दो लक्ष्यों के समन्वय से युक्त जनतंत्र के वे हिमायती थे।

उनके अनुसार 'राजनीतिक जनतंत्र' के चार प्रमुख आधार होते हैं—

1. व्यक्ति विकास का लक्ष्य।
2. व्यक्ति को कुछ अदेय (किसी और को जो दिए नहीं जा सकते ऐसे अधिकार) अधिकार होते हैं। इन अधिकारों की गारंटी संविधान दे।
3. कुछ विशेष अधिकारों को पाने के लिए उसे अपने संवैधानिक अधिकार छोड़ने न पड़ें।
4. कुछ व्यक्तियों को अथवा किसी वर्ग को अन्य व्यक्तियों या अन्य वर्ग पर नियंत्रण या शासन करने का अधिकार किसी भी स्थिति में दिया न जाता हो।
5. प्रत्येक व्यक्ति को शासन पर टीका करने का या सत्ता प्राप्त करने का अधिकार प्राप्त हो।[18]

जनतंत्र की सफलता की शर्तें

1. हिंसात्मक तथा रक्त से सनी क्रांति के मार्ग का उन्होंने खंडन किया है। ठीक इसी प्रकार सविनय अवज्ञा आंदोलन, असहयोग और सत्याग्रह के मार्गों को भी उन्होंने त्याज्य माना है। इन उपायों को वे 'अराजकता का व्याकरण' कहते हैं।

2. व्यक्ति-पूजा का त्याग—श्रेष्ठ अथवा महामानव के प्रति कृतज्ञता अथवा श्रद्धा व्यक्त करना गलत नहीं है, ऐसा वे कहते हैं। आत्मा के उद्धार के मार्ग के रूप में वे भक्ति की श्रेष्ठता को स्वीकार करते हैं, परन्तु राजनीति में 'भक्ति' अथवा 'व्यक्ति-पूजा' का मार्ग अधःपतन का मार्ग है, इसे वे स्पष्ट करते हैं। ऐसी भक्ति या व्यक्ति-पूजा से देश में तानाशाही विकसित होने लगती है, ऐसी उनकी मान्यता है।
3. राजनीतिक जनतंत्र से सामाजिक जनतंत्र की ओर—सामाजिक जनतंत्र की नींव मजबूत करने से ही राजनीतिक जनतंत्र सुरक्षित रह सकता है। सामाजिक जनतंत्र जीवन का एक क्रम ही है, ऐसा वे कहते हैं। इसी कारण स्वतंत्रता, समता और बंधुता को वे जीवन-तत्व मानते हैं।

राजनीति में समता और आर्थिक क्षेत्र में विषमता—इस दृश्य को बदलना जरूरी है। इन दोनों के बीच की यह विसंगति जल्द से जल्द समाप्त होनी जरूरी है। निकट भविष्य में अगर ऐसा नहीं हो सका तो, विषमता में जो छटपटा रहे हैं, ऐसे वर्ग जनतंत्र के मुखौटे का पर्दाफाश कर देंगे, ऐसा इशारा वे संविधान सभा में देते हैं।

उनका यह विश्वास था कि 'सामाजिक चेतना' के अभाव में जनतंत्र अपनी आत्मा को ही खो बैठता है। जब तक 'सामाजिक जनतंत्र नहीं होगा तब तक सामाजिक चेतना' भी विकसित नहीं हो पाएगी। सामाजिक जनतंत्र का अगर अभाव हो तो 'मूलभूत अधिकार' बेमतलब के हो जाएँगे। वास्तव में व्यक्ति की मूल नैतिक चेतना द्वारा किसी व्यक्ति अथवा वर्ग के मूलभूत अधिकारों का अगर समाज का बहुसंख्यक वर्ग विरोध कर रहा हो, मान्यता नहीं दे रहा हो, आचरण के स्तर पर स्वीकार न कर रहा हो, तो दुनिया का कोई कानून, कोई संसद, कोई न्यायालय उस व्यक्ति या वर्ग को उसके अधिकार वास्तविक अर्थ में वापस नहीं दिला सकता। क्या आज डॉ. अम्बेडकर का यह संशय सच साबित नहीं हो रहा है? यदि हो रहा है तो क्या इसके भुक्तभोगी केवल दलित हैं? वे नहीं हैं जो भले दलित जाति के नहीं हैं लेकिन उनकी आर्थिक स्थिति दलितों जैसी ही है? फिर अम्बेडकर पर केवल दलित का मसीहा होने का आरोप लगाना कहाँ तक न्यायसंगत है?

उनके आरंभिक लेखों के अध्ययन से यह स्पष्ट हो जाता है कि एक सफल जनतंत्र के लिए वे कृषि सम्बन्धों के समाजीकरण पर बल दे रहे थे। इस देश

की व्यवस्था में किसानों का अक्सर शोषण हुआ है, वर्ण और जाति के सर्वोच्च शिखर पर बैठे हुए जातियों और वर्णों ने 'श्रमिकों', 'आदिवासियों' और 'किसानों' को उत्पादन की एक मशीन मात्र माना है। इस मशीन के उत्पादन के सारे फायदे उन लोगों ने ही उठाए हैं। इस कारण उत्पादन के सम्बन्धों को नए ढंग से पुनः रचित करने का आग्रह वे कर रहे थे। इस सम्बन्ध में उन्होंने कुछ उपाय सुझाए हैं–

1. सम्पूर्ण कृषि भूमि का राष्ट्रीयकरण किया जाए। जमींदारी और भूमि के मालिकों को भूमि का पैसा दिया जाए।
2. सामूहिक खेती शुरू की जाए। श्रमिकों और मजदूरों को मजदूरी की गारण्टी दी जाए।

अपने एक प्रसिद्ध ग्रन्थ 'स्टेट एंड मायनोरिटीज' में अपनी इस उपर्युक्त योजना को उन्होंने विस्तारपूर्वक समझाया है। इस प्रकार के क्रांतिकारी मार्ग सुझाकर भी वे 'मार्क्सवाद' या 'कम्युनिज्म' से अपने मतभेद बार-बार स्पष्ट करते हैं।

दलितों के लिए वे विशेष प्रतिनिधित्व की माँग कर रहे थे। इसका यह अर्थ नहीं कि वे उनके लिए विशेष रियायत की माँग कर रहे थे। वे विद्यमान असमानता को समाप्त करने के लिए ऐसा कह रहे थे। इस संदर्भ में साइमन-कमीशन ने उनसे पूछा कि अगर प्रत्येक अल्पसंख्यक जाति या समूह विशेष प्रतिनिधित्व माँगने लगा तो बहुसंख्यकों का क्या होगा? तब अम्बेडकर जी ने उत्तर दिया कि ऐसी स्थिति में समाज दो वर्गों में विभाजित हो जाएगा–पूँजीपति और मजदूर। आंदोलनों के सम्बन्ध में उनके दो प्रमुख आक्षेप थे–(1) अस्पृश्यता के कारण अस्पृश्य मजदूरों को मिलों के अधिक फायदेमंद विभागों में काम नहीं दिया जाता। (2) दलित वर्ग साहूकारों के पंजे में फँस गया है, इस कारण उसकी आर्थिक स्थिति कमजोर हो गई है। मजदूर नेता साहूकारों के खिलाफ आवाज नहीं उठाते। वे कहते हैं दलित वर्ग के दो मुख्य शत्रु हैं–(अ) हिन्दू-धर्म, (आ) पूँजीवाद।

1938 की बम्बई विधानसभा में औद्योगिक कलह सम्बन्धी एक विधेयक प्रस्तुत किया गया था। इस विधेयक में 'हड़ताल' का विरोध किया गया था। इस विधेयक पर पाबन्दी लगाकर मजदूरों को गुलामीगीरी की अवस्था तक पहुँचाया है। यह विधेयक मजदूरों की नागरिक स्वतंत्रता पर पाबन्दी लगाने वाला है। यह प्रतिगामी और पाशवी है। इस विधेयक ने जनतंत्र का मजाक उड़ाया है। इस वक्तव्य से यह स्पष्ट है कि वे हड़ताल के समर्थक थे।[19]

एक नवीन राजनीतिक दल की कल्पना

भारत के सभी दलित, शोषित और श्रमिकों को एक झंडे के नीचे लाकर उनका एक राजनीतिक दल वे बनाना चाह रहे थे। ऐसा वे सामाजिक तथा आर्थिक विषमता को मिटाने के लिए चाहते थे। उनके पूर्व भारत में 'डिप्रेस्ड क्लासेस मिशन' नाम की संस्था कार्यरत थी, पर उसका स्वरूप राजनीतिक नहीं था। 1935 के कानून के अन्तर्गत 1937 में चुनाव घोषित हुए। शोषितों का अपना कोई राजनीतिक दल नहीं था। ऐसी स्थिति में 1936 में उन्होंने 'स्वतंत्र मजदूर दल' की स्थापना की। इस दल की ओर से वे विधिमण्डल में गए। अगले कुछ वर्षों में इसी स्वतंत्र मजदूर दल का रूपान्तर उन्होंने 'शेड्यूल कास्ट फेडरेशन' में किया। जीवन के अंतिम समय में वे 'रिपब्लिकन पार्टी' की योजना बना रहे थे। प्रगतिशील शक्तियों को संगठित कर चुनाव के मैदान में उतरना चाहिए, ऐसा उनका आग्रह था। इन दलों का ह्रास अथवा नाश वास्तव में राष्ट्र पर आया हुआ संकट है, ऐसा उन्हें लगता था। एक ही पार्टी के हाथ में निरंतर सत्ता रहना जनतंत्र के लिए घातक है। जनतांत्रिक मानसिकता का अभाव इससे स्पष्ट हो जाता है ऐसी उनकी धारणा थी। जनतंत्र में सरकार चलाने के लिए पार्टी तो चाहिए ही पर उसमें कम-से-कम दो पार्टियाँ तो अनिवार्य रूप से चाहिए।[20]

किसी भी राजनीतिक पार्टी का संगठन तीन पद्धतियों से विस्तारित होता है। इस विस्तार का विश्लेषण उन्होंने इस प्रकार किया है–(1) पार्टी का नेतृत्व, (2) व्यावसायिक राजनीति, (3) पार्टी के प्रति भावनात्मक निष्ठा। वास्तव में तीसरी पद्धति के कारण ही पार्टी फलती-फूलती है। ऐसे लोगों की निष्ठा ही पार्टी को बढ़ाती है। दूसरी पद्धति के लोग पार्टी के कार्य की दृष्टि से आवश्यक होते हैं। पार्टी की एकत्रित शक्ति के लिए ऐसे व्यावसायिक नेता आवश्यक होते हैं। वास्तव में, राजनीतिक पार्टी का अर्थ है–जनमत व्यक्त करने और उस जनमत को क्रियाशील करने का साधन। पार्टियाँ जनमत तैयार करती हैं, उसका मार्गदर्शन करती हैं, उस पर प्रभाव डालती हैं और अंततः उसको नियंत्रित भी करती हैं। उनके अनुसार पार्टियों को दो प्रमुख काम करने चाहिए–

1. वे जनता से घनिष्ठ सम्बन्ध प्रतिस्थापित करें।
2. जनता के बीच वे प्रचार का कार्य करें।

जो पार्टी जनता को संगठित नहीं कर सकती वह 'पार्टी' संज्ञा से अभिहित हो नहीं सकती। उन्हें दुख इस बात का था कि प्रगतिशील के पास केवल नेतृत्व

है, पार्टी की संरचना नहीं। उनका जनसंपर्क भी नहीं है। जनतंत्र में दो पार्टियों की आवश्यकता होती है। ठीक इसी प्रकार इन दोनों में संतुलन बनाए रखने के लिए तीसरी पार्टी की भी आवश्यकता है, ऐसा उन्हें लग रहा था। राजनीतिक सत्ता सामाजिक प्रगति की पूँजी है। इसी कारण दीन, दलित, शोषित और श्रमिकों की एक तीसरी पार्टी होनी चाहिए, इस निष्कर्ष पर वे आ चुके थे और इसी दृष्टि से 'मजदूर पार्टी', 'शेकाफे' और अंत में 'रिपब्लिकन' का प्रयोग उन्होंने किया।

एक भाषा, एक जीवन-पद्धति और एक धर्म राष्ट्रीयता के आधार हैं, ऐसा वे मानते हैं। इसी कारण भाषा के आधार पर राज्यों की पुनर्रचना उन्हें मान्य नहीं थी। भाषा के सम्बन्ध में वे हिन्दी के आग्रही प्रतिपादक थे। प्रत्येक प्रदेश की अधिकृत राजभाषा केन्द्र सरकार की ही अधिकृत राजभाषा होनी चाहिए। इस शर्त पर "मैं भाषिक प्रांत रचना को मान्यता देने को तैयार हूँ, ऐसा उन्होंने कहा है। अनेक भाषी प्रांतों की तुलना में एक भाषी प्रांतों में जनतंत्र का विकास अधिक गति से होता है। इसी हिन्दी के कारण यह अधिक तेजी से हो सकता है, ऐसा उनका विश्वास था। हिन्दी के लिए वे देवनागरी लिपि को स्वीकृति देते हैं।"[21]

"भाषिक प्रांत रचना अगर करनी ही है तो एक भाषा और अनेक राज्य इस सूत्र को स्वीकार किया जाए, एक राज्य एक भाषा को नहीं।" एक राज्य एक भाषा के कारण उत्तर भारत के एकत्रीकरण की और दक्षिण भारत के विभक्तीकरण की प्रक्रिया शुरू हो जाएगी ऐसा उनका भय था। किसी भी स्थिति में भारत का कोई भी विभाग भौगोलिक, आर्थिक और जनसंख्या की दृष्टि से अधिक बलवान और बड़ा न हो, ऐसा उनका आग्रह था। दूसरे अर्थों में वे छोटे-छोटे राज्यों के समर्थक थे। उन दिनों राज्य पुनर्रचना की जो योजना उन्होंने प्रस्तुत की थी, उसमें उत्तर प्रदेश को तीन राज्यों में, बिहार को दो में, मध्य प्रदेश को दो भागों में बाँट दिया जाना था। एक बार राज्यसभा में उन्होंने कहा था—"मुझे हिन्दी के प्रति अधिक प्रेम है, परन्तु हिन्दी-भाषी लोग ही हिन्दी के सबसे बड़े शत्रु हैं और यही मेरे लिए चिंता की बात है।"

उनके राजनीतिक विचारों के विवेचन से स्पष्ट है कि कुछ प्रश्नों पर उनके विचार बहुत ही स्पष्ट हैं। प्रखर राष्ट्रीयता और जनतंत्र के प्रति अगाध निष्ठा उनके राजनीतिक विचारों का सार है। इस प्रखर राष्ट्रनिष्ठा के लिए वे बड़ी से बड़ी कीमत देने को तैयार हैं। मजबूत विरोधी दल का वे आग्रह से प्रतिपादन करते हैं। आर्थिक पुनर्रचना में वे पूँजी पर नियंत्रण चाहते हैं। "वे एंग्लो-अमरीकन सत्ता

समूह के अनुकूल रूस-विरोधी क्रिया तथा चीन करार के अनुकूल और भारत की तटस्थता नीति के विरुद्ध थे।"[22]

डॉ. अम्बेडकर के राजनीतिक विचारों का केन्द्रबिन्दु 'मनुष्य' है। मनुष्य की अस्मिता, स्वाभिमान और स्वतंत्रता की रक्षा सत्ता और राजनीति करे, ऐसा उनका आग्रह था। मनुष्य की मूलभूत आवश्यकता की पूर्ति हो और समाज के प्रत्येक वर्ग को सत्ता में साझेदारी मिले, संसदीय प्रणाली में ही ऐसी राजनीति संभव है—ऐसी उनकी धारणा थी।[23] मनुष्य की प्रतिष्ठा के लिए वे संघर्षरत थे। भारतीय संविधान में उन्होंने इस 'मनुष्य की प्रतिष्ठा' की। भारतीय राजनीति में इस मनुष्य की प्रतिष्ठा हुई है कि नहीं, यह प्रश्न अंतःमौन होकर सोचने के लिए बाध्य करने वाला है।

उपरोक्त तथ्यों के अध्ययन से यह स्वतः सिद्ध सा है कि डॉ. अम्बेडकर पर जो दलितों का मसीहा होने का आरोप लगाया जाता है, वह मात्र दुराग्रहपूर्ण ही नहीं है; बल्कि जान-बूझकर एक राष्ट्रभक्त तथा मानवता के हितचिंतक के विचारों को गौण करने के लिए किया गया कुत्सित प्रयास है।

संदर्भ ग्रंथों/स्रोतों की सूची

1. भीमराव अम्बेडकर : व्यक्ति और विचार, विश्वप्रकाश गुप्ता एवं मोहिनी गुप्ता, राधाकृष्ण पब्लिकेशन, नई दिल्ली, पृष्ठ 140
2. वही।
3. डॉ. अम्बेडकर एंड ह्यूमन : अहलूवालिया, पृष्ठ 67
4. Dr. Ambedkar And Indian Constitution, Bhagwan Das, page 44
5. भीवराव अम्बेडकर : व्यक्ति और विचार, विश्वप्रकाश गुप्ता एवं मोहिनी गुप्ता, राधाकृष्ण प्रकाशन, नई दिल्ली, पृष्ठ 147
6. Writings and Speeches of Dr. B.R. Ambedkar, Vol-6, page 160
7. साम्यवाद वी.ए. स्टार्ट, पृष्ठ 132
8. वही, पृष्ठ 133
9. Life and Mission of Dr. B.R. Ambedkar, Dhananjay keer
10. Ibid
11. New Directions and Comparative Politics, B.E. Brown, Page 77
12. भारतरत्न डॉ. भीमराव अम्बेडकर : सृष्टि और दृष्टि, डॉ. सुकन पासवान प्रज्ञाचक्षु, भावना प्रकाशन, दिल्ली-91, पृष्ठ 207
13. वही।
14. वही, पृष्ठ 211 से 212
15. वही, पृष्ठ 213
16. वही, पृष्ठ 213

17. वही, पृष्ठ 213 से 214
18. वही, पृष्ठ 214 से 215
19. वही, पृष्ठ 211 से 212
20. Ambedkar : A Critical Study, W.N. Kuber, Page 239
21. Ibid
22. अम्बेडकर आणि मार्क्सवाद : राव साहेब कसबे, पृष्ठ 300
23. भारतरत्न डॉ. भीमराव अम्बेडकर, डॉ. सुकन पासवान प्रज्ञाचक्ष, पृष्ठ 220

अध्याय : सात

सामाजिक न्याय के पृष्ठपोषक हैं डॉ. अम्बेडकर

भारतीय संविधान की आत्मा सामाजिक न्याय की स्थापना है। इसका प्रमाण संविधान की प्रस्तावना है। इसमें लिखा गया है--हम भारत के लोग, भारत को एक सर्म्पूण प्रभुत्व-संपन्न, समाजवादी, पंथनिरपेक्ष, लोकतंत्रात्मक गणराज्य बनाने के लिए तथा उसके समस्त नागरिकों को सामाजिक, आर्थिक और राजनीतिक न्याय, विचार, अभिव्यक्ति, विश्वास, धर्म और उपासना की स्वतंत्रता, प्रतिष्ठा और अवसर की समता प्राप्त कराने के लिए, तथा उन सबमें व्यक्ति की गरिमा और राष्ट्र की एकता और अखंडता सुनिश्चित करने वाली बंधुता बढ़ाने के लिए दृढ़ संकल्प होकर इस संविधान को अंगीकृत, अधिनियमित और आत्मार्पित करते हैं।

ये सभी अनमोल शब्द डॉ. अम्बेडकर के हृदय से निकले समतावादी तथा मानवतावादी उद्‌गार हैं जिन्हें हम अन्यायपूर्वक केवल दलितों का मसीहा का नाम देते हैं। क्या इस प्रस्तावना में सामाजिक न्याय के यथार्थ दर्शन सन्निहित नहीं हैं? इसको और अधिक व्यापक बनाते हुए बाबा साहब ने मौलिक अधिकारों के साथ-साथ राज्य के नीति निर्देशक तत्वों के अतिरिक्त संविधान में जगह-जगह पर सामाजिक न्याय से संबंधित विशेष उपबंधों की व्यवस्था की है। इसी के कारण संविधान में सैकड़ों अनुच्छेद व उनके उपभाग सामाजिक न्याय को व्यावहारिक व सैद्धांतिक रूप प्रदान करते हैं।

डॉ. अम्बेडकर यह जानते थे कि व्यक्ति को अधिकार प्रत्याभूत करना अर्थहीन हो जाएगा यदि उसकी सामाजिक संरचना से असमानता दूर नहीं की जाती है। इसी को मद्देनजर रखते हुए संविधान में इस उद्देश्य को सुनिश्चित करने के लिए एक नागरिक और दूसरे नागरिक के मध्य राज्य द्वारा किए जाने वाले सभी विभेदों को अवैध घोषित किया गया है। इसका प्रमाण मुखर रूप से हमारे मौलिक अधिकार हैं।

इसी कड़ी में संविधान के अनुच्छेद-39 का उल्लेख करना प्रासंगिक होगा जिसमें कहा गया है कि राज्य यह सुनिश्चित करेगा कि समुदाय की भौतिक संपदा का स्वामित्व और नियंत्रण इस प्रकार हो कि उसका सामूहिक हित में सर्वोत्तम रूप से उपयोग हो। डॉ. अम्बेडकर ने यह नहीं कहा था कि राज्य की अस्सी फीसदी आय बीस प्रतिशत लोगों के पास तथा बीस असारिया आमदनी अस्सी पर्सेंट लोगों के पास होनी चाहिए! फिर आज यही स्थिति है तो इसके लिए अम्बेडकर दोषी हैं या कोई अन्य, इस बिन्दु पर ठहरकर सोचने से स्पष्ट हो जाएगा कि वे दलितों के मसीहा थे या मानवता के पुजारी। डॉ. अम्बेडकर के अनुसार सामाजिक समानता से तात्पर्य है कि समाज में प्रत्येक व्यक्ति का समान स्तर हो और यह अधिकार सभी को प्राप्त हो। यह इस धारणा पर आधारित है कि "प्रत्येक व्यक्ति चाहे वह निर्धन हो या धनी, उच्च जाति का हो या निम्न जाति का, समाज की एक महत्त्वपूर्ण इकाई है।[1] अतः समाज में जाति, भाषा, धर्म, लिंग या निवास-स्थान आदि के आधार पर कोई भेदभाव नहीं होना चाहिए। प्रत्येक व्यक्ति को प्रतिष्ठा और अवसर की समानता प्राप्त हो और समाज में किसी भी वर्ग को विशेषाधिकार प्राप्त न हो। मानव समाज में काफी प्राचीन काल से ही इसको प्राथमिकता दी जाती रही है। यहाँ तक कि प्लेटो, अरस्तू जैसे प्राचीन आदर्शवादी विचारकों ने भी इस सिद्धान्त को मान्यता प्रदान की है जिसको अधिकांश संविधानों में मुख्य भूमिका के रूप में स्वीकार किया गया है।"[2]

इस कड़ी में बाबा साहब ने आर्थिक समानता को आवश्यक तत्व माना है और कहा है कि आर्थिक समानता का साधारण अर्थ यह है कि प्रत्येक व्यक्ति की आर्थिक उपलब्धियों का आधार उसकी अपनी योग्यता व क्षमता होनी चाहिए और सभी व्यक्तियों की आवश्यक व न्यूनतम आवश्यकताओं की पूर्ति की जानी चाहिए। इसमें कौन सा पक्षपात है?[3]

बाबा साहब का मानना है कि सामाजिक न्याय के अंतर्गत तीसरा पहलू राजनीतिक समानता का है जिसका अर्थ यह है कि सभी नागरिकों को बिना किसी भेदभाव के शासन के कार्यों में समान अधिकार प्राप्त हो; क्योंकि प्रजातंत्र की सरकारें भी इस सिद्धान्त पर आधारित हैं कि राजनीतिक सत्ता अंततः जनता में ही निहित होती है।

डॉ. अम्बेडकर की दृष्टि में सामाजिक न्याय का आदर्श

बाबा साहब की मान्यता है कि न्याय शासन के आदर्श पर आश्रित होता है। आदर्श के अनुरूप ही लोकसेवकों का चयन किया जाता है और उन्हें प्रशिक्षत

किया जाता है। इसी के अनुसार इनके संगठन के ढाँचे खड़े किए जाते हैं। इसी पर शासन का कार्य व्यापार निर्भर करता है। सामाजिक न्याय भी उसी तरह का होगा जैसा शासन का स्वरूप होगा। गोल़ मेज सभा में डॉ. अम्बेडकर ने इसीलिए कहा था कि इतिहास में एक समय था जब लोग यह मानते थे कि सरकार का मुख्य कार्य अराजकता और पुलिस से संबंधित है। लेकिन मैं सोचता हूँ कि अब समय बदल गया है। अब हम मानते हैं कि सरकार का कार्य पुलिस राज्य के साथ जनकल्याण का भी है। बंबई में मैटरनिटी बेनिफिट बिल पर बोलते हुए उन्होंने कहा था कि जनता के कल्याण की हिफाजत करना सरकार का मुख्य कार्य है। शिक्षा, जनस्वास्थ्य, चिकित्सा सुविधा तथा जल प्रदाय सेवाओं के अतिरिक्त सरकार के और भी महत्त्वपूर्ण कार्य हैं। ये कार्य बेरोजगारी भत्ता, बीमारी के बीमे, वृद्धावस्था पेंशन, प्रसूति लाभ तथा आश्रितों के लिए अकाल मृत्यु में दिए जाने वाले लाभों के हैं। बाबा साहब ने सरकार की नीति पर तभी शक करते हुए कहा था कि मेरा इस बात से कोई सरोकार नहीं है कि क्या सरकार इन कर्तव्यों के निर्वहन में सक्षम है या नहीं। मेरे कहने का मतलब है कि यह बहुत जरूरी है कि सरकार यह जान ले कि उसके कर्तव्य क्या हैं और उसके ऊपर वे कौन सी जिम्मेवारियाँ हैं जिनसे उसे अंतिम रूप से लड़ना पड़ेगा। आज अम्बेडकर के इस क्रांतिकारी विचार को सरकारें मान रही हैं। लकिन यह अम्बेडकर का ही सपना था इसे कितने लोग मानते हैं?

अम्बेडकर निजीकरण के यूँ ही खिलाफ नहीं थे। उन्होंने कहा–"धनवान व्यक्ति सरकार के भरोसे पर नहीं रहता। एक धनी व्यक्ति को किसी स्कूल की जरूरत नहीं भी पड़ सकती है। वह अपने बच्चों को अधिक से अधिक फीस देकर कहीं भी पढ़ा ही लेगा। उसे सरकारी डिस्पेंसरी की भी जरूरत नहीं है, वह पैसा देकर डॉक्टर को घर पर बुलवा लेगा। यह तो गरीब आदमी है, जिसे सरकारी सेवाओं की आवश्यकता है।"[4]

इन्होंने कहा मुझे मालूम नहीं इस सभा में कितने लोग मेरे विचार से सहमत होंगे। लेकिन मैं मानता हूँ कि सरकार का मुख्य काम गरीबी की समस्या का समाधान करना है। प्राइवेट मिल मालिकों के बारे में उन्होंने कहा–मुझे समझ में नहीं आता कि एक मिल मालिक या कोई उद्योगपति अपना सालाना बजट प्रस्तुत करने के लिए कानून के द्वारा बाध्य क्यों नहीं किया जाता है। ऐसा क्यों है कि एक मिल मालिक या उद्योगपति जो अपनी कमाई केवल अपनी पूँजी के बल पर नहीं बढ़ाता बल्कि उसमें मजदूरों के पसीने का भी योगदान होता है, अपने प्रबंध के विवरण देने के लिए कानून के द्वारा मजबूर नहीं किया जाता।[5]

उपाय सुझाते हुए बाबा साहब ने कहा—आधुनिक प्रशासन की जिम्मेवारी अंदरूनी सीमाओं में शांति बनाए रखने की तथा जनता की आर्थिक समृद्धि के लिए आवश्यक संसाधनों को अपने हाथ में लेने की है। इसके लिए उन्होंने तीन उपाय सुझाए हैं—

1. मूल उद्योग सरकार के स्वामित्व में हो।
2. बीमे पर राज्य का एकाधिकार हो।
3. कृषि को राज्य का उद्योग माना जाए।

इन्होंने लोकतंत्र के स्तंभों का जिक्र करते हुए कहा है कि—

1. व्यक्ति अपने आप में एक साध्य है।
2. व्यक्ति के किसी को न दिए जाने वाले कुछ निजी अधिकार होते हैं।
3. व्यक्ति से ऐसी अपेक्षा नहीं रखी जाएगी कि किसी विशेष अधिकार की प्राप्ति की शर्त में उसे अपने संवैधानिक अधिकारों में से कोई छोड़ना पड़ेगा।
4. राज्य अपनी शक्तियाँ प्राइवेट व्यक्तियों को दूसरों पर शासन करने के लिए डेलिगेट नहीं करेगा।

लेकिन आज क्या हो रहा है? अम्बेडकर के इस सुझाव को नकार कर जो ग्लोबलाइजेशन के सिद्धान्त का अंधानुकरण किया जा रहा है और डिसइंवेस्टमेंट के नाम पर जो निजीकरण को प्रोत्साहित किया जा रहा है, उसके लिए अम्बेडकर जिम्मेवार हैं या उनके इस दूरगामी सोच को नकारने वाले। हाँ या ना का विचार आप खुद करें।

अम्बेडकर के सुझावों पर आप दृष्टिपात करेंगे तो पाएँगे कि वे व्यक्ति की स्वतंत्रता की बात करते हैं तो प्रत्येक व्यक्ति की स्वतंत्रता की बात करते हैं। व्यक्ति की आजादी के नाम पर उन्होंने एक व्यक्ति को दूसरे व्यक्ति का गला काटने के लिए नहीं छोड़ दिया है। वे साफ-साफ कहते हैं कि किसी भी समाज की राजनीतिक या सामाजिक-आर्थिक व्यवस्था में शासन केवल सरकार के पास रहना चाहिए। वे कहते हैं कि शासन की जगह एक व्यक्ति जब दूसरे व्यक्ति पर शासन करता है तो यह तय है कि दूसरे व्यक्ति की स्वतंत्रता छिन कर रहेगी।

इसे और स्पष्ट करते हुए उन्होंने कहा कि—**जिस समाज में कुछ वर्गों के लोग जो कुछ चाहे वह सब कुछ कर सकें और बाकी वह सब भी न कर सकें जो उन्हें करना चाहिए, उस समाज के अपने गुण होते होंगे, लेकिन इनमें स्वतंत्रता शामिल नहीं होगी। अगर इंसानों के अनुरूप जीने की सुविधा कुछ लोगों तक ही सीमित**

है, तब जिस सुविधा को आमतौर पर स्वतंत्रता कहा जाता है, उसे विशेष अधिकार कहना अधिक उचित होगा।

आज जो चिंतक सरकार द्वारा अपनी शक्तियों को प्राइवेट लिमिटेड के हाथों में सौंपने की वकालत करते हैं, उसकी कल्पना कर ही डॉ. अम्बेडकर ने वर्षों पूर्व कहा था—ऐसी स्थिति में तब बेरोजगारों से पूछना कि उनके लिए मौलिक अधिकार के मायने क्या रह गए हैं। यदि एक बेरोजगार व्यक्ति के सामने काम के घंटे के बिना शर्त और थोड़े वेतन वाले एक रोजगार तथा यूनियन में शामिल होने की पाबंदी तथा उसके बोलने, एसोसिएशन और धर्म की स्वतंत्रता के विकल्प रखे जाते हैं तो उस पर क्या गुजरती है। ये प्राइवेट पिशाच भूख का भय, घर छिनने का भय, किसी भी प्रकार की बचत खत्म होने का भय, बच्चों का स्कूल छूट जाने का भय, मरने के बाद दूसरों के पैसा से दफन होने का भय दिखाकर किस तरह बेरोजगारों के मौलिक अधिकार से खिलवाड़ करते हैं। निजी उद्यमियों के इस दोहन से व्यक्ति मौलिक अधिकार क्या एक तरह से जीवन के अधिकार से ही वंचित कर दिया जाता है। आज डॉ. अम्बेडकर के उक्त विचार कितने प्रासंगिक हैं, यह स्वतः विचारणीय है।

इसी क्रम में डॉ. अम्बेडकर संवैधानिक निजाम के वकीलों की आलोचना करते हुए कहते हैं कि ऐसे वकील यह मानते हैं कि एक बार संविधान में मौलिक अधिकारों को दाखिल कर लेने के बाद उनकी गारंटी भी व्यक्तियों को खुद-ब-खुद मिल जाती है। ऐसे वकील स्वतंत्रता की परिभाषा यह कर कर निकालते हैं कि जहाँ राज्य लोगों के आर्थिक-सामाजिक मामलों में दखल देना आरम्भ करता है तो नागरिकों की स्वतंत्रता में बाधा उत्पन्न होने लगती है। उनके अनुसार इस बचे हुए क्षेत्र को जितना बड़ा कर दिया जाए तथा राज्य की दखल कम कर दी जाए तो स्वतंत्रता की उतनी अधिक प्राप्ति होती है। लेकिन डॉ. अम्बेडकर पूछते हैं कि यह स्वतंत्रता किसको, और किसके लिए होती है। वे इसका खुद उत्तर देते हैं कि निश्चित रूप से यह स्वतंत्रता मकान मालिक की होती है कि वह कितना भी किराया बढ़ा सके, यह स्वतंत्रता पूँजीपतियों की होती है कि वह चाहे जितना काम के घंटे को बढ़ा दें और चाहे जितना कम वेतन दें। इसीलिए वे कहते हैं कि एक आर्थिक व्यवस्था में, जिसमें लाखों-करोड़ों लोग काम करते हैं, किसी न किसी को ऐसे नियम बनाने पड़ेंगे जिससे कि मजदूरों के हितों की रक्षा हो। यदि राज्य इन नियमों का निर्माण नहीं करता है तो प्राइवेट नियोक्ता मजदूरों का मनमानी शोषण करेंगे ही। इसका मतलब होगा कि राज्य के नियंत्रण के बाहर जो स्वतंत्रता है उसका दूसरा नाम प्राइवेट नियोक्ताओं की तानाशाही है।[6] क्या

अम्बेडकर का यह चिंतन आज सच के धरातल पर मूर्त्तिमान नहीं हो रहा है? और यदि हो रहा है तो क्या उसके भुक्तभोगी मात्र दलित हैं। यदि नहीं तो अम्बेडकर मात्र दलितों के मसीहा कैसे हुए?

निष्कर्ष निरूपित करते हुए डॉ. अम्बेडकर कहते हैं कि लोकतंत्र की आत्मा एक मनुष्य, एक वोट के सिद्धान्त की है। लोगों के राजनीतिक जीवन में यह सिद्धान्त एक बहुत बड़ी घटना है। लेकिन इसमें सामाजिक संरचना का मसला एकदम छोड़ दिया गया है। इसलिए धनवान व्यक्ति लोगों के आर्थिक जीवन को जैसा चाहे बदल डालते हैं। वे चाहते थे कि जिस तरह राजनीति में एक मनुष्य के एक वोट का मूल्य निर्धारित है, ठीक उसी तरह अर्थशास्त्र के सिद्धांत के अनुरूप हर मनुष्य के लिए एक रुपया का मूल्य एक ही रुपया होना चाहिए। क्या इस तरह का समताभावी तथा स्वतंत्रता का पहरुआ व्यक्ति मात्र दलितों का पैरोकार कहलाने का अधिकारी भर है?

इस तरह यह स्वतः स्पष्ट है कि सामाजिक न्याय की संकल्पना आर्थिक, राजनीतिक व सामाजिक समानता की अवधारणाओं पर आधारित है जो मिलकर कल्याणकारी व लोकतांत्रिक व्यवस्था को सुचारु रूप से चलाने में सहयोग प्रदान करती है। इससे समाज में रहने वाले गरीब-से-गरीब व्यक्ति के सार्वजनिक हित सुरक्षित रहते हैं। इससे उसे गर्व होता है कि समाज की संरचना में उसका भी सहयोग सम्मिलित है। इस अहसास के दरकने से ही सामाजिक टूटन होती है और राष्ट्रीयता की भावना का लोप होता है। क्या इस अवधारणा के पृष्ठपोषक मनीषी को मात्र दलितों का मसीहा कहना न्यायसंगत है?

इसीलिए बाबा साहब मानते हैं कि सामाजिक न्याय को समाज के प्रत्येक व्यक्ति तक पहुँचाने के लिए नीति निर्देशक तत्वों के अन्तर्गत राज्य अपनी नीतियों का संचालन इस प्रकार करेगा कि जिससे यह सुनिश्चित हो कि सभी नागरिकों को समान रूप से जीविका के प्रर्याप्त साधन उपलब्ध हो सकें।...

सामाजिक न्याय के विषय में डॉ. अम्बेडकर के दृष्टिकोण

डॉ. अम्बेडकर ने अपने सम्पूर्ण जीवन में केवल सामाजिक अन्याय का ही सामना किया था और इस सामाजिक अन्याय का उत्पीड़न इतना भयंकर था कि उन्हें इससे आभास हुआ कि सामाजिक न्याय व समानता व्यक्ति के जीवन के लिए कितना महत्त्वपूर्ण है। उनका मानना है कि समाज में व्याप्त अन्याय की समाप्ति के उपरांत जिस स्वच्छ वातावरण का विकास होता है, वही सामाजिक न्याय है।

इसी परिकल्पना को मूर्तिमान करने के लिए उन्होंने संविधान की प्रस्तावना में समाजवादी, धर्मनिरपेक्ष एवं लोकतांत्रिक गणराज्य बनाने की घोषणा सम्पूर्ण भारतीय जनता की तरफ से की थी तथा समाज के सभी वर्गों को सामाजिक, आर्थिक न्याय, विचार अभिव्यक्ति की स्वतंत्रता, किसी भी धर्म में आस्था रखने व पूजा करने की स्वतंत्रता, हर नागरिक को हर क्षेत्र में समान अवसर प्रदान करने तथा सम्मान व बंधुत्व की भावना से राष्ट्र की एकता-अखंडता सुनिश्चित करने का प्रावधान किया था।[7]

डॉ. अम्बेडकर ने सामाजिक न्याय को जानने के लिए भारतीय समाज में प्रचलित अन्याय को जान लेना आवश्यक बताया है। उनके अनुसार—देश के अंदर एक ऐसा वर्ग भी है जो सदियों से असमानता के दर्दनाक उत्पीड़न को झेलता आ रहा है जो विदेशियों के साथ-साथ स्वदेशियों का भी गुलाम है, आदमियों की दुनिया में भी जिनके साथ पशुवत् व्यवहार किया जाता है। सभी हिन्दू कुत्ते, बिल्लियों, गाय इत्यादि जानवरों को बड़े प्यार से स्पर्श करते हैं, चींटी को शक्कर अर्पित की जा सकती है, इसमें कोई बुराई नहीं है। लेकिन अपने ही स्वधर्मी जिन्हें अपने शास्त्र में वे गलत ढंग से अस्पृश्य कहते हैं...के स्पर्श से वे अपवित्र हो जाते हैं। जब तक यह व्यवस्था प्रचलन में है तब तक सामाजिक न्याय की बात करना बेमानी है।[8]

उन्होंने कहा कि सामाजिक स्वतंत्रता के बगैर राजनीतिक स्वतंत्रता अर्थहीन हो जाती है। क्योंकि जब तक समाज का एक वृहत्तर तबका सामाजिक शोषण और अपमान के शिकार रहेंगे तब तक सामाजिक न्याय महत्त्वहीन ही बना रहेगा।

इसमें संदेह नहीं कि डॉ. अम्बेडकर ने सामाजिक असमानता तथा अस्पृश्यता को देश की सर्वप्रमुख समस्या माना है। क्योंकि इस विभेद के कारण ही समाज का एक वर्ग सामाजिक धारा से अलग-थलग पड़ गया है, जिससे राष्ट्र के विकास में उस बहुसंख्यक वर्ग की ऊर्जा का समुचित उपयोग नहीं हो पा रहा है। डॉ. अम्बेडकर किसी भी प्रकार के शोषण, उत्पीड़न अथवा एकाधिकार के विरोध में हैं। उनका आग्रह है कि सबको न्याय मिले, किसी के साथ भेदभाव न हो, सारा समाज परस्पर मैत्री भाव से रहे तथा सबको स्वेच्छानुसार व्यापार करने की स्वतंत्रता हो।

डॉ. अम्बेडकर का मत है कि सामाजिक न्याय तब तक नहीं आ सकता है जब तक कि हम राजनीतिक समानता के साथ-साथ आर्थिक समानता भी प्राप्त नहीं कर लेते हैं। उनका मानना है कि अछूत भूमिहीन मजदूरों की समस्या को राष्ट्रीय आर्थिक विकास के संदर्भ में देखा जाना चाहिए। 1936 में ही इस युगद्रष्टा

पुरुष ने कहा कि भूमिहीन मजदूरों, गरीब किसानों व श्रमिक वर्ग की समस्याओं का समाधान करके ही उनके लिए सामाजिक न्याय उपलब्ध कराया जा सकता है। वे कहते हैं समानता का अर्थ है, सभी को समान अवसर मिले और प्रतिभा को प्रोत्साहन दिया जाए। उन्होंने इस बात पर बल दिया है कि हिन्दू समाज का गठन दो सिद्धान्तों पर किया जाए—क. समानता व ख. जातिविहीनता।[9]

कुछ लोग यह आरोप लगाते हैं कि आखिर डॉ. अम्बेडकर सामाजिक न्याय की बात किसके लिए कर रहे थे। इसका उत्तर देते हुए उन्होंने स्पष्ट किया है कि देश की वह सारी जनता जो जाति व्यवस्था के कारण सदियों से शिक्षा, सम्पत्ति और सामाजिक प्रतिष्ठा के अधिकारों से वंचित है, उन सबों को सामाजिक न्याय की आवश्यकता है।

अम्बेडकर का सामाजिक न्याय दर्शन

डॉ. अम्बेडकर के कार्य, उनके साहित्य, उनके द्वारा समय-समय पर चलाए गए आंदोलन और उनके द्वारा निर्मित संगठनों का अध्ययन व मूल्यांकन करने से यह स्पष्ट होता है कि वे महज समाज सुधार में ही विश्वास नहीं रखते हैं, बल्कि वे सामाजिक, राजनीतिक, सांस्कृतिक और आर्थिक क्रांति में भी पूर्ण आस्था व्यक्त करते हैं। उनकी क्रांति की अपनी अलग ही परिभाषा है जो पश्चिमी तथा भारतीय क्रांतिकारियों के दृष्टिकोण से भिन्न है।

यह सत्य है कि भारतीय समाज से जात-पाँत एवं अछूतपन इत्यादि सामाजिक कुरीतियों को समाप्त करना उनका लक्ष्य है, लेकिन इसका यह कतई तात्पर्य नहीं है कि वे अन्य तरह की सामाजिक असमानताओं से अनभिज्ञ या निरपेक्ष थे। तभी तो वे बार-बार सम्पूर्ण क्रांति की बात करते हैं। वे कहते हैं—सामाजिक न्याय ही नहीं, नैसर्गिक न्याय का यह तकाजा है कि किसी भी कारण से आदमी-आदमी में भेदभाव नहीं किया जाए। लोग उनके धर्मांतरण को भले राजनीतिक चश्मे से देखते हैं लेकिन इसके पीछे भी उनका उद्देश्य मात्र सामाजिक न्याय की प्राप्ति करना-कराना ही था।

तभी तो सामाजिक न्याय को सर्वोच्च प्राथमिकता देते हुए तथा इसकी सुरक्षा को अपना मुख्य संकल्प मानते हुए धर्मांतरण के कारणों को स्पष्ट करते हुए बाबा साहब ने महात्मा गांधी से कहा—भारत हमारी मातृभूमि है और इसी मातृभूमि में हमें कुत्ते और बिल्लियों से भी अधिक नीच समझा जाता है। जिस देश तथा धर्म में हमें सार्वजनिक स्थानों पर पानी नहीं लेने दिया जाता, आप बताएँ हम इस धर्म

में क्यों रहें? क्या देश की एक महती आबादी के साथ इस प्रकार से भेदभाव बरत कर देश का कभी हित हो सकता है?

हिन्दू कोड बिल और डॉ. अम्बेडकर

डॉ. अम्बेडकर क्यों लाना चाहते थे हिन्दू कोड बिल

आज शायद ही किसी को डॉ. अम्बेडकर द्वारा तैयार किए गए हिन्दू कोड बिल का मसविदा का स्मरण हो। यह भी अब अतीत की बात हो गई है कि तब इसका भारी विरोध हुआ था। इसके पारित नहीं होने के कारण ही बाबा साहब ने नेहरू मंत्रिमंडल से इस्तीफा दिया था। यहाँ बाबा साहब द्वारा तैयार हिन्दू कोड बिल के तथ्यों को संक्षेप में इसलिए रखा जा रहा है कि हम स्वयं विचार करें कि इसके गुण और दोष क्या थे। और यह भी तय करें कि यदि यह पूर्ण रूप से समतावादी तथा मानवीय दृष्टिकोण पर आधारित था और भारतीय सामाजिक व्यवस्था की बहुत सारी बुराइयों को मिटाने का अमोघ अस्त्र था फिर भी इसे क्यों पारित नहीं किया गया। आज बाबा साहब द्वारा तैयार मसविदे के आधार पर ही नागरिक संहिता बनाने के लिए तैयारी क्यों चल रही है। यदि इन प्रश्नों का गवेषणात्मक विश्लेषण किया जाए तो यह साफ हो जाएगा कि तत्कालीन रूढ़िवादियों तथा अन्ध-परम्परा समर्थकों ने हिन्दू कोड को इसलिए पारित नहीं होने दिया क्योंकि इससे उनके विशेषाधिकार के साथ-साथ समाज के सिरमौर होने के अभिमान को बट्टा लगता। ऐसे लोग यह भी नहीं चाहते थे कि सदियों से जिस गलित सामाजिक अव्यवस्था को परम्परा तथा ज्ञानाधिकारी होने के अंध-अभिमान में वे पालते-पोसते आ रहे हैं, उसे समाज का एक निम्न जाति में जन्मा व्यक्ति चुनौती दे। उसमें सुधार का आयाम प्रस्तुत कर एक सबल तथा स्वस्थ सामाजिक व्यवस्था की आधारशिला रखे।

सोहनलाल शास्त्री विद्यावाचस्पति की पुस्तक 'डॉ. अम्बेडकर और हिन्दू कोड बिल' के अनुसार—इस कोड में बाबा साहब ने निम्न विधानों को लाने का प्रस्ताव किया है[10]—1. हिन्दू विवाह अधिनियम, 2. विशेष विवाह अधिनियम, 3. गोद लेना या दत्तक ग्रहण एवं अल्पायु संरक्षता अधिनियम, 4. हिन्दू उत्तराधिकार अधिनियम, 5. निर्बल तथा साधनहीन परिवार के सदस्यों का भरण-पोषण अधिनियम, 6. अप्राप्तवय संरक्षण सम्बन्धी अधिनियम, 7. उत्तराधिकारी अधिनियम और 8. हिन्दू विधवा पुनर्विवाह अधिकार अधिनियम।

क. हिन्दू विवाह अधिनियम

बाबा साहब ने हिन्दू कोड बिल की धारा 7 में लिखा है कि यदि निम्न शर्त्तें पूरी हो जाती हैं तो किन्हीं भी दो हिन्दुओं में शास्त्रीय रीति के अनुसार विवाह संपन्न हो सकेगा।

1. यदि दोनों पक्षों में विवाह के समय पर कोई भी पक्ष पति अथवा पत्नी नहीं रखता।
2. यदि दोनों पक्षों में विवाह के समय कोई जड़-बुद्धि या पागल नहीं है।
3. यदि विवाह के समय वर अठारह वर्ष की आयु पूरी कर चुका है और वधू चौदह वर्ष की आयु पूरी कर चुकी है।
4. यदि दोनों पक्ष परस्पर निषेधात्मक सम्बन्ध की कोटियों के अन्तर्गत नहीं आते।
5. यदि दोनों पक्ष आपस में परस्पर संपिण्ड नहीं हैं और यदि पारस्परिक आचार और परंपरा के अन्तर्गत दोनों पक्षों में ऐसा संस्कार जायज मानने की प्रथा न हो।
6. जहाँ वर या वधू सोलह वर्ष की आयु पूरी नहीं कर चुके हैं, उसके संरक्षक की स्वीकृति प्राप्त की जा चुकी है।

ख. विवाह विच्छेद की परिस्थितियाँ

धारा 30 में वर्णित है कि कोई ऐसा विवाह, इस कोड के आरंभ होने से पहले अथवा बाद में सम्पूर्ण हो चुका है; निम्नांकित आधारों में से किसी एक के कारण खत्म हो जाएगा।

1. यदि ऐसे विवाह के समय पर और तब से लेकर लगातार तत्सम्बन्धी अदालती कार्यवाही के आरंभ तक विवाह के दोनों पक्षों में से कोई एक नपुंसक था।
2. यदि पति किसी स्त्री को रखैल के रूप में रख रहा है अथवा पत्नी किसी पर पुरुष की रखैल बनकर रह रही है या वेश्या का जीवन व्यतीत कर रही है।
3. यदि विवाह के दोनों पक्षों में से कोई पक्ष दूसरा धर्म ग्रहण कर लेता है और हिन्दू धर्म को त्याग देता है।
4. यदि विवाह के दोनों पक्षों में से एक पक्ष असाध्य रूप में उन्मत्त या पागल है और ऐसे प्रार्थना पत्र के देने के पहले निरंतर पाँच वर्ष के लिए उसका इलाज किया जा चुका है।

5. यदि दोनों पक्षों में कोई एक बड़े और असाध्य प्रकार के कुष्ठ से पीड़ा उठा रहा है।

ग. दत्तक विधान और संरक्षकता

इस सम्बन्ध में कोड की धारा 54 में लिखा गया है कि कोई भी ऐसा हिन्दू पुरुष होशो-हवास में हो और अठारह वर्ष की आयु प्राप्त कर चुका है, वह दत्तक लेने की योग्यता रखता है।

किन्तु शर्त यह है कि कोई भी हिन्दू पुरुष अपनी पत्नी की अनुमति ग्रहण किए बिना गोद नहीं लेगा। इसी तरह धारा 62 के अंश 3 में माता को दत्तक लेने का अधिकार दिया गया है।

यदि बच्चे के पिता ने हिन्दू धर्म को त्याग दिया हो। यदि विधवा ने हिन्दू धर्म त्याग दिया हो तो धारा 61 के अंश तीन में उसके गोद लेने के अधिकार को समाप्त माना गया है।

गोद लिये जाने की योग्यता विषयक धारा 63 में बताया गया है कि कोई भी व्यक्ति तब तक गोद लिये जाने योग्य क्षमता नहीं रखेगा जब तक कि निम्नलिखित शर्त्तों के सम्बन्ध में तसल्ली नहीं हो जाती– 1. वह हिन्दू है, 2. वह विवाहित नहीं है, 3. वह पहले से ही गोद नहीं लिया जा चुका है एवं 4. वह अपनी आयु के पंद्रह वर्ष पूरे नहीं कर चुका है।

घ. उत्तराधिकार विषयक प्रावधान

1. **संपत्ति में स्त्रियों के अधिकार :** इसके सम्बन्ध में कोड की धारा 91 एवं 93 में उल्लेखित है कि किसी स्त्री द्वारा जो भी संपत्ति प्राप्त की जाएगी वह निश्चयात्मक या निजी उसकी संपत्ति होगी।
2. लेकिन इसका अपवाद यह होगा कि उपधारा 1 में उल्लिखित कोई बात किसी ऐसी संपत्ति पर लागू नहीं होगी, जो कि स्त्री द्वारा बतौर दान के या किसी वसीयतनामे के अधीन प्राप्त की गई है और जहाँ दान एवं वसीयतनामे की शर्तें स्पष्ट रूप या आनुषंगिक रूप में ऐसी संपत्ति के बारे में सीमित अधिकार प्रदान करती है बशर्ते कि उक्त आनुषंगिक आदेश का उद्‌भव उस स्त्री जाति के कारण ही नहीं होता।

धारा 93 में वर्णित है कि इस कोड के प्रारंभ होने के बाद किसी विवाह के संस्कार पूर्ण होने की अवस्था में कोई भी ऐसा स्त्री धन जो कि उस विवाह प्रसंग पर अथवा उसकी किसी शर्त के रूप में या उसके सम्बन्ध में एक उपहार के रूप में दिया गया है वह उस स्त्री की संपत्ति समझा जाएगा।

कोड की धारा 100 में लिखा गया है कि किसी वसीयतहीन मृत व्यक्ति की संपत्ति में उसके पुत्र-पुत्री का बराबर का हिस्सा होगा।

स्पष्ट है कि हिन्दू कोड बिल के उपरांक्ति सारे के सारे विधान हिन्दू शास्त्रों के अनुरूप ही हैं। स्त्री का संपत्ति का अधिकार दायभाग के अनुसार है। वृहस्पत स्मृति ने भी स्त्री को संपत्ति का अधिकार देने का समर्थन किया है। तलाक का समर्थन कौटिल्य और पराशर स्मृति में है। स्पष्ट है जिमकी कथनी और करनी में एकरूपता नहीं होती है, उन्होंने ही हिन्दू कोड बिल का विरोध किया।

यहाँ यह विचारणीय है कि बाबा साहब द्वारा प्रस्तुत किए गए हिन्दू कोड बिल के उपरांकित अंशों में कहाँ दलितों की वकालत है कि हम उन्हें दलितों के मसीहा के पिंजरे में बंद कर उनके विशाल व्यक्तित्व को बौना करने का वर्षों से षड्यंत्र करते चले आ रहे हैं। सच तो यह है कि हिन्दू कोड बिल का उद्देश्य एक साझा व्यक्तिक कानून प्रदान करना था, परन्तु विवाह, तलाक, गोद लेना तथा पिता की संपत्ति में पुत्री का भी भागीदार होना कुछ ऐसे महत्त्वपूर्ण पक्ष थे, जिससे सामाजिक दृष्टि से भारतीय महिलाओं की स्थिति में आमूलचूल परिवर्तन आ सकता था जिसे समाज के शोषक तथा कट्टरपंथी महिलाओं को देना नहीं चाहते थे। हिन्दू कोड बिल के विरोध का एक यह भी महत्त्वपूर्ण कारण था।

यही कारण है कि भारतीय सामाजिक जीवन में सदियों से कायम रुग्ण परम्परा के नाम पर कायम जड़ता, शास्त्रीय विधान के नाम पर जारी आकाशी-पाताली भिन्नता तथा नारी उत्पीड़न एवं वार्गिक-वार्णिक असमानता को समाप्त करने के लिए जब से बाबा साहब के द्वारा हिन्दू कोड बिल का मसविदा तैयार किया जाने लगा तब से पूरे देश में उसके विरुद्ध इतना हो-हल्ला तथा विरोध प्रदर्शन शुरू कर दिया गया कि एक तरह से लगता था कि इसके अलावा देश के सामने अन्य कोई मुद्दा है ही नहीं। इतना ही नहीं, जब इस मसविदे को पारित कराने हेतु संसद में लाया गया तब भी संसद के अंदर काफी शोरगुल हुआ और उसके उपरांत तूफान पूर्व की शांति वाली स्थिति तो बनी रही, लेकिन अंततः यह मसविदा सदस्यों के विरोध के कारण पास नहीं ही हुआ। उपरोक्त विवेचन के आलोक में यहाँ यह विचारणीय है कि डॉ. अम्बेडकर के द्वारा जो हिन्दू कोड बिल का मसविदा तैयार किया गया उसमें गलत क्या है? क्या यह भारत के प्रत्येक

नर-नारी की हित समता की बात नहीं करके उनमें विभेद करने का प्रयास है? क्या इसमें उन्होंने दलितों के लिए किसी विशेष सुविधा का प्रावधान कर दिया है और अन्य जातियों के अधिकारों में कटौती की बात कही है? यदि इन प्रश्नों के उत्तर नकारात्मक हैं तो फिर बाबा साहब को मात्र दलितों का मसीहा कहने का क्या औचित्य है और इस बिल को पारित नहीं होने देने का क्या आधार है?

संदर्भ ग्रंथों/स्रोतों की सूची

1. भारत का संविधान, डॉ. जय जयराम उपाध्याय, सेंट्रल लॉ एजेन्सी, 30-डी/1, मोतीलाल नेहरू रोड, इलाहाबाद, पृष्ठ 21
2. भारतरत्न डॉ. भीमराव अम्बेडकर : सृष्टि और दृष्टि, डॉ. सुकन पासवान प्रज्ञाचक्षु, भावना प्रकाशन, दिल्ली-91, पृष्ठ 223
3. तथैव।
4. बाबा साहब डॉ. अम्बेडकर सम्पूर्ण वाङ्मय, खंड-3, डॉ. अम्बेडकर प्रतिष्ठान, कल्याण मंत्रालय भारत सरकार, नई दिल्ली।
5. तथैव।
6. तथैव।
7. Foundation of Ambedkar's Thought, K.S. Bharti, New Delhi, Page 105
8. डॉ. अम्बेडकर और सामाजिक न्याय : राजेश गुप्ता, मानक पब्लिकेशन्स प्रा.लि., लक्ष्मीनगर, दिल्ली-92, आमुख के पूर्व पृष्ठ पर।
9. Dr. Ambedkar and the Dalit Future : B.K. Krishanyair, New Delhi, page 05
10. डॉ. अम्बेडकर और हिन्दू कोड बिल, सोहनलाल शास्त्री विद्यावाचस्पति।

अध्याय-आठ

धर्म एवं अम्बेडकर : एक समष्टिमूलक अध्ययन

डॉ. अम्बेडकर धर्म को अफीम की गोली नहीं बल्कि उसे संस्कृत और सुसंस्कृत जीवन पद्धति के लिए संजीवनी मानते थे, बशर्ते कि उसमें सार्वजनीनता एवं सार्वकालिकता का गुण हो। बाबा साहब के बचपन से ही धार्मिक संस्कार थे। उनके पिता कबीरपन्थी थे। सारी बौद्धिकता और विद्वात्ता के बावजूद वे धार्मिक थे। परन्तु उनकी धार्मिकता में कर्मकाण्ड और रूढ़ियों को स्थान नहीं था। 1917 से उनका सार्वजनिक जीवन शुरू हुआ। तब से लेकर 1935 तक वे हिन्दू धर्म में सुधार लाने के लिए प्रयत्नशील रहे। वे चाहते थे कि हिन्दू धर्म अधिक उदारता से अछूतों को स्वीकार करे। उन्हें उनके मानवीय अधिकार लौटा दे। हिन्दू धर्म के प्रति उनकी शिकायत थी कि वह विषमता का समर्थन करता है, इसलिए हमने उसके विरोध का निर्णय लिया है। अगर हिन्दू धर्म अस्पृश्यता का धर्म है, तो उसे समानता का धर्म बनाना चाहिए। अगर हिन्दू धर्म सामाजिकता एवं समता का धर्म बनना चाहता है तो अस्पृश्यों को मात्र मन्दिरों में मुक्त प्रवेश देकर बात बनने वाली नहीं है। इसके लिए चातुर्वर्ण्य निर्मूलन की नितान्त आवश्यकता है। इस धर्म और समाज की विषमता की जड़ चातुर्वर्ण्य व्यवस्था है। अगर इस जड़ को नष्ट नहीं किया गया तो अस्पृश्य वर्ग इस धर्म को निश्चित ही त्याग देगा।[1]

इस उद्धरण से यह स्पष्ट है कि बाबा साहब हिन्दू धर्म की सीमाओं को बतलाते हुए उसमें शुद्धता का आग्रह कर रहे थे। तत्कालीन विद्वज्जनों एवं धर्मप्रमुख से वे बार-बार अपील कर रहे थे कि हिन्दू धर्म में स्थित इन दोषों को प्रयत्नपूर्वक हटाया जाए। वे खुद समानता की दिशा में इस धर्म को उन्मुख करने के लिए प्रयत्नशील थे। चवदार तालाब का सत्याग्रह, नासिक कालाराम मन्दिर प्रवेश सत्याग्रह इस बात के प्रमाण हैं। वर्णव्यवस्था की अशास्त्रीयता को वे अपने

ग्रन्थों द्वारा सिद्ध कर रहे थे। परन्तु हिन्दू धर्म के तथाकथित ठेकेदार उनके इस प्रयत्न को गम्भीरता से ले नहीं रहे थे उल्टे वे इन सुधारों का विरोध ही कर रहे थे। वि.दा. सातवलेकर जी के लेख (पुरुषार्थ : जनवरी, 1936), 'हम हिन्दू हैं, हिन्दुओं के साथ ही जिएँगे, हिन्दुओं के साथ ही मरेंगे, हिन्दू हमारे साथ चाहे जैसा व्यवहार करें, पर हम हिन्दुओं की, धर्म की और हिन्दू देवी-देवताओं की प्रतिष्ठा को बनाए रखने के लिए ही अपना सर्वस्व अर्पित करेंगे ऐसी घोषणा अस्पृश्य करें। उनकी इस सहनशीलता से द्रवित होकर किसी दिन सवर्ण उन्हें मानवीय अधिकार देंगे, तब तक प्रतीक्षा करें।' के उत्तर में बाबा साहब ने लिखा—...कोई दूसरा व्यक्ति भले ही इसे स्वीकार करे पर मैं इसे कतई स्वीकार नहीं कर सकता। पत्र के अन्त में वे आक्रोश के साथ लिखते हैं—''मेरी दृष्टि में हिन्दू धर्म धर्म न होकर लोगों को पागल करने की जड़ी-बूटी है।"[2] अम्बेडकर का ऐसा कहने का निहितार्थ हिन्दू धर्म की नहीं, बल्कि उसकी बुराइयों की अलोचदार प्रवृत्तियों की खामियों की ओर इंगित करना था। क्या बुराई को बुराई कहना उचित नहीं है?

उन्होंने कहा—'हिन्दू धर्म की आत्मा विषमता का है। उसके शास्त्र विषमता का प्रचार करते हैं। ऊँच-नीच की धारणा इस धर्म की विशेषता है। इस धर्म के सिद्धान्त भले ही आकर्षक हों, परन्तु मानवीय अधिकार विशेष वर्ग तक ही सीमित किए गए हैं।'[3]

लाहौर के जात-पाँत तोड़क मण्डल के लिए उन्होंने जो अध्यक्षीय भाषण तैयार किया था, उसमें भी हिन्दू धर्म-विषयक उनकी धारणाएँ स्पष्ट हुई हैं। हिन्दू धर्म और समाज के पुनर्गठन के लिए जाति व्यवस्था निर्मूलन जरूरी है और अंतर्जातीय विवाह के ही द्वारा जाति संस्था नष्ट की जा सकती है, इसे उन्होंने अनेक प्रमाणों द्वारा सिद्ध किया है।[4] हिन्दुस्तान के विनाश के लिए हिन्दू धर्म प्रचारित और स्थापित जाति व्यवस्था कारणीभूत है, इसे वे स्पष्ट करते हैं।

धर्म के उद्देश्य को समझाते हुए वे कहते हैं कि व्यक्ति के सद्गुणों का विकास ही सच्चे धर्म का अंतिम उद्देश्य है। जिस कारण प्रजा का धारण होता है, वही धर्म है। धर्म की इस व्याख्या में वे अपनी सहमति प्रकट करते हैं। प्रजा के धारण के लिए धर्म बन्धुभाव, समता और स्वतंत्रता के सद्गुणों के संस्कार डाले, ऐसी ही मानवीय अपेक्षा होती है। अपेक्षा ही नहीं, किसी भी धर्म की यही अहम जिम्मेदारी होती है। हिन्दू धर्म इन सद्गुणों के संस्कार पैदा नहीं करता इसलिए इसे नकारना पड़ता है। अस्पृश्यता के कारण ही भारत के करोड़ों

व्यक्तियों के गुणों का विकास उस अनुरूप नहीं हो पाया है जैसा होना चाहिए था।[5] ऐसी उनकी मान्यता है। यदि हिन्दू धर्म अस्पृश्यता को छोड़ दे तो अंगीकृत करने के योग्य है।

धर्म की आवश्यकता को स्पष्ट करते हुए उन्होंने कहा—"मैं आपको फिर से यह स्पष्ट कर देना चाहता हूँ कि धर्म मनुष्य के लिए है, मनुष्य ने धर्म को बनाया है। इसलिए धर्म में आवश्यकतानुसार परिवर्तन आवश्यक है। जो धर्म तुम्हारे ज्ञान और शिक्षा के अधिकार छीन लेता है, जो धर्म तुम्हारे भौतिक उत्कर्ष में बाधाएँ पहुँचाता है, वह धर्म कहलाने लायक नहीं है। जो धर्म अपने अनुयायियों को अपने ही धर्मावलम्बियों से मानवीयता का आचरण करना नहीं सिखलाता, वह धर्म न होकर एक बीमारी है। जो धर्म अपने अनुयायियों को अमंगल जानवरों के स्पर्श को सहने को कहता है परन्तु उसी समय अपने ही धर्म के कुछ लोगों के स्पर्श को पाप समझता है, वह धर्म न होकर मनुष्य जीवन की विडम्बना है। जो धर्म अज्ञानियों को अज्ञानी और निर्धनों को निर्बल रहने की सीख देता है, वह धर्म न होकर भयावह कैदखाना है।"[6]

'बुद्ध और उसके धर्म का भविष्य' नामक एक लेख डॉ. बाबा साहब ने 1950 में लिखा था। लेख के आरंभ में वे व्यक्ति जीवन में धर्म की आवश्यकता के चार प्रमुख कारण स्पष्ट करते हैं—

1. समाज की स्थिरता और नियंत्रण के लिए नीति की आवश्यकता होती है। इनमें से किसी एक के अभाव में समाज रसातल को जा सकता है। इसलिए किसी भी समाज को धर्म की आवश्यकता होती है।
2. धर्म को अगर बना रहना हो तो उसे बुद्धिप्रामाण्यवादी होना चाहिए, विज्ञान बुद्धिप्रामाण्यवादी है।
3. केवल नीति की संहिता का अर्थ धर्म नहीं है। धर्म की नीति-संहिता में स्वतंत्रता, समता और बंधुता इन मूलभूत तत्वों को मान्यता प्राप्त होनी चाहिए।
4. दरिद्रता को पवित्र मानने का आग्रह किसी भी धर्म को नहीं करना चाहिए अथवा दरिद्रता का उदारीकरण भी नहीं होना चाहिए।[7]

उनके मतानुसार इन चारों की पूर्ति बौद्ध धर्म करता है। धर्म-परिवर्तन की घोषणा के बाद सिख, ईसाई और इस्लाम धर्म प्रमुखों ने उनसे सम्पर्क स्थापित किया। प्रत्येक का आग्रह था कि वे उनके धर्म में आएँ। उनका स्वार्थ था कि धर्म परिवर्तन के माध्यम से दलितों की बहुत बड़ी संख्या अगर अपने धर्म में आ

जाती है तो अपनी शक्ति बढ़ेगी। ऐसी प्रत्येक की धारणा थी। 1936 के बाद कुछ वर्षों तक बाबा साहब को सिख धर्म का आकर्षण था क्योंकि सिख धर्म शक्ति का पूजक है। बाबा साहब दयनीयता का परित्याग और पौरुष को अंगीकार कर जीवन जीने के कायल थे। इसलिए शक्ति को प्रश्रय देने वाले सिख धर्म के प्रति उनका आकर्षण था। लेकिन कालांतर में उन्होंने महसूस किया कि इस धर्म के ध्वजधारकों में अहंकार तथा जातीय श्रेष्ठता के दुर्गुण गौण रूप में ही सही लेकिन मौजूद हैं, जो अस्पृश्यों तथा अधिकार वंचितों के उत्थान में बाधक रहे हैं और रहेंगे। अतः सिख धर्म की ओर से वे विमुख हो गए। बाबा साहब का प्रयास था कि दलित ऐसे धर्म में जाएँ जिसमें उनकी भारतीयता सुरक्षित रहे, ऐसी उनकी धारणा थी। धर्म के नाम पर लांछित-प्रताड़ित होते रहने के बावजूद बाबा साहब भारतीयता के अडिग पुजारी थे। वे हिन्दू धर्म में सुधार इसलिए चाहते थे कि भारत की एकता तथा अखंडता उसकी महती आबादी के साथ महफूज रहे। इसलिए वे बार-बार हिन्दू धर्म में संशोधन का आग्रह कर रहे थे। जब उनके अथक प्रयास के बाद भी इस दिशा में कदम नहीं उठाया गया तो हार-पछताकर उन्होंने अपने समर्थकों के साथ बौद्ध धर्म को अंगीकार करने का निर्णय लिया और घोषणा की कि 'दलित अगर सिख धर्म में गए तो भी वे हिन्दु संस्कृति में ही रहेंगे।'[8]

हिन्दू-धर्म और हिन्दू-संस्कृति में वे अन्तर बरतते थे। हिन्दू संस्कृति से उनका तात्पर्य भारतीयता से था। वे इस बात को जानते थे कि धर्म-परिवर्तन सहज सम्भव है, परन्तु संस्कृति परिवर्तन एक असंभव-सी प्रक्रिया है। भारतीय संस्कृति से दलितों को काट देना उन्हें मान्य नहीं था।"[9] बावजूद इसके उन्हें केवल दलितों का मसीहा कहना कहाँ तक उचित है।

"इस्लाम का उन्हें कभी भी आकर्षण नहीं रहा। उनकी सबसे बड़ी शिकायत यह थी कि इस्लाम धर्म जनतंत्र का सबसे बड़ा विरोधी है, इसीलिए वह उन्हें स्वीकार्य नहीं है। बहुसंख्यक हिन्दू समाज की मानसिकता इस्लाम के अनुकूल नहीं है। इस्लाम को कबूल कर वे अपने समाज के प्रति और भी तिरस्कार की भावना पैदा नहीं करवाना चाहते थे।"[10]

1935 से 1956 तक के कालखंड में अम्बेडकर जी धर्ममंथन में डूबे रहे। दुनिया के प्रमुख धर्मों का वे अध्ययन कर रहे थे। प्रत्येक धर्म की सीमाओं से वे परिचित हो रहे थे। उनकी मेधावी प्रतिभा और तेजस्वी बुद्धिमत्ता उन्हें बौद्ध धर्म की ओर आकृष्ट कर रही थी। इस धर्म का अत्यंत बारीकी से अध्ययन कर उन्होंने अंततः इसी धर्म में दीक्षा लेने का निर्णय लिया था। उनका यह निर्णय

भावुकता से भरा हुआ नहीं था। हिन्दू धर्म को शुद्ध करने का उनका प्रयत्न था और यह काम उन्होंने पूरी निष्ठा के साथ किया। लेकिन इसमें सुधार का कोई लक्षण नहीं देखकर उस ओर से मुँह मोड़ लिया। इसी तरह अन्य धर्मों के प्रति उनकी यह शिकायत थी कि ये धर्म अपरिवर्तनशील होने का दावा करते हैं। प्रचलित सभी धर्मों की नींव 'श्रद्धा' है। ईश्वरीय कृपा प्राप्त करना और उसकी अवकृपा से बचना यही 'धर्ममार्ग' है।

बाबा साहब का मानना है कि बौद्ध धर्म के सिवा बाकी सभी धर्मों में विभेद के लक्षण विद्यमान हैं। 'परमेश्वर' और 'श्रद्धा' इसके सिवा 'धर्म' में किसी और बात को स्थान ही नहीं दिया गया है। मनुष्य की बुद्धि, उसकी विचार चर्चा आदि को किसी भी धर्म ने मान्यता नहीं दी। इस कारण ईश्वर के अस्तित्व के सम्बन्ध में चर्चा ही नहीं की जा सकती। जिन्हें ईश्वर की कृपा प्राप्त है, उन्हें ही धर्म-चर्चा का अधिकार यहाँ प्राप्त है। इस वृत्ति के कारण 'धर्मपीठ' तैयार होते हैं और इन धर्मपीठों में स्थित आचार्य, महंत और ब्राह्मणों का राज शुरू हो जाता है। ईश्वर के नाम पर उनका राज अखंड रूप से चलने लगता है। यह सब ईश्वर के नाम पर चलता है, इस कारण इसमें परिवर्तन की संभावनाएँ ही खत्म हो जाती हैं। इसी कारण सभी ईश्वरीय धर्म ईश्वर की तरह अनादि, अनन्त, सर्वस्पर्णा, सर्वगामी, सनातन और अपरिवर्तनीय हो जाते हैं।। ऐसे धर्म मनुष्य की बुद्धिमता को चुनौती नहीं दे सकते। सिद्धार्थ नामक व्यक्ति ने जिस 'धर्म' की बात कही है वह इन प्रचलित धर्मों से एकदम भिन्न है। एक व्यक्ति द्वारा अनेक व्यक्तियों से कहा गया यह धर्म है।[11]

इस धर्म में गूढ़ शक्ति का किसी भी प्रकार का स्थान नहीं है। ईश्वरीय कृपा या अवकृपा, वरदान या शाप, स्वर्ग या नरक इसकी कोई गुंजाइश इस धर्म में नहीं है। सिद्धार्थ का यह धर्म हाड़-मांस के व्यक्ति द्वारा उसके ही जैसे हाड़-मांस के लोगों के लिए, उनकी ही भाषा में, उनके ही शब्दों में कहा गया है। इस धर्म में 'श्रद्धा' के लिए कोई स्थान नहीं है। उल्टे किसी व्यक्ति या वस्तु पर अंधश्रद्धा न रखने का आग्रह इसमें किया गया है। प्रश्न करो, शंकाएँ उपस्थित करो, विचार करो और अगर तुम्हारे विवेक को मान्य हो तभी स्वीकारो—ऐसा इस धर्म का आग्रह है। सिद्धार्थ कहीं पर भी सर्वज्ञता का दावा नहीं करता। वह किसी को संदेश देने की बात नहीं करता। वास्तव में वह किसी भी प्रकार का आदेश नहीं देता। यही इस धर्म की शक्ति है।[12]

डॉ. अम्बेडकर जैसी प्रतिभा को बौद्ध धर्म ने आकृष्ट क्यों किया? इसका उत्तर उनके उपर्युक्त विवेचन में मिलता है। हिन्दू धर्म की वर्ण-व्यवस्था की

कल्पना, इस्लाम की कट्टरता और जनतंत्र से उसका विरोध, ईसाई धर्म की साम्राज्यवादी और रंगभेद की नीति का खुला समर्थन देने की प्रवृत्ति के कारण वे इन धर्मों से नाराज थे। समता, बंधुता और स्वतंत्रता के मूल्यों का समावेश जिस धर्म में हो, उसकी खोज में वे भटक रहे थे।

लेकिन बौद्ध धर्म में भी अनेक अंधश्रद्धाएँ और कर्मकाण्ड घुस गए थे। बाद के सैकड़ों वर्षों में इसके कई पन्थ-उपपन्थ बने। ढाई हजार वर्ष की परंपरा में मुक्त बौद्ध धर्म खो-सा गया था। डॉ. अम्बेडकर मूल बौद्ध धर्म को उसकी तेजस्विता के साथ प्रस्तुत करना चाह रहे थे। 'बुद्ध एंड हिज धम्मा' में उन्होंने यह कार्य पूर्ण किया है। यह ग्रन्थ केवल बौद्ध धर्म की महिमा को ही स्पष्ट नहीं करता, उसका नया भाष्य भी प्रस्तुत करता है। हिन्दू धर्म की तरह यह ग्रन्थ केवल बौद्ध धर्म का कोई एक मूल धर्मग्रन्थ नहीं है। इस धर्म के नाम पर अनेक ग्रन्थ तथा सैकड़ों भाष्य उपलब्ध हैं। कुछ को परंपरा ने बहुत महत्त्व दिया, कुछ में मतभेद या मीमांसा-भेद है।[13]

उसके दार्शनिक सिद्धान्त, संघ सम्बन्धी नियम, शिक्षा आदि को लेकर अराजकता की स्थिति है। इन सबके बीच से मार्ग निकालकर बौद्ध धर्म के मूलभूत तत्व को प्रस्तुत कने में उन्होंने काफी परिश्रम किया। सिद्धार्थ गौतम को बुद्धपद प्राप्त हो जाने के बाद उनके चरित्र के सभी प्रसंग, उनके सभी वचन, प्रवचन, उनके संदर्भ, इन सब पर की टीकाएँ, भाष्य, विभिन्न बौद्ध पन्थों का साहित्य इन सबका गम्भीर अध्ययन डॉ. अम्बेडकर ने किया। 1935 से 1955 तक यह अध्ययन चलता रहा। बुद्ध के स्वतंत्र जीवन-दर्शन की खोज उन्होंने की। बौद्ध धर्म का महल इसी जीवन-दर्शन की नींव पर खड़ा है। इस जीवन-दर्शन की खोज में डॉ. अम्बेडकर ने अमूल्य योगदान दिया। इतने प्रदीर्घ अध्ययन के बाद परंपरागत बुद्ध चरित्र की कई विसंगतियां उनके ध्यान में आईं।

बुद्ध चरित्र और बौद्ध दर्शन की नई सीधी-सीधी तर्कबुद्धि और वैज्ञानिक दृष्टि पर आधारित व्याख्या करना वास्तव में बाबा साहब का ही कार्य था। यह ग्रन्थ वास्तव में बीसवीं शताब्दी का एक नया भाष्य है। इस भाष्य की नैतिकता को पढ़कर विद्वानों ने इसकी तुलना बाइबल के साथ की है। यह भाष्य उन्होंने नव बौद्धों के लिए तैयार किया है। बौद्ध धर्म को डॉ. अम्बेडकर ने क्यों स्वीकार किया, यह एक प्रासंगिक विषय है। वह राजनीतिक नहीं है। वह केवल सामाजिक ही नहीं है अपितु एक नए जीवन-दर्शन को स्वीकारने का प्रश्न है। इस कारण बौद्ध धर्म में प्रवेश एक विशिष्ट काल की घटना न होते हुए निरंतर चलने

वाली प्रक्रिया है। इसलिए नवबौद्धों को स्थायी रूप से मार्गदर्शन करने वाला, सतत अध्ययन और चिंतन के लिए घर-घर में रखने के लिए, सार्वजनिक और व्यक्तिगत अध्ययन और प्रवचन के लिए इस अभिनव ग्रन्थ की निर्मिति उन्होंने की है।

बौद्ध धर्म के सम्बन्ध में उनके निष्कर्ष इस प्रकार हैं–

बुद्ध का धम्म परलोक के सम्बन्ध में नहीं है। इहलोक से ही उसका सम्बन्ध है।[14]

''वह न स्वर्गवादी है, न नरकवादी है, वह पृथ्वीवादी है। यह धम्म व्यक्तिगत मोक्ष की बात नहीं करता, सामाजिक मुक्ति का संदेश देता है।"[15]

अम्बेडकर ने कहा–"यह धम्म निरी अनीश्वरवादी, अनात्मवादी, भौतिकवादी और बुद्धिवादी है। यह धम्म अपरिवर्तनीय नहीं है, परिवर्तनवाद का खुला समर्थक है। अपने 45 वर्ष के धर्म-प्रसार कार्य में खुद बुद्ध ने अपने धम्म में, उसकी शिक्षा में, उसके आचार-विचार में, नियम-उपनियमों में सतत परिवर्तन किए हैं। अर्थात बौद्ध धर्म विकासशील है। यह धम्म विचारशील है।"[16]

इन अनेक विशेषताओं के कारण विश्व के अन्य धर्मों की तुलना में बौद्ध धर्म की मौलिकता को वे स्पष्ट करते जाते हैं–''अन्य धर्मों की तुलना में बौद्ध धम्म आधुनिक, वैज्ञानिक निष्कर्षों पर, कसौटियों पर श्रेष्ठ सिद्ध होता है। आधुनिक युग की चुनौतियों को वह स्वीकार कर सकता है। बुद्धिवाद, सामाजिक सत्ता, बंधुता, स्वतंत्रता, समाजवाद, जनतंत्र आदि आधुनिक मूल्यों के आलोक में इस धम्म को सिद्ध किया जा सकता है ऐसा अम्बेडकर जी का दावा है।"[17]

इस धम्म की उपर्युक्त अभिव्यक्तियों से अपने अनुयायी परिचित हो जाएँ इस उद्देश्य से उन्होंने इस ग्रन्थ की रचना की। यह ग्रन्थ उन्होंने अंग्रेजी भाषा में लिखा है। इसके मूल में इतनी ही दृष्टि थी कि इस धम्म की जीवंतता और आधुनिकता को विश्व के सभी लोग जान लें। बौद्ध धम्म वैश्विक धर्म बने। बौद्ध धर्म के संस्थापक सिद्धार्थ को वे एक मनुष्य के रूप में ही देखते हैं। उनका चरित्र महामानव का चरित्र नहीं एक मनुष्य का चरित्र है। एक ऐसे मनुष्य का जो मनुष्यमात्र को दुःखों से मुक्त करना चाह रहा है। बौद्ध धर्म की विशेषता उसके 'संघ' में है। इस संघ में सभी को खुला प्रवेश है। इसी संघ को बुद्ध ने 'पंचशील' नाम दिया है। समाज-परिवर्तन के लिए भिक्खु बुद्ध ने संघ की आवश्यकता पर

बल दिया। संघ स्वयंभू शासित थे। सम्पूर्ण समाज ही स्वयंभू शासित हो ऐसी बुद्ध की अपेक्षा थी।

बुद्ध की विचार-पद्धति और तर्कमीमांसा में शब्द प्रामाण्य, ग्रन्थ प्रामाण्य को कहीं पर भी माना नहीं गया है। प्रत्यक्ष प्रमाण और अनुमान इस पर ही बुद्ध का तर्कशास्त्र खड़ा है। बुद्ध ने एक स्थान पर कहा है—'मेरे शब्दों को प्रमाण न मानो। तुम्हारी बुद्धि अथवा अनुभव से जो बात बनती हो, उसे ही सत्य मानो। इस विश्व में अंतिम और अपरिवर्तनीय कुछ भी नहीं है। चिंतन और सतत परिवर्तन यही सत्य है।' बाबा साहब बुद्ध के इन वाक्यों से अत्यधिक प्रभावित थे। दुनिया के अन्य धर्म और धर्मग्रन्थ शब्द प्रामाण्य को महत्त्व देते हैं, परन्तु बुद्ध ऐसा कोई दावा नहीं करते। अपने उत्तराधिकारी के रूप में वे अपने धम्म की ओर इशारा करते हैं। किसी भी प्रश्न पर अगर निर्णय लेना हो तो भिक्खु संघ में उसकी खुली चर्चा हो, ऐसा उनका आग्रह था। जनतंत्र पर निष्ठा रखने वाले बाबा साहब को इसी कारण बौद्ध धर्म श्रेष्ठ लगा। जिन प्रश्नों के कारण व्यक्ति का विवेक कुंठित हो जाता है, अंधश्रद्धा का आरंभ होता है, ऐसों की चर्चा को ही बुद्ध ने वर्जित किया। ये प्रश्न हैं—

1. मै कौन हूँ? कहाँ से आया हूँ? कहाँ जाऊँगा? इन तीनों प्रश्नों की चर्चा उन्होंने बन्द कर दी।
2. आत्मा-सम्बन्धी सभी कल्पनाओं को उन्होंने बकवास कहा। शरीर संवेदना, चेतना और अनुभव इनमें किसी को भी 'आत्मा' मानने से उन्होंने इन्कार किया।
3. विश्व-विकास का आरंभ किसी विशिष्ट क्षण में हुआ है, यह कल्पना भी उन्होंने अस्वीकृत कर दी।
4. ईश्वर ने मनुष्य को निर्मित किया अथवा ब्रह्म के शरीर से मनुष्य की उत्पत्ति हुई, इस सिद्धान्त को भी उन्होंने नकारा।
5. आत्मा के अस्तित्व को भी उन्होंने नकारा।[18]

जिन उपर्युक्त प्रश्नों को बुद्ध ने नकारा है, उन्हीं की सर्वाधिक चर्चा दुनिया के अन्य धर्मों में हुई है। यही वे प्रश्न हैं जिनके आधार पर अंधश्रद्धा और कर्मकाण्डों की शुरुआत होती है, धर्मपीठ बनते हैं, मनुष्य और मनुष्य में अन्तर किया जाता है। इन्हीं प्रश्नों के आधार पर ईश्वर के तथाकथित मध्यस्थ या दलाल सामान्य आदमियों का शोषण करते हैं। सत्ता, प्रतिष्ठा या सम्पत्ति की प्राप्ति कर लेते हैं। यही वे प्रश्न थे जिनका उत्तर देते-देते हिन्दू धर्म में वर्ण-व्यवस्था का जन्म हुआ। इन प्रश्नों को बुद्ध ने नकारा। बौद्ध धर्म में इस

सबकी मनाही है। इसलिए बाबा साहब उसकी ओर आकृष्ट हुए। बुद्ध ने निम्नलिखित मूल्यों को मान्य किया है–

1. कार्यकारण भाव का महान् सिद्धान्त।
2. मनुष्य और ईश्वर में जो कुछ घटित होता है वह ईश्वरीय इच्छा के अनुसार ही घटित होता है। दैववाद के इस सिद्धान्त को नकारते हुए उन्होंने शास्त्रीय सिद्धान्त दिया। आत्मा की मुक्ति अथवा मोक्ष के स्थान पर उन्होंने निर्वाण का तत्व स्वीकारा।

बुद्ध के अनुसार सभी वस्तुओं में 'मन' श्रेष्ठ है। सभी बातों का केन्द्रबिन्दु मन है। मनुष्य वस्तुओं को निर्मित करता है। मन वस्तु पर सत्ता चलाता है। सभी मानसिक क्रियाओं का नियंत्रण और नेतृत्व मन करता है। मन को संस्कारित करना बहुत महत्त्व की बात है, जो अच्छाइयों और बुराइयों का मूल स्रोत है। इस कारण 'मन शुद्धि' मात्र से धर्म के स्पर्श की बात पूरी नहीं होती, उसके अनुसार 'आचरण' की आवश्यकता है।

उपर्युक्त विशेषताओं के कारण अम्बेडकरजी को बौद्ध धर्म आधुनिक मनोविज्ञान के निकट लगा। 'परिवर्तन' के प्रति प्रखर प्रतिबद्धता और व्यक्ति के मन के प्रति निष्ठाओं के कारणों से उन्हें यह धर्म अधिक वैज्ञानिक लगा। इसके अलावा 'बुद्ध और मार्क्स' नामक एक भाषण में उन्होंने बौद्ध धर्म की एक और विशेषता को स्पष्ट किया है।

बुद्ध और मार्क्स को वे एक-दूसरे का शत्रु अथवा प्रतिस्पर्धी के रूप में नहीं देखते। दोनों के बीच स्थित साम्यभेद को वे स्पष्ट करते हैं। इन दोनों में साम्य अधिक है। इसके सिवा दूसरा भेद ही नहीं है। इस कारण उन्होंने 'बौद्ध-सम्यवाद' शब्द का प्रयोग किया। कम्युनिज्म में से हिंसा निकाल दी जाए तो 'बुद्ध' ही शेष रह जाता है। भौतिकता, अनीश्वरवाद, अनात्मवाद–इन मूलभूत मूल्यों में दोनों में अद्भुत समानता है। बुद्धिवाद वैज्ञानिक दृष्टि से अंधश्रद्धा का विरोधी है–इनमें भी समानता है। स्वतंत्रता, समता, बंधुता, सामाजिक न्याय, शोषण मुक्ति, मनुष्य की प्रतिष्ठा–इन मूलभूत भूमिकाओं के सम्बन्ध में दोनों में अद्भुत समानता है। अलबत्ता इन भूमिकाओं तक पहुँचने के दोनों के मार्ग भिन्न हैं। बुद्ध की 'दुख मीमांसा' और मार्क्स की 'शोषण मीमांसा' में अम्बेडकर को अधिक साम्य दिखाई देता है। बुद्ध व्यक्ति संपत्ति के विरोध में थे। भिक्खु संघ में व्यक्तिगत संपत्ति पर सम्पूर्ण रोक लगा दी गई थी। इस बात को अम्बेडकर जी बार-बार दुहराते हैं।

धर्म को व्यक्तिनिष्ठ नहीं, समाजनिष्ठ होना चाहिए

डॉ. अम्बेडकर ने यह सिद्ध किया कि बुद्ध का धम्म व्यक्तिनिष्ठ न होकर समाजनिष्ठ है। बौद्धदर्शन 'धर्म' अथवा रिलीजन शब्द के अन्तर्गत नहीं आता, वह 'धम्म' अथवा फिलॉसफी ऑफ रिलीजन है। बौद्ध धम्म ने 'नैतिकता' को सर्वाधिक महत्त्व दिया। यह 'नैतिकता' ही धम्म है। उसके अभाव में समान धारण संभव ही नहीं है। यह नैतिकता स्वतंत्रता, समता और बंधुता के संवर्द्धन के लिए ही होनी चाहिए। परिवर्तित समाज मन की विविध प्रवृत्तियों पर सम्यक् नियंत्रण रखने के लिए इस नैतिकता को अपनाता है। बाबा साहब इसी नैतिकता को 'धम्म' कहते हैं। 'बुद्ध एंड धम्मा' में एक स्थान पर इसी नैतिकता को उन्होंने जनतंत्र 'डेमोक्रेसी' भी कहा है।

अम्बेडकर के धर्म-विषयक विचारों के उपर्युक्त विश्लेषण से यह स्पष्ट है कि वे धर्म को मनुष्य की उन्नति का एक साधन मात्र मानते थे। धर्म मनुष्य के लिए है अथवा मनुष्य धर्म के लिए है, ऐसा प्रश्न उठाते हुए वे इसका स्वयं उत्तर देते हैं—"जो धर्म हमारी चिंता करता है, हमें अवसर प्रदान करता हो, उसके लिए हम प्राण तक देने के लिए तैयार हैं। जो धर्म हमारी परवाह ही नहीं करता, उसकी परवाह हम क्यों करें? मनुष्य के लिए धर्म को वे अनिवार्यता नहीं मानते हैं। धर्म उनकी दृष्टि में 'विशुद्ध नैतिकता' का दूसरा नाम है।"[19]

अम्बेडकर के जीवन में विचार और कर्म में अपूर्व समन्वय दृष्टिगत होता है। अम्बेडकर के जीवनी-लेखक धनंजय कीर ने विचार और कर्म के समन्वय को उनके जीवन की एक प्रमुख विशेषता माना है।

अम्बेडकर ने नैतिक दर्शन का अध्ययन कोलम्बिया विश्वविद्यालय में प्रो. जान डिवी के प्रेरणाप्रद निर्देशन में किया था। डिवी व्यावहारिक मानववादी थे। अम्बेडकर पर अपने अध्यापक के मानववादी तथा उदारवादी दृष्टिकोण का प्रभाव पड़ा था। डिवी का विचार था कि—मनुष्य के मुलाकात की बहुत सी अच्छी बातें हैं और बहुत-सी बुरी हैं। उसे बुरी बातें त्याग देनी चाहिए और अच्छी बातें ग्रहण करनी चाहिए। सामाजिक उन्नति का यही रहस्य है।

अम्बेडकर के विचार सें जीवन में ऐसी कोई चीज नहीं है जो शाश्वत और सनातन हो। जीवन का नियम है परिवर्तन। यहाँ हर चीज बदल रही है। व्यक्ति भी बदल रहा है। समाज भी बदल रहा है। मनुष्य के लिए उचित है कि वह परिवर्तन के स्वरूप को और उसकी गति को पहचाने और उसके अनुसार ही अपने विचारों तथा जीवन-मूल्यों में बदलाव लाए। अम्बेडकर का समूचा दर्शन इसी गतिशील और परिवर्तनवादी दृष्टिकोण से व्याप्त है।

अम्बेडकर मार्क्स के इस कथन से सहमत हैं कि—दार्शनिकों ने अब तक संसार की व्याख्या ही की है। सवाल संसार को बदलने का है। यही कारण है कि अम्बेडकर के चिंतन में परलोक, आत्मा, ईश्वर, जन्मांतरवाद जैसे विषयों का उल्लेख नहीं के बराबर है। उनका सारा ध्यान समाज की समस्याओं के ऊपर केन्द्रित है। उनका ईश्वर भाग्य, तीर्थयात्राओं और धार्मिक कर्मकांडों में कोई विश्वास नहीं है। मनुष्य अपने भाग्य का स्वयं निर्माण करता है। अवतारवाद के सिद्धान्त ने हिन्दुओं को निकम्मा कर दिया है। इससे उनकी पुरुषार्थ भावना क्षीण हो गई है। जब कभी कोई राष्ट्रीय आपत्ति आती है, वे उसके लिए अपने भाग्य को दोषी ठहराते हैं। उनको भरोसा होता है कि संकट के समय ईश्वर उनकी रक्षा करेगा।

सारांश यह कि अम्बेडकर धर्म को एक नैतिक आवश्यकता के साथ-साथ मानव के जीवन को विकास का एक स्वर्णिम अवसर प्रदान करने का माध्यम मानते हैं। वे धर्म को ईश्वरीय सत्ता के नाम पर मनुष्य-मनुष्य में विभेद करने का हथियार नहीं मानते हैं। हिन्दू धर्म विभेदवादी तथा काल्पनिक अवधारणाओं पर आधारित है और उसमें परिवर्तन के लिए इसके धर्माधिकारी तैयार होने वाले नहीं हैं। इसलिए महामानव बाबा साहब अम्बेडकर ने मानवतावादी तथा जन-जन के लिए हितकारी बौद्ध धर्म को अपने लाखों अनुयायियों के साथ नागपुर की ऐतिहासिक सभा में अंगीकार किया और प्रत्येक मानवाधिकार वंचितों को भी इसे स्वीकार करने के लिए प्रेरित किया।

जीवन का दर्शन ही धर्म है

अम्बेडकर का विचार था कि प्रत्येक व्यक्ति के जीवन का एक दर्शन होना चाहिए। उनके अनुसार दर्शन वह मानक है जिसके आधार पर व्यक्ति अपने आचरण की परख कर सकता है।

अम्बेडकर का सामाजिक दर्शन तीन शब्दों में निहित है—स्वतंत्रता, समानता और भ्रातृत्व। अम्बेडकर ने यह बार-बार कहा है कि उन्होंने अपना जीवन दर्शन फ्रांसीसी राजक्रांति से ग्रहण नहीं किया है। अम्बेडकर को अपने सामाजिक दर्शन के गठन में बौद्ध धर्म से भारी प्रेरणा प्राप्त हुई थी।

अम्बेडकर ने धर्म और दर्शन के बीच अन्तर माना है। उनके विचार से दर्शन का अर्थ है—सत्य का अनुसंधान। धर्म का अर्थ है—सत्य के प्रति प्रेम। उनकी दृष्टि में दर्शन गतिहीन है और धर्म गतिशील।[20]

अम्बेडकर के अनुसार धर्म क्या है

अम्बेडकर ने अपनी रचनाओं में धम्म शब्द की व्याख्या की है। 'धम्म' के दो मुख्य आधार हैं—'प्रज्ञा' और 'करुणा'। बुद्ध ने 'प्रज्ञा' को 'धम्म' का आधार इसलिए माना है क्योंकि वे धर्म में अंधविश्वास को कोई स्थान नहीं देना चाहते हैं। 'करुणा' का अर्थ है—प्राणिमात्र के प्रति प्रेम। 'करुणा' बुद्ध के धम्म का दूसरा पाया है। उसके बिना न तो समाज जीवित रह सकता है, न उसका विकास हो सकता है। इस कारण से 'धम्म' करुणा का संगम है।

अम्बेडकर ने 'धम्म' को नैतिकता से अभिन्न माना है। 'धम्म' में नैतिकता ईश्वरीय स्थान ग्रहण कर लेती है। 'धम्म' में प्रार्थनाओं, धार्मिक अनुष्ठानों, समारोहों, यज्ञादि का कोई महत्त्व नहीं है। 'धम्म में नैतिकता' का समावेश इसलिए है कि मनुष्य मनुष्य के प्रति प्रेम सर्वथा स्वाभाविक है। इसके लिए ईश्वर की स्वीकृति आवश्यक नहीं है। मनुष्य ईश्वर को प्रसन्न करने के लिए नैतिकता का आश्रय नहीं लेता। मनुष्य मनुष्य से बर्ताव धर्म के नाम पर स्वयं अपनी भलाई के लिए करता है। धर्म का उद्देश्य सृष्टि की उत्पत्ति बताना है।[21] 'धम्म' का प्रयोजन संसार का पुनर्निर्माण करना है।

अम्बेडकर 'धम्म' को समाज के लिए आवश्यक मानते हैं। उनका विचार है कि धर्म एक वैयक्तिक वस्तु है। इसके विपरीत 'धम्म' सामाजिक भावना है।[22] यह सदाचार है। वह जीवन के सभी क्षेत्रों में मनुष्य-मनुष्य के बीच सम्बन्धों की सही व्यवस्था है। निपट एकाकी मनुष्य को 'धम्म' की आवश्यकता नहीं होती। लेकिन जहाँ दो व्यक्तियों का अस्तित्व हो, उन्हें एक-दूसरे के साथ व्यवहार करने की आवश्यकता हो, वहाँ 'धम्म' की जरूरत होती है। उसके बिना काम नहीं चल सकता।

यदि धर्म को व्यापक अर्थ में ग्रहण किया जाए, तो अम्बेडकर वास्तव में धार्मिक व्यक्ति थे। साम्यवादी धर्म को अफीम मानते हैं। अम्बेडकर धर्म को अफीम नहीं मानते थे। उनका विचार था कि उनके व्यक्तित्व में जो भी अच्छी बातें थीं, वे सब धर्म के कारण थीं। वे धर्म की महत्ता के कायल थे लेकिन धर्म के नाम पर आडम्बर नहीं चाहते थे।

"अम्बेडकर सामाजिक विकास में धर्म की रचनात्मक भूमिका स्वीकार करते थे। वे मानते थे कि धर्म व्यक्ति का चरित्र-निर्माण करता है। व्यक्ति क्या करता है, क्या नहीं करता यह उसकी धार्मिक भावनाओं के ऊपर निर्भर है। धर्म व्यक्तियों के लिए है, व्यक्ति धर्म के लिए नहीं। धर्म को परखने की एक ही

कसौटी है—सामाजिक आचार-विचार। धर्म मानव-समाज के कल्याण का पथ प्रशस्त करता है।"

अम्बेडकर समझते थे कि मनुष्य केवल रोटी के सहारे जीवित नहीं रह सकता। मनुष्य के पास मस्तिष्क को विचार रूपी भोजन की आवश्यकता होती है। धर्म व्यक्ति में आशा का संचार करता है और उसे कर्म की प्रेरणा देता है।

अम्बेडकर धर्म को वैज्ञानिक आधार देना चाहते थे। उनका कहना था कि धर्म सार्थक तभी हो सकता है, जबकि वह विवेकसंगत हो। विवेक विज्ञान का ही दूसरा नाम है। धर्म को स्वतंत्रता, समानता, और भ्रातृत्व के मूल तत्वों को मान्यता देनी चाहिए। धर्म जब तक सामाजिक जीवन के इन त्रिरत्नों को स्वीकार नहीं करता, तब तक वह निष्फल और निरर्थक है।[23]

डॉ. अम्बेडकर ने क्यों की हिन्दू धर्म की समीक्षा

धर्म के मर्म को रेखांकित करते हुए महात्मा बुद्ध ने प्रतिपादित किया कि जिस प्रकार अपने जीवन का खतरा उठाते हुए माँ अपने शिशु की देखभाल करती है, उसी प्रकार प्रत्येक व्यक्ति को सभी प्राणियों के प्रति अपार प्रेम प्रदान करने के लिए मन बनाना चाहिए। उसे सम्पूर्ण विश्व के प्रति सद्भावना रखनी चाहिए, ऊपर-नीचे और उस पार, सभी के लिए उसके मन में घृणाहीन और शत्रुतारहित अगाध प्रेम होना चाहिए। ऐसी जीवन पद्धति विश्व में सर्वोत्तम है। बाबा साहब भगवान बुद्ध के इस सिद्धान्त के कायल इसलिए हुए क्योंकि हिन्दू धर्म में इसका सर्वथा अभाव है और वे चाहते थे कि हिन्दू धर्म इस चरित्र को धारण करे। लेकिन हिन्दू धर्म के कर्ताओं ने ऐसा नहीं होने दिया।

अम्बेडकर ने हिन्दू धर्म की आलोचना की है। उनके विचार से हिन्दू धर्म का सामाजिक संगठन, असमानता और अस्पृश्यता अल्पकालिक या अस्थायी लक्षण नहीं है। अछूतों तथा हिन्दुओं के बीच संघर्ष स्थायी घटना है। असमानता हिन्दू धर्म का मूल तत्व है। जाति-प्रथा, कर्म-सिद्धान्त, जन्म के आधार पर समाज में स्थिति का निर्धारण, ये सब अत्याचार के साधन थे जिनके द्वारा हिन्दुओं ने अछूतों का सदियों से शोषण किया है।

अम्बेडकर ने हिन्दू धर्म तथा बौद्ध धर्म के बीच व्यापक अन्तर पाया है। उनके लिए बौद्ध धर्म का अभिप्राय था—"समान अधिकारों पर आधारित जातिविहीन समाज। हिन्दू धर्म जाति-प्रथा पर आधारित है। जाति-प्रथा अलगाव,

असमानता और शोषण को जन्म देती है। हिन्दू धर्म में स्वर्ग-प्राप्ति का विधान है। बौद्ध धर्म में नहीं है। वर्तमान जीवन में सुखी रहने के लिए यह आवश्यक है कि व्यक्ति नैतिकता, अहिंसा, समता और विश्वबंधुत्व के सिद्धान्तों का आचरण करे।"[24] अम्बेडकर हिन्दुओं की जाति-प्रथा के कठोर आलोचक थे। उन्होंने कहा कि शुरू में मात्र वर्ण का प्रचलन था। लेकिन जैसे-जैसे समय बीतता गया, वे वर्ण जन्म पर आधारित होते गए। ये चार वर्ण ही चार जातियों के रूप में विकसित हुए। अम्बेडकर के विचार से हिन्दुओं ने जाति-प्रथा को इसलिए माना क्योंकि उनके धर्म ने इस प्रथा को स्वीकृति दी। अम्बेडकर हिन्दू धर्म को नया सैद्धांतिक आधार देकर उसे लोकतंत्रात्मक बनाना चाहते थे। लेकिन कुछ हिन्दुओं ने अपने स्वार्थ में ऐसा नहीं होने दिया। अतः हारकर उन्होंने बौद्ध धर्म को स्वीकार करने का मन बनाया।

बौद्ध धर्म और अम्बेडकर

अम्बेडकर ने 1935 में घोषणा कर दी थी कि वे हिन्दू धर्म को त्यागकर कोई अन्य धर्म ग्रहण करेंगे। मुसलमानों, ईसाइयों और सिखों ने उन पर दबाव डाला कि वे इस्लाम, ईसाई धर्म अथवा सिख धर्म स्वीकार कर लें। इन धर्मों के नेताओं ने अम्बेडकर तथा उनके अनुयायियों को अनेक प्रलोभन भी दिए। सिखों ने बम्बई में एक खालसा कॉलेज की स्थापना की और अम्बेडकर को उसकी प्रबंध-परिषद् का अध्यक्ष बना दिया। महाबोधि सोसायटी तथा श्रद्धेय लोकनाथ ने अम्बेडकर से अनुरोध किया कि वे बौद्ध धर्म स्वीकार कर लें। अम्बेडकर का झुकाव बौद्ध धर्म की ओर बढ़ता गया और उन्होंने बौद्ध धर्म का गहन अध्ययन किया। अम्बेडकर बुद्ध के व्यक्तित्व से भी बहुत प्रभावित हुए। उन्हें बुद्ध करुणा तथा प्रेम के साक्षात् अवतार प्रतीत हुए। 1943 में अम्बेडकर ने बौद्ध धर्म से सम्बन्धित तीर्थ स्थलों की यात्रा की और भारत में बौद्ध धर्म के पुनरुद्धार की योजनाओं पर विचार किया। 1948 में अम्बेडकर ने प्रो. लक्ष्मी नरासू की पुस्तक 'ए सेंस ऑफ बुद्धिज्म' (बौद्ध धर्म का सारांश) का प्रकाशन करवाया और अपने अनुयायियों से सिफारिश की कि वे उस पुस्तक का अध्ययन करें। अम्बेडकर ने इस पुस्तक की प्रस्तावना भी लिखी थी। इस बीच अम्बेडकर ने 1948 में द अनटचेबिल्सः हू वर दे एंड व्हाई बिकेम अनटचेबल्स' (अस्पृश्य—वे कौन थे और वे अस्पृश्य क्यों बन गए?) ग्रंथ में अछूतों की उत्पत्ति के सम्बन्ध में अपने अनुसंधान प्रकाशित किए। अम्बेडकर का कहना था कि नीची जाति के लोग

बौद्ध हो गए थे। ब्राह्मणों ने गोमांस का सेवन बंद कर दिया था लेकिन नीची जाति के लोगों ने गोमांस का सेवन बंद नहीं किया। ब्राह्मणों ने ईसा की चौथी शताब्दी में इन जातियों को अछूत घोषित कर दिया। अम्बेडकर ने 3 मई, 1950 को बुद्ध जयंती मनाई और बौद्धों का एक जुलूस निकाला। इसी साल उन्होंने कलकत्ता की महाबोधि सोसायटी के मासिक पत्र 'महाबोधि' में बुद्धा एंड द फ्यूचर ऑफ हिज रिलीजन (बुद्ध और उनके धर्म का भविष्य) विषय पर एक लेख प्रकाशित किया। अम्बेडकर ने इस लेख में संसार के चंद महान् धर्म-प्रवर्तकों—कृष्ण, बुद्ध, जीसस और मोहम्मद की तुलना की। अम्बेडकर ने बताया कि कृष्ण, जीसस और मोहम्मद में अहंकार की मात्रा थी और वे अपने आपको अलौकिक शक्तियों से सम्पन्न घोषित करते रहे। लेकिन बुद्ध हमेशा साधारण व्यक्ति बने रहे और उन्होंने साधारण मनुष्य के रूप में ही अपने धर्म की शिक्षा दी। इन चारों में बुद्ध का धर्म विवेक पर आधारित था और उसमें संशोधन किया जा सकता था। अम्बेडकर का निष्कर्ष था कि बौद्ध धर्म ही संसार के लिए एकमात्र कल्याणकारी धर्म है और इसका कारण है बौद्ध धर्म का विवेक और श्रेष्ठ नैतिक सिद्धान्त।

अम्बेडकर ने बौद्ध धर्म के अनेक सभा-सम्मेलनों में भाग लिया—भारत में भी और विदेशों में भी। इस सिलसिले में वे श्रीलंका, बर्मा और नेपाल गए। उन्होंने 3 घंटे का लम्बा भाषण दिया जिसमें उन्होंने बताया कि दलित वर्ग सदियों से किन-किन यातनाओं को भोगता रहा है, वे उनकी स्थिति को सुधारने के लिए क्या करते रहे हैं और उन्होंने किन कारणों से बौद्ध धर्म स्वीकार करना चाहते हैं।

अम्बेडकर ने अपनी पुस्तक 'द बुद्धा एंड हिज धम्मा' (बुद्ध और उनका धम्म) में बौद्ध धर्म के इतिहास, रीति-रिवाजों तथा सिद्धान्तों का वर्णन किया है। अपनी एक अन्य पुस्तक 'बुद्ध ऑर मार्क्स' (बुद्ध या मार्क्स) में अम्बेडकर ने बुद्ध और मार्क्स की शिक्षाओं का तुलनात्मक अध्ययन किया है। उनका निष्कर्ष है कि बुद्ध के मार्ग पर चलकर ही संसार में शांति स्थापित की जा सकती है। अम्बेडकर बौद्ध धर्म को अन्य धर्मों की तुलना में इसलिए ज्यादा अच्छा समझते थे क्योंकि उसने समाज के पुनर्निर्माण के लिए तीन बुनियादी सिद्धान्त निर्धारित किए हैं। ये सिद्धान्त हैं—

1. प्रज्ञा—अर्थ है मनुष्य की विवेक-शक्ति। यह अंधविश्वासों और चमत्कारों के विरोध में होती है।
2. करुणा—यह प्राणिमात्र के प्रति प्रेम का भाव है।

3. समता—यह सभी मनुष्यों को एक जैसा समझने का भाव है।

अम्बेडकर का मत था कि यद्यपि बौद्ध धर्म का भारत में लोप हो गया लेकिन उसने एक ऐसी संस्कृति को जन्म दिया जो ब्राह्मण संस्कृति से कहीं ज्यादा अच्छी है। जब संविधान सभा में राष्ट्रीय ध्वज और राष्ट्रीय प्रतीक पर विचार हो रहा था, तब सरकार को बौद्ध संस्कृति से कोई उपयुक्त प्रतीक नहीं मिल पाता था। इसलिए डॉ. अम्बेडकर के सुझाव पर सरकार ने बौद्ध संस्कृति के धर्म-चक्र को राष्ट्रीय प्रतीक के रूप में स्वीकार किया।[25]

अम्बेडकर के जीवनादर्श

अम्बेडकर ने जीवन के आदर्शों की महिमा रेखांकित की है। वे लाभदायक भी हैं और आवश्यक भी। आदर्श के बिना न व्यक्ति का काम चल सकता है और न समाज का। लेकिन कोई भी आदर्श शाश्वत नहीं होता। देश-काल और पात्र के अनुसार उसमें परिवर्तन होता रहता है। हर युग में आदर्श के पुनर्मूल्यांकन की आवश्यकता है।

"अम्बेडकर यह स्वीकार करते थे कि मनुष्य का जीवन नश्वर है। हर व्यक्ति को किसी न किसी दिन मरना है। लेकिन व्यक्ति को उदात्त आदर्शों की पूर्ति में अपना जीवन व्यतीत करना चाहिए। हर मनुष्य का प्रयत्न होना चाहिए कि वह मानव जीवन को समृद्ध बनाए। जीवन का मूलमंत्र है—बहुजन सुखाय, बहुजन हिताय। बहुतों के सुख के लिए, बहुतों के हित के लिए काम करना। अम्बेडकर कीड़े की तरह रेंग-रेंग कर जीवित रहने के पक्ष में नहीं थे। आदमी को किसी बड़े आदर्श के लिए जीना चाहिए। वे कहते हैं—इन आदर्शों की पूर्ति में भरी जवानी में भी प्राणों का उत्सर्ग करना उचित है।"[26]

अम्बेडकर की दृष्टि में अहिंसा

अम्बेडकर अहिंसा को एक अतिवादी सिद्धान्त मानते थे। उनके विचार से यह जैनियों का सिद्धान्त है, बौद्धों का नहीं। अम्बेडकर के अनुसार—बुद्ध ने 'मरने की इच्छा' और 'मारने की आवश्यकता' के बीच भेद माना है। उन्होंने अहिंसा को एक नियम नहीं बनाया। उन्होंने अहिंसा को जीवन की एक पद्धति अथवा जीवन का एक सिद्धान्त माना। सिद्धान्त मनुष्य को स्वतंत्र आचरण की छूट देता है, नियम नहीं। अम्बेडकर ने लिखा है—"जहाँ तक संभव हो, नियम अहिंसा

होना चाहिए। जहाँ आवश्यक हो, वहाँ हिंसा का आश्रय लिया जा सकता है।"[27] बर्ट्रेंड रसेल की पुस्तक रिकंस्ट्रक्शन ऑफ सोसायटी (समाज की पुनर्रचना) की समीक्षा करते समय अम्बेडकर ने विचार व्यक्त किया है कि रसेल का यह मानना सही है कि केवल प्रार्थनाओं के बल पर युद्ध का अंत नहीं किया जा सकता था। युद्ध का अन्त करने के लिए युद्ध विरोधी भावनाओं की आवश्यकता है।

अम्बेडकर की दृष्टि से महाभारत के युद्ध में कौरवों के विरुद्ध अर्जुन का हथियार उठाना न्यायसंगत था। अहिंसा के महान् सिद्धान्त का सदा ही पालन नहीं किया जा सकता। यदि व्यक्ति अहिंसा के सिद्धान्त का कठोरतापूर्वक पालन करे, तो उसे साँस लेते समय इस बात का डर लगा रहेगा कि कहीं हवा में तैरने वाले छोटे कीड़े-मकोड़े मर न जाएँ। अहिंसा का पालनकर्ता फल नहीं खा सकता, पानी नहीं पी सकता, साँस नहीं ले सकता और घास नहीं काट सकता। यदि कोई व्यक्ति किसी दूसरे व्यक्ति की जान लेने पर उतारू हो, किसी स्त्री की आबरू लूटना चाहे, दूसरे के मकान को जलाए, चोरी करे, तो उसको हिंसा के बल पर भी रोकना न्यायसंगत है। इस तरह का व्यक्ति अपने पापों के कारण मरता है। इसमें हिंसा-अहिंसा का कोई रोल नहीं है। अम्बेडकर संत तुकाराम की इस शिक्षा से सहमत थे कि दुष्ट व्यक्तियों का विनाश भी एक प्रकार की अहिंसा है। अम्बेडकर के अहिंसा-विषयक दृष्टिकोण में हर प्रकार की बुराई का अंत करना आवश्यक है। इस प्रकार के भाव के बिना अहिंसा व्यर्थ है। अम्बेडकर शक्ति और शील में समन्वय स्थापित करना चाहते हैं। क्या अम्बेडकर का यह विचार मात्र दलित उद्धारक है?

अम्बेडकर गांधीजी की अहिंसा के समर्थक नहीं थे। उनके विचार से गांधीजी की अहिंसा जैन धर्म से ली गई थी, बौद्ध धर्म से नहीं। जैन धर्म में अहिंसा को अति तक ले जाया गया है। बौद्ध धर्म में ऐसा नहीं है।

अम्बेडकर की दृष्टि में धर्म का कर्तव्य

डॉ. अम्बेडकर के चिन्तन में मनुष्य के कर्तव्य-पालन पर जोर दिया गया है। मनुष्य का जिन लोगों के बीच जन्म हो, उसे उनके प्रति अपने कर्तव्य का पालन करना चाहिए। व्यक्ति के लिए अपने कर्तव्य का पालन आवश्यक है। उसे अपने प्रयत्न में सफलता मिले न मिले। डॉ. अम्बेडकर अपने अनुयायियों को कर्मवादी बनाना चाहते थे, भग्यवादी नहीं।

बौद्ध धर्म मानवतावाद से ओतप्रोत सर्वजनहितकारी एवं सार्वजनीन है। यह सभी प्राणियों के प्रति प्रेम, मैत्री एवं करुणा का विपुल मार्ग दर्शाता है। इस धर्म में स्वयं जियो तथा औरों को जीने दो पर विशेष ध्यान दिया गया है। भगवान बुद्ध का उद्देश्य है—वे प्राणी चाहे स्थावर हो या जंगम, दीर्घ (देहधारी) हो या महान् (देहधारी), मध्यम (देहधारी) या ह्रस्व (देहधारी), सूक्ष्म (देहधारी) हो या स्थूल (देहधारी), दृश्य हो या अदृश्य, सुदूरवासी हो या समीपवासी, उत्पन्न हो या उत्पन्न होने वाला हो—वे सभी सुखपूर्वक रहें। उपर्युक्त सभी बातें बौद्ध धर्म और मानवतावाद के श्रेष्ठ दृष्टान्त हैं। भगवान् बुद्ध को तपस्या के क्रम में जिस मानव कल्याणकारी अवस्था अविनाशी सत्य का साक्षात्कार हुआ उन्होंने उसी पर आधरित अपने मत का उपदेश दिया जिसे बुद्ध मत या बौद्ध धर्म कहते हैं। यह बौद्ध धर्म शुद्ध वैज्ञानिक, तर्कसंगत एवं सत्य अन्वेषित है। भगवान बुद्ध महान् वैज्ञानिक थे। उन्होंने सहानुभूति पर उतरा हुआ विज्ञान-सम्मत धर्म सिखाया, अंधविश्वासों पर आधारित सांप्रदायिक धर्म नहीं। उन्होंने स्वयं अपनी अनुभूतियों पर उतरी हुई सच्चाइयों को अत्यन्त वैज्ञानिक ढंग से विभाजन, विघटन और विश्लेषण करते हुए प्रकृति के सनातन नियमों के दर्शन किए और इस जानकारी से लाभ उठा कर स्वयं अपना कल्याण किया तथा इसी सत्य की स्वानुभूति का लाभ उठा सकने के लिए औरों को प्रेरित किया। इस निमित्त सही मार्ग-निर्देशन दिया।

"भगवान् बुद्ध का धर्म प्राणिमात्र के हित और कल्याण की शुद्ध भावना पर आधारित है। इसमें किसी भी प्रकार के राजनीतिक तथा सामाजिक द्वेष की दुर्गन्ध नहीं है। इसका मुख्य लक्ष्य समानता, नैतिकता, अहिंसा और मानवीय सद्गुणों को आलोकित करते हुए विमुक्ति का मार्ग प्रशस्त करना है।"[28]

इस बौद्ध धर्म में चार व्रत—मैत्री, करुणा, मुदिता और उपेक्षा का प्रमुख स्थान है।

मैत्री—समस्त जीवों के प्रति हृदय में स्नेह और मित्रता का भाव जाग्रत करना मैत्री ब्रह्म विहार है। मैत्रीचित्त से द्वेष एवं अहित की भावना समाप्त हो जाती है।

करुणा—पराये दुःख को देखकर सतपुरुषों के हृदय में जो कम्पन होता है, हृदय दया से द्रवित हो उठता है, उसे करुणा कहते हैं।

मुदिता—हर्षित एवं सुखी प्राणियों को देखकर पवित्र भावना वाले व्यक्ति के हृदय में जो प्रसन्नता होती है, वही मुदिता है।

उपेक्षा—अनुकूल और प्रतिकूल दोनों ही परिस्थितियों में जिसका मन उदासीन रहता है, वही उपेक्षा है। ब्रह्म विहार की भावना करने वाले पुरुष जीवों के प्रति सम-भाव रखता है। वह प्रिय-अप्रिय में कोई भेद नहीं करता।

उपर्युक्त चार ब्रह्म विहारों का अभ्यास चित्त को उत्तरोत्तर शुद्धता एवं पवित्रता की ओर ले जाता है। साथ ही सम्पूर्ण प्राणियों पर प्रेम एवं दया की दृष्टि रखता है।

निम्न तार्किक एवं व्यावहारिक विश्लेषणात्मक दृष्टिकोण एवं विशेषताओं के कारण बाबा साहब बौद्ध धर्म को वैदिक धर्म से श्रेष्ठ मानते हैं

वैदिक संस्कृति भोग और ऐश्वर्यवादी है। वैदिक आर्य संसार में खूब ऐश्वर्य और भोग-सुख चाहता है और मरने के बाद स्वर्ग आदि में भी भोग-सुख की कामना करता है। इसके विरुद्ध श्रमण-संस्कृति संसार को दुःख-बहुल और अशाश्वत समझकर सांसारिक सुख-भोग से उबरना चाहती है और देह के ध्वंस होने पर स्वर्ग-सुख की कामना न करके निर्वाण-मोक्ष चाहती है। यज्ञादि समस्त वैदिक कर्मकांडों का ध्येय भोग की प्राप्ति है। श्रमण-संस्कृति का ध्येय निर्वाण है।

भोग और मोक्ष दोनों भिन्न-भिन्न वस्तुएँ हैं। यदि भोगों की कामना है तो मोक्ष दूर है, और यदि मोक्ष या निर्वाण की कामना है, तो भोगों से मुख मोड़ना पड़ेगा। जो कहते हैं कि हमारे धर्म में भोग और मोक्ष दोनों हैं, वे प्रायः धूर्त और ठग हैं। त्याग और वैराग्य का ढोंग दिखाकर वे भोगों पर झपट्टा मारने के घात में रहते हैं। शब्द, स्पर्श, रूप, रस, गंध इन पाँच विषयों के भोग से उपराम होकर स्वर्ग-सुख की कामना से रहित होने वाला ही मोक्ष या निर्वाण-मार्गी हो सकता है। 'गीता' में भी इन भोग प्रशस्त लोगों को 'हतचेता' अर्थात् चेतना-शून्य कहा गया है। ये लोग कभी समाहित नहीं हो सकते। भगवान् बुद्ध ने चार आर्य सत्यों का जो वर्णन किया है, वह भोग तृष्णा की पूर्ण निवृत्ति का उपाय है।

जैन-शास्त्रों और प्राचीन वैदिक ग्रन्थों से सिद्ध होता है कि कृष्ण अहिंसा-धर्मी थे। छान्दोग्य उपनिषद् से ज्ञात होता है कि घोर अंगिरस ने कृष्ण को 'आत्मयज्ञ' का उपदेश दिया था। उस यज्ञ की दक्षिणा दान, ऋजु-भाव, अहिंसा तथा सत्यवचन है। गीता में कृष्ण के मुख से 'आत्मयज्ञ' को 'ज्ञानमय यज्ञ' की श्रेष्ठता बताकर वैदिक 'द्रव्यमय यज्ञ' की हीनता वर्णित हुई है। जैन-ग्रंथकारों का कहना है कि कृष्ण के गुरु 'नेमिनाथ' नाम के तीर्थंकर थे। यहाँ यह प्रश्न उठता है कि क्या ये नेमिनाथ और घोर अंगिरस दोनों एक ही व्यक्ति के नाम थे? इस प्रश्न का उत्तर यही आता है कि 'हाँ'। क्योंकि छान्दोग्य उपनिषद् में दिए गए घोर

अंगिरस के जो उपदेश हैं, उनसे जैन-तीर्थंकरों के 'चातुर्याम' धर्म की समता है।

'चातुर्याम' जैनों का वैसा ही पवित्र उपदेश माना जाता है जैसा कि भगवान् बुद्ध का 'पंचशील'। चातुर्याम उपदेश इस प्रकार है–

(1) सब प्राणघातों का त्याग (प्राणीघात या जीवहत्या न करना)

(2) असत्य का त्याग (मूसावाद का त्याग)

(3) अदत्ता दान (अदिन्ना दान, चोरी आदि का त्याग)

(4) सब बहिर्धा आदानों (परिग्रहों) का त्याग (दान न लेना)

इन चातुर्याम धर्म के साथ छांदोग्य उपनिषद् वाले घोर अंगिरस द्वारा कृष्ण को दिए गए उपदेश की इतनी अधिक समता है कि उससे तीर्थंकर नेमिनाथ और घोर अंगिरस दोनों एक ही प्रतीत होते हैं। यहाँ एक और बात ध्यान में रखने की है कि लंकापति रावण को अंगिरावंशी बताया गया है। इससे सिद्ध होता है कि कृष्ण और रावण दोनों वैदिक यज्ञों के विरोधी और अहिंसाधर्मी थे तथा अहिंसा धर्म आर्यों के इस देश में आने से पूर्व प्रचलित था। मज्झिम निकाय के बारहवें 'महासीहनाद पुत्र' में बुद्ध में बोधिसत्वावस्था में चार प्रकार के तपों का आचरण करने का वर्णन है, जो इस प्रकार है–

(1) तपस्विता दिगंबर रहना, अंजलि में भिक्षा लेकर खाना। अर्थात् 'करपात्री' होना, काँटों की शय्या पर सोना, केशलुंचन अर्थात् बाल उखाड़कर निकालना। (इस प्रकार के देह-दंडन को तपस्विता कहते हैं),

(2) रुक्षता (बरसों की पड़ी धूल को शरीर पर वैसी पड़ी रहने देना),

(3) जुगुप्सा (पानी की बूँद तक पर दया करना अर्थात् हिंसा का पूर्ण त्याग),

(4) प्रविविक्ता (वन में बिलकुल अकेले रहना)।

बोधिसत्व के इन चारों तपों से जैन-तीर्थंकरों के चातुर्याम-धर्म की समता है। जैन-ग्रंथों में लिखा है कि जैनों के चौबीसों तीर्थंकर चातुर्याम-धर्म का उपदेश करते थे। इससे भी सिद्ध होता है कि वैदिक आर्यों के आने से पूर्व भारत में अहिंसा-धर्म प्रचलित था।

कपिल मुनि का जन्म-काल बुद्ध के पूर्व एक-दो शताब्दी होना चाहिए, क्योंकि कपिल के नाम से ही 'कपिलवस्तु' नगरी का नाम पड़ा, जो शक्य गणतंत्र की राजधानी थी। कपिल मुनि बहुत बड़े सिद्ध थे, ऐसा गीता से प्रकट होता है। गीता में लिखा है–सिद्धानांकपिल मुनी, सांख्यशास्त्र का प्रचार भी यही है। कपिल ने सांख्य ज्ञान 'आसुरि' और 'पंचशि' को दिया। पंचशिखा ने इनका

विस्तार किया। सांख्यकारिका के अंतिम दो आर्या-छन्दों में कपिल की इस शिष्य-परंपरा का उल्लेख है।

महाभारत शांतिपर्व के 324वें अध्याय में पंचशिखा भिक्षु तथा जनक राजा का संभाषण दिया हुआ है और 325वें अध्याय में जनक कहते हैं कि मैं पंचशिखा भिक्षु का परम मान्य शिष्य हूँ। इससे सिद्ध होता है कि कपिल का काल जनक के पूर्व था।

सांख्यों का ज्ञान अन्योन्यवादी पकुधकात्यायन के ज्ञान से मिलता-जुलता है। इस ज्ञान का विकास होते-होते ईश्वर कृष्ण कट्टर निरीश्वरवादी हो चुके थे। कुछ विद्वान बौद्ध धर्म को सांख्यमूलक कहते हैं, परन्तु बौद्धशास्त्र इस बात को स्वीकार नहीं करते।

ब्रह्मजाल सूत्र में लिखा है कि बुद्ध के समय में 62 श्रमण-पंथ विद्यमान थे, जिनका बुद्ध ने खंडन किया है। किन्तु ऐसा प्रतीत होता है कि इनमें मुख्य केवल छह थे। इन छहों संघों के आचार्यों के नाम इस प्रकार हैं–(1) पूरणकश्यप, (2) मक्खलि गोशाल, (3) अजितकेसकंबली, (4) पकुधकात्यायन, (5) निगंठनाथ पुत्त और (6) संजयबेलद्ध पुत्र। इनके मत इस प्रकार हैं–

(1) हिरण्यकशिपु का कहना था कि पाप-पुण्य नाम की कोई चीज नहीं। तुम चाहे किसी को मारो, काटो, कष्ट दो, डराओ, चोरी, डकैती, हत्या, बटमारी, झूठ, पर स्त्री गमन और सामूहिक कत्ल भी करो, तो तुम्हें कोई पाप न होगा तथा गंगा नदी के तट पर दान-पुण्य करो या यज्ञ करो, तो भी कोई पुण्य न होगा। इस मत को 'अक्रियवाद' कहा जाता है।

(2) मक्खलि गोशाल का कहना था कि प्राणी के अपवित्र होने में न कोई हेतु है, न कारण तथा प्राणी की शुद्धि का भी कोई कारण नहीं है। बिना हेतु और कारण के प्राणी शुद्ध होते हैं। चाहे कोई मूर्ख हो या बुद्धिमान, सभी के दुखों का नाश महाकल्प में, 84 लाख योनियों के चक्र में घूमने के बाद ही होता है। इस मत को संसार शुद्धिवाद कहा जाता था।

(3) अजितकेस कंबली कहता था कि दान, यज्ञ ये सब कुछ नहीं हैं। भले-बुरे कर्मों का भी फल नहीं मिलता। न इहलोक है और न परलोक। मनुष्य शरीर पृथ्वी, जल, तेज वायु चार धातुओं से बना है। मरने पर सब धातु अपने-अपने रूप में मिल जाते हैं। मृत्यु के बाद कुछ भी शेष नहीं रहता इत्यादि। इस मत को 'उच्छेवाद' कहा जाता है।

(4) पकुधकात्यायन का कहना था कि सात पदार्थ हैं जिन्हें न किसी ने

किया न करवाया। वे कूठस्थ तथा खम्भे के समान अचल हैं। पृथ्वी, जल, तेज, वायु, सुख, दुख, जीव ये सात पदार्थ हैं। न कोई किसी को मारता है, न मारा जाता है। यदि कोई किसी का सिर तेज शस्त्र इन सातों पदार्थों के अवकाश में घुसता है। इससे अधिक कुछ नहीं। इस मत को अन्योन्यवाद कहते हैं।

(5) निगंठनाथ पुत्त जेनसंघ का मुखिया था। वह ऊपर लिखे चारों यामों का प्रतिपादन करता था। इसके मत को चातुर्याम संघवाद कहते थे।

(6) संजयबेलघ पुत्र कहता था कि परलोक है या नहीं, यह मैं नहीं समझता। है यह भी नहीं, नहीं है यह भी नहीं। शुभाशुभ कर्मों का फल मिलता है या नहीं मिलता। तथागत मृत्यु के बाद रहता है या या नहीं, मैं नहीं कह सकता। इस मत को 'विक्षेपवाद' कहा जाता है।

इन छहों श्रमण-पंथों में पूर्ण कश्यप और मक्खलि गोशाल के एक हो जाने का प्रमाण अंगुत्तर-निकाय के छक्कनिपात में मिलता है। अजितकेस का उच्छेदवाद चार्वाक्र मत बना। पकुधकात्यायन का मत वैशेषिक शास्त्र में परिणत हुआ। निगंठनाथ पुत्त का मत चातुर्याम में परिणत और संजयबेलघ पुत्र का तत्त्वज्ञान जैनों में स्याद्वाद दर्शन के रूप में परिणत हुआ।

इन सब श्रमण संघों की संस्कृति से जो अत्यंत उज्ज्वल मत निकला, वह शाक्यपुत्र श्रमण गौतम का मत है।

इस विवरण से दो बातें सिद्ध हुईं—(1) श्रमण-संस्कृति या अहिंसा-धर्म वैदिक संस्कृति का पूर्ववर्ती और मौलिक है, (2) इन सबका मथंन करके निकला हुआ बौद्ध धर्म ही भारत का सच्चा धर्म है।

वैदिकों का प्रधान कर्म है, यज्ञ करना। कहा जाता है कि वैदिक आर्यों के लगभग तैंतीस कोटि आराध्य देव रहे हैं। वे अपने उन देवताओं के निमित्त यज्ञ किया करते थे। देवताओं के लिए की जाने वाली इस यज्ञ सामग्री का बहुत श्रेष्ठ होना आवश्यक है। कृषि-युग के उन कार्यों के लिए गो-धन ही श्रेष्ठतम धन था। इसलिए अनुमान होता है कि वे लोग अपने इष्टदेवों के प्रति की गई उन पूजाओं में गो-बलि के द्वारा यज्ञ करते रहे होंगे। इस तरह होने से वैदिक धर्म हिंसा को प्रोत्साहन देने वाला हो गया। यज्ञों में आधारित रूप से पशुबलि होती थी और याज्ञिक कहते थे कि वैदिक यज्ञों में जिन पशुओं की बलि दी जाती है उन्हें स्वर्ग की प्राप्ति होती है। इसलिए 'वैदिक हिंसा हिंसा न भवति' का अर्थात् वैदिक यज्ञों के लिए होनेवाली हिंसा हिंसा नहीं होने का सिद्धान्त का प्रचलित हुआ।

यज्ञों में पशुबलि का खुलेआम प्रचार हो जाने से प्रायः सभी ऐसे पशुओं की बलि होने लगी जिनके मांस खाद्य थे, जैसे—बकरा, भेड़, गाय इत्यादि। यज्ञों का प्रचार बढ़ जाने से यज्ञ कराने वाले पुरोहितों की महिमा बढ़ी और ब्राह्मणवाद का उदय हुआ। इस ब्राह्मणवाद ने समाज को चार वर्णों में विभक्त कर दिया—ब्राह्मण, क्षत्रिय, वैश्य, और शूद्र। चार वर्णों की स्थापना करके समाज को विषम बनाना ही ब्राह्मणवाद का उद्देश्य था, क्योंकि बिना इसके ब्राह्मण प्रभुत्व स्थापित करना असंभव था। ब्राह्मणों ने अपनी श्रेष्ठता के लिए कुछ ऐसे वेदमंत्रों की रचना की जिन्हें सुनाकर वे कहने लगे कि ब्राह्मण ब्रह्म के मुख से निकले हैं, क्षत्रिय भुजाओं से, वैश्य कटि से और शूद्र पैरों से पैदा हुए हैं। इसलिए ब्राह्मण सर्वश्रेष्ठ और सब वर्गों के पूज्य गुरु हैं। किन्तु भगवान् बुद्ध ने इसका खंडन किया। भगवान् ने कहा—जैसे सब मनुष्य पैदा होते हैं, उसी तरह ब्राह्मण भी पैदा होते हैं। ब्राह्मणों की स्त्रियाँ ऋतुमती होती हैं, गर्भवती होती हैं, दस मास गर्भ धारण करती हैं, प्रसूता होती हैं, बच्चे को स्तन-पान कराती हैं, मल-मूत्र साफ करती हैं और पालन-पोषण करती हैं, ऐसा देखा जाता है। तब ब्राह्मण कैसे कहते हैं कि वे ब्रह्म के मुख से निकले और शूद्र पैरों से उत्पन्न हुए। जन्म से न कोई वृषल (शूद्र) होता है और न कोई ब्राह्मण। कर्म से ही ब्राह्मण हो सकता है और कर्म से ही शूद्र।

बौद्ध धर्म की देन : अम्बेडकर की नजर में

बुद्ध ने कहा—'कोई जटा, दाढ़ी, गोत्र और जन्म से ब्राह्मण नहीं होता। जिसमें सत्य और धर्म है, जो मन-वचन-काया से कोई पाप नहीं करता, जो काम-क्रोध से रहित, व्रती, शीलवान् अनुत्सुक, दान्त और जितेन्द्रिय है, जो तृष्णारहित और संशयरहित है, जो राग-द्वेष-मान-मद-विहीन है, जो रति और अरति को छोड़कर शांत हो गया है, जो गंभीर प्रज्ञा वाला मेधावी, मार्ग-अमार्ग का ज्ञाता और सर्वोत्तम अर्थ निर्वाण का अधिकारी है, उसे ही मैं ब्राह्मण कहता हूँ।'

आप जो सोच सकते हैं वही हो सकता है, जो मानवमात्र के लिए कल्याणकारी है, जिसमें मानवमात्र के लिए उन्नति विकास का द्वार उन्मुक्त हो और भेदभाव न होकर मानवी समता हो। जिस धर्म का मूल सिद्धान्त मानव-समाज में भेद पैदा करना है, उसे धर्म नहीं कहा जा सकता। ब्राह्मण-धर्म ने मानव-समाज में भेद उत्पन्न किया, उसने स्त्रियों और शूद्रों के साथ बहुत ही तुच्छता का व्यवहार करना सिखाया। लेकिन भगवान् बुद्ध के धर्म का प्रधान

लक्षण मानव-समता है। उसमें प्रत्येक को अपनी बुद्धि से सोच-विचार कर किसी बात को स्वीकार या अस्वीकार करने का उपदेश है। हिंसा का मूलोच्छेदन और अहिंसा का प्रचार उसका एक मुख्य अंग है। किसी जीव को देवता के नाम पर उत्सर्ग करना अथवा उसके आगे हनन करके यह कहना है कि इसे स्वर्ग मिल गया—ऐसा बौद्ध धर्म ने नहीं सिखाया।

बाबा साहब कहते हैं—मैं तो कहूँगा कि बौद्ध धर्म का भारत में आविर्भाव अथवा फ्रांस की महाक्रांति दोनों युगांतकारी महत्त्वपूर्ण घटनाएँ हैं। बौद्ध धर्म के प्रादुर्भाव से पहले यह सोचना भी संभव नहीं था कि शूद्र भी राजा हो सकता है, किन्तु भरतीय इतिहास के ज्ञाता जानते हैं कि बौद्ध धर्म के अभ्युदय के बाद शूद्रों को भी राज्य-सिंहासन आसीन होने का अवसर प्राप्त हुआ और देश में सम-सामाजिक स्थिति उत्पन्न हुई। गणतंत्रीय-शासन प्रणाली भी बौद्ध काल की ही देन है। भगवान् बुद्ध के परिनिर्वाण के बाद, ई.पू. 274 तक बौद्ध धर्म किस स्थिति में था, यह जानने के लिए पर्याप्त सामग्री उपलब्ध नहीं है। किन्तु सम्राट अशोक के समय में बौद्ध धर्म को बिजली की तरह फैलता देखा जाता है। चन्द्रगुप्त और अशोक जैसे सम्राट बौद्ध-काल में ही हुए जिनसे भारत के बाहर के सम्राटों और विजेताओं से मैत्री-सम्बध स्थापित हुए। बौद्ध-काल में भारत में स्थापत्य-कला, चित्रकला, मूर्तिकला इत्यादि और दर्शन आदि की इतनी महान उन्नति हुई कि नाना देशों के विद्यार्थी यहाँ के नालंदा और तक्षशिला के विश्वविद्यालय में शिक्षा प्राप्त करने आए। इससे पूर्व भारत को यह गौरव प्राप्त नहीं हुआ था।

अम्बेडकर के अनुसार भारत से बौद्ध धर्म के लोप का कारण

प्रश्न होता है कि जो धर्म इतना श्रेष्ठ था और जो इतना फैल गया था, उसका भारत से लोप कैसे हो गया? अम्बेडकर कहते हैं—इस प्रश्न के अनेक उत्तर रहते हुए मैं इसका दोषी स्वयं अशोक को समझता हूँ। यह मेरा निजी विचार है। सहनशीलता की भी कोई सीमा होनी चाहिए। सम्राट अशोक अत्यत सहनशील थे, इसलिए मैं उन्हें दोष देता हूँ। सम्राट अशोक ने अपने समय में बौद्ध धर्म के अतिरिक्त ऐसे अनेक धर्मों की, जो बौद्ध धर्म के कट्टर विरोधी थे, जान-बूझकर बढ़ने की छूट दे रखी थी। इससे बौद्ध धर्म के विरोधियों को अपनी शक्ति बढ़ाने का पूरा मौका मिला और मैं समझता हूँ यह बौद्ध धर्म के प्रति पहला आघात था।

बौद्ध ग्रंथों में देखा जाता है कि भगवान् बुद्ध के श्रावक-शिष्यों में लगभग

90 प्रतिशत ब्राह्मण थे। ब्राह्मण लोग भगवान् बुद्ध से तर्क करने आते थे और निरुत्तर हो, प्रभावित और संप्रहर्षित हो उनके प्रति श्रद्धावान् होकर उनके धर्म में दीक्षित हो जाते थे। इन श्रावक-शिष्यों से बुद्ध एवं उनके धर्म का प्रभाव बढ़ता था। किन्तु बौद्ध धर्म में जातिभेद न होने से क्रमशः जब छोटी जातियों के लोग शरणापन्न सिद्ध महात्मा बनने लगे तथा राजाओं और धनिक सेठों द्वारा उनकी पूजा और सत्कार होने लगा, तो यह बात ब्राहाणों को बर्दाश्त नहीं हुई और वे बौद्ध धर्म का उच्छेद करने में लग गए।

भारत में प्राचीनकाल से, जैसे—ग्राम-देवता, प्रदेश देवता, वन-देवता, नद-देवता थे और उनकी पूजा होती थी, ऐसे ही कुल-देवता भी थे। राजाओं और सेठों के कुल-देवताओं की पूजा प्रायः ब्राह्मण-पुरोहितों द्वारा होती थी। अतः राज-महलों में कुल-देवों की पूजा के लिए जाने वाले ब्राह्मण, प्रायः पुराणों के मार्फत राजा और राज्य शासन पर अधिकार जमाने लगते थे। इस अधिकार द्वारा वे अपने अखंड प्रभुत्व में बाधक बौद्ध धर्म की जड़ें उखाड़ने लग जाते थे। सम्राट अशोक के समय में इन कुल-देवों की पूजा का निषेध हुआ। अशोक ने कहा—जब मैं बुद्ध के धर्म-मार्ग का अनुसरण करता हूँ, तो मुझे किसी अन्य देवी-देवता की पूजा की आवश्यकता नहीं है। और उन्होंने अपने प्रशासनादेश द्वारा इन कुल-देवों की प्रतिमाओं को हटवा दिया। ब्राह्मणों के लिए यह भारी प्रहार था, क्योंकि इससे उनकी आजीविका और धूर्ततापूर्ण प्रचार को भारी धक्का लगा और वे इसका बदला लेने पर तुल गए।

ब्राह्मण-पुरोहितों की पहले यह धारणा थी कि जितने राजा हैं, वे सब मरकर नरक को जाएँगे, क्योंकि राज-काज चलाने में बहुत पाप और दुष्कर्म करने पड़ते हैं, अतएव, ब्राह्मण लोग अवसर मिलने पर भी राज्य-भार अपने सिर पर नहीं लेते थे। केवल राजसिंहासन पर बैठना स्वीकार नहीं करते थे परन्तु मंत्री और पुरोहित बनकर राजाओं को मंत्रणा दिया करते थे तथा विधि-विधान और व्यवस्थाएँ गढ़ा करते थे। किन्तु कुल-देवों की पूजा बंद हो जाने से जब उनकी बहुत बड़ी हानि हुई, तो राज-शासन न करने के अपने सिद्धान्त को तिलांजलि देकर वे लोग राज्यों को हथियाने और राज्य-सिंहासन पर अधिकार जमाने लगे। ऐसी अगणित घटनाएँ भारतीय वाङ्मय में मिलती हैं। यह भी देखा जाता है, जहाँ स्वयं अकेले शासन करना संभव न होता, वहाँ अपने हितैषी क्षत्रियों से मिलकर ब्राह्मण-क्षत्रिय नाम से अथवा क्षत्रिय को आगे करके या यों कहिए कि क्षत्रिय को अपना गुड्डा बनाकर शासन करते थे। स्वार्थ के लिए सिद्धान्त भी बदल गया। इस तरह ब्राह्मणवाद फिर से जोर पकड़ने लगा जो कि बौद्ध धर्म के भारत से लोप होने

का एक कारण बन गया।

ब्राह्मण शासनाधिकार की एक बहुत महत्त्वपूर्ण घटना मौर्य-साम्राज्य का ब्राह्मण-साम्राज्य में परिवर्तन होना है। दुःख की बात है कि भारतीय इतिहास लेखकों ने इस महान् घटना को अधिक महत्त्व नहीं दिया है। वस्तुतः यह भारतीय इतिहास की बहुत बड़ी घटना है। अंतिम मौर्य-सम्राट महाराज वृहद्रथ का सेनापति पुष्यमित्र नामक ब्राह्मण था, इसका गुरु पतंजलि था। पतंजलि ने योगविद्या बौद्ध योगियों से सीखी, परन्तु बाद में यह बौद्धों का शत्रु हो गया। इसकी मंत्रणा से सेनापति शुंगवंशीय पुष्यमित्र सम्राट वृहद्रथ को मार कर स्वयं सिंहासन पर बैठ गया और इसने मौर्य राज्य के स्थान पर शुंगवंशीय ब्राह्मणी धर्म के पुनः स्थापन के लिए ब्राह्मणों द्वारा किए गए कुकृत्यों को प्रतिस्थापित कर दिया। ब्राह्मणों द्वारा किए गए कृत्यों में यह बड़ा दारुण कृत्य है और बौद्ध धर्म के भारत से लोप होने की बहुत बड़ी ऐतिहासिक घटना है।

विदेशियों के आक्रमण भी भारत से बौद्ध धर्म के लोप होने का कारण माने जाते हैं। परन्तु यूनानियों के आक्रमण से बौद्ध धर्म के कार्यों में आर्थिक सहायता भी पहुँचाई गई। गुप्तकाल में भारत पर हूणों के आक्रमण हुए, किन्तु वे गुप्तों से परास्त होकर भारत में ही बस गए। इनसे भी बौद्ध धर्म की हानि नहीं हुई। शकों से भी बौद्ध धर्म को हानि नहीं पहुँची। वरन् शकराज कनिष्क, जिसने पेशावर में अपनी राजधानी बना ली थी और जो बौद्ध धर्म में दीक्षित हो गया था, इसने तक्षशिला में एक विशाल बौद्ध धर्म विश्वविद्यालय खोला था और बौद्धों की चौथी धर्म संगति कराई थी जिसमें महायान-मार्ग का आविष्कार हुआ और बौद्ध साहित्य नवाविष्कृत संस्कृत में लिखा गया। विदेशी आक्रमणकारियों में सबसे अधिक आघात बौद्ध धर्म को मुसलमानों द्वारा पहुँचा। मुसलमान प्रतिमा और प्रतीकों के विरोधी थे। उन्होंने बौद्ध-मूर्तियों को तोड़ा-फोड़ा और बौद्ध-भिक्षुओं को मारा। उन्होंने नालन्दा के विशाल बौद्ध-विश्वविद्यालय को विद्या का केन्द्र नहीं, सैनिक किला समझा और चीवरधारी भिक्षुओं को रंगीन वर्दीवाले सैनिक समझकर उनका संहार किया। जो भिक्षु उस भीषण रक्तपात से बचे, वे नेपाल, तिब्बत, चीन आदि देशों को भाग गए।

नालन्दा के विशाल पुस्तकालय में ताड़पत्रों और भोजपत्रों आदि पर लिखी हुई लगभग दो लाख पुस्तकें थीं जिनमें हजारों-हजारों वर्षों का ज्ञान सुरक्षित था। उसे बख्तियार खिलजी ने जलाकर खाक कर दिया और छह हजार विद्यार्थी जो वहाँ शिक्षा लाभ कर रहे थे, मार डाले गए या मुसलमान बना लिये गए। मुसलमान आक्रमणकारी जहाँ भी गए, वहाँ उन्होंने बौद्धों को मारा, मुसलमान बनाया, मूर्तियों

को तोड़ा और पुस्तकालयों को फूँका तथा विहारों को नष्ट किया। अम्बेडकर इस प्रश्न कि आक्रमणकारियों ने तो हिन्दू मंदिरों को भी तोड़ा और लूटा, का उत्तर देते हुए लिखते हैं—मेरे कुछ हिन्दू मित्र मुझसे पूछते हैं कि मुस्लिम आक्रमणकारियों ने हिन्दू मूर्तियों और हिन्दू-मंदिरों का भी तो विनाश किया। मेरा उत्तर है—उतना नहीं जितना बौद्धों का। कारण यह था कि ब्राह्मण लोग प्रायः स्त्री-पुत्र वाले गृहस्थ थे और घरों में रहते थे, उनकी कोई अलग पहचान न थी। बौद्ध-भिक्षु प्रायः चीवरधारी, स्त्री-रहित और विहारी रहते थे, इसलिए पहचान लिए जाते थे। अतएव हिन्दुओं के प्रसिद्ध मंदिर तो मुस्लिमों द्वारा तोड़े गए किन्तु धर्मगुरुओं व पुरोहितों को हानि नहीं पहुँची।

किसी भी धर्म के जीवित रहने के लिए यह आवश्यक है कि उसके उपदेष्टा, गुरु और पुरोहित मौजूद हों। बौद्ध धर्म के लोप होने का विशेष कारण है कि बौद्ध-भिक्षुओं का अभाव हो गया। बौद्ध-भिक्षुओं की कोई जाति न थी, कोई भी व्यक्ति शरणापन्न होने से उपासक, सामनेर, भिक्षु और स्थविर-महास्थविर हो सकता था और भिक्षु समाज से दूर विहारों में रहता था। ब्राह्मणवाद में यह बात न थी। वहाँ तो ब्राह्मण के घर में जन्म लेने से ब्राह्मण और धर्मगुरु हो जाता, उस कारण मुस्लिम आक्रमणों से हिन्दुओं की विशेष हानि न हुई। बाद में दबी-पिछड़ी जातियों को लोगों को भिक्षु बनाकर बौद्ध परंपरा को कायम रखने का उद्योग किया गया, पर अधिक शिक्षित न होने से ये नए भिक्षु ब्राह्मणों के तर्कों का उत्तर न दे सके और उन्हें हार खानी पड़ी।

इस बीच प्राचीन शैव-योगियों ने शैव-धर्म का और ब्राह्मणों ने वैष्णव-धर्म का प्रचार किया। शैवों और वैष्णवों में अपने-अपने मत के प्रचार-प्रसार के लिए संघर्ष हुआ। अंत में ब्राह्मणों ने शिव को वैदिक 'रुद्र' बनाकर अपने में मिला लिया और शैवों एवं वैष्णवों का मेल हो गया। आजकल हिन्दू-धर्म बहुत परिवर्तित रूप में है। **आज प्रतिमा, चैत्य, विहार और भिक्षु आदि की दृष्टि से बौद्ध धर्म भारत में नहीं है, परन्तु उसका आध्यात्मिक रूप आज भी भारत में व्याप्त है।**

बौद्ध धर्म का प्रारंभ ठोस आधार पर हुआ है। मानव का उत्थान महानतम धर्म की महानतम विशेषता है। इस कसौटी पर बौद्ध धर्म से अधिक उपयुक्त धर्म मानव कल्याण के लिए दूसरा कोई नहीं है। बाबा साहब कहते हैं कि आर्यों तथा नागों में सर्वप्रथम युद्ध हुआ और आर्यों के पास घोड़ों के होने के कारण उन्होंने नागों पर विजय प्राप्त की। आज ये 'नागे' हिन्दू हैं। इन्होंने ही सर्वप्रथम बौद्ध धर्म स्वीकार किया और उसकी उन्नति करने में सफल हुए। इन नागों का दमन

करने के लिए आर्यों ने अनेक बार प्रयत्न किया। उसका उदाहरण महाभारत में अनेक स्थानों पर प्राप्त होता है।

इसके बाद आर्यों ने ब्राह्मण-धर्म को व्यापक बनाया, जिसमें अनेक दोष पैदा हो गए। चातुर्वर्ण्य का उद्भव इन्हीं ब्राह्मणों ने किया और बुद्ध ने इसका कड़ा विरोध किया। बुद्ध ने चातुर्वर्ण्य को समाप्त कर समता का प्रचार किया और इसी आधार पर बौद्ध धर्म की स्थापना हुई। बुद्ध ने इसके बाद ब्राह्मण धर्म के यज्ञों को बुरा माना और इसको समाप्त किया। ब्राह्मणों ने जो हिंसा की प्रवृत्ति प्रारंभ की थी, उसे समाप्त कर अहिंसा का प्रचार किया। बौद्ध धर्म समुद्रवत् है, इसमें किसी प्रकार का भेदभाव नहीं है। करुणा का प्रचार कर बुद्ध ने उस समय के पददलित वर्ग के मन को आकर्षित किया और उसे सही रास्ता दिखाया। आज हिन्दू धर्म की जड़ में खराबी उत्पन्न हो गई है। इसलिए हमें उचित धर्म की आराधना करनी चाहिए। मेरी समझ में बौद्ध धर्म ही उचित धर्म है जिसमें ऊँच-नीच, धनवान-गरीब, जात-पाँत आदि भावनाएँ विद्यमान नहीं हैं।

भारत के अछूतों का कल्याण बौद्ध धर्म अपनाने से ही सम्भव है। हिन्दू समाज में व्याप्त असमानता, भेदभाव, अन्याय एवं कुरीतियाँ बौद्ध धर्म ग्रहण करने से ही दूर हो सकती हैं।

भारत के अछूतों के बौद्ध धर्म स्वीकार करने पर बर्मा, चीन, जापान, लंका आदि समस्त समृद्ध देशों की सहानुभूति से हम दासता से मुक्ति पा सकेंगे। आज उक्त देश हम पर होने वाले अन्याय एवं अमानवीय अत्याचार के विरुद्ध कोई आवाज इसलिए नहीं उठाते कि वे समझते हैं कि यह हिन्दुओं की अपनी घरेलू समस्या है। यदि बौद्ध धर्म को ग्रहण करने के बाद भी हिन्दू लोग हमें समानता, स्वतंत्रता एवं भ्रातृत्व से वंचित रखते हैं, तो हम उक्त राष्ट्रों के सहयोग से उसे बड़ी सरलता से प्राप्त कर सकते हैं।

अस्पृश्यता हिन्दू-धर्म के माथे पर एक भयंकर कलंक है और उससे हिन्दू जाति के हृदय की कलुषता का दिग्दर्शन होता है। यदि अछूत पवित्र एवं निर्मल होकर भी देव-दर्शन के लिए जाते हैं तो उनके लिए मन्दिर के कपाट बन्द कर दिए जाते हैं। छूतछात, भेदभाव, जात-पाँत को समूल नष्ट करना सवर्ण हिन्दूओं का कर्तव्य है। बाबा साहब को जब विश्वास हो गया कि हिन्दू धर्म मानवी समता की शर्त को किसी तरह नहीं स्वीकारेगा तो बहुत भारी मन से उन्होंने बौद्ध धर्म को स्वीकार किया था। इसमें बाबा साहब का दोष है या उनका जो मनुष्य-मनुष्य को बराबर नहीं मानते हैं। विचार करें।

हिन्दू धर्म के धर्माधिकारियों के हठ से आजिज डॉ. अम्बेडकर को बाध्यतः

कहना पड़ा कि आज मैं समस्त अछूत भाइयों का आह्वान करता हूँ कि वे ऐसे धर्म को अपनाएँ जिसमें मानव-मानव में कोई भेद न हो, समानता एवं भ्रातृत्व के अधिकार प्राप्त हों। यह उच्च आदर्श बौद्ध धर्म में ही है। जिस प्रकार विभिन्न नामों वाली तथा विभिन्न दिशाओं से आई हुई नदियाँ समुद्र में मिलकर एक हो जाती हैं, उसका समुद्र ही नाम हो जाता है, उसी प्रकार बौद्ध धर्म को ग्रहण कर सभी समान हो जाते हैं, किसी प्रकार की विषमता नहीं रह जाती है।

बौद्ध धर्म केवल अछूतों के लिए ही नहीं है। यह मानव-मात्र के लिए कल्याणकारी है। इसे अछूत ही नहीं, सवर्ण हिन्दू भी अपनाकर अपना कल्याण करें। डॉ. अम्बेडकर का चिंतन है कि समानता तथा बंधुता आधारित बौद्ध धर्म को अंगीकार कर ही समरस समाज की स्थापना संभव है। डॉ. अम्बेडकर हिन्दू धर्म से यही चाहते थे और इसी को मानने के लिए हिन्दू धर्म के धर्माधिकारियों से एक लंबी अवधि तक एक तरह से अनुनय करते रहे। लेकिन जब पत्थर पर दूब नहीं जमने की कहावत चरितार्थ होने लगी तो पछता कर बाबा साहब को बौद्ध धर्म को स्वीकार करना पड़ा।

डॉ. अम्बेडकर ने धर्म परिवर्तन का निर्णय उस समय इसलिए लिया क्योंकि उनका मानना था कि इस समस्या का हल अभी नहीं निकाला गया तो भारत का उपेक्षित समुदाय मानवता का हक कभी भी प्राप्त नहीं कर सकेगा।

अम्बेडकर और बुद्धं शरणं गच्छामि

"डॉ. अम्बेडकर ने बौद्ध धर्म को एक सामाजिक व्यवस्था के रूप में समझा था और वह वर्णवाद आश्रित सामाजिक व्यवस्था को जड़मूल से उखाड़कर समतावादी समाज की नींव रखना चाहते थे। इस उद्‌देश्य की पूर्ति के लिए ही उन्होंने अपने लोगों को बौद्ध धर्म अपनाने की सलाह दी और 14 अक्तूबर, 1956 को वयोवृद्ध महास्थविर चन्द्रमणि ने डॉ. अम्बेडकर सहित उनके पाँच लाख व्यक्तियों को दीक्षा दिलाई। वे सब बौद्ध हो गए। इस धर्म-परिवर्तन ने हिन्दू धर्म को चौंका दिया। इसके साथ ही, बौद्ध धर्म के पुरातनवादी भिक्षु भी चौंके क्योंकि वे भी डॉ. अम्बेडकर के क्रांतिकारी, निष्कपट और स्वाभिमानी रूप से भयभीत थे। निष्कर्षतः यह कहा जा सकता है कि डॉ. अम्बेडकर को अन्त में जो मार्ग चुनना पड़ा उसका कारण हिन्दू धर्म की कट्टरता और अपने को न बदलने की जिद ही थी। यदि डॉ. अम्बेडकर ने स्वतंत्रता से पूर्व धर्म-परिवर्तन

का आह्वान किया होता तो अछूत वर्ग की नब्बे प्रतिशत आबादी बौद्ध हो चुकी होती। इतनी बड़ी संख्या में अछूत बौद्ध हुए होते तो उनके नवीन अस्तित्व की अलग पहचान बनती और वे नवीन सामाजिक, आर्थिक तथा राजनीतिक जीवन की इकाई बनते। बहुसंख्यक लोगों का एक सम्माननीय धर्म होता है और उस धर्म में उनका बराबरी का हाथ होता। मुझे लगता है कि धर्म-परिवर्तन का निर्णय लेने में डॉ. अम्बेडकर ने बहुत विलम्ब कर दिया और इस कारण धर्म-परिवर्तन लाखों की संख्या में सिमटकर रह गया।

स्वतंत्रता से पूर्व ऐसा कोई भय नहीं था। उस समय का वातावरण बहुत अनुकूल था। डॉ. अम्बेडकर जिस सामाजिक, राजनीतिक, आर्थिक तथा धार्मिक सदाचार और समानता के लिए आजन्म अथक प्रयास करते रहे, उसकी प्रतिष्ठा नहीं हो सकी। वे हिन्दू धर्म से जाति की अजगरी शृंखलाओं को नहीं काट सके बल्कि उन्हें ही विवश होकर अत्यन्त भारी मन से अपने व्रत को पूरा करने के लिए धर्म-परिवर्तन की राह पकड़नी पड़ी। यथार्थतः वे हिन्दू धर्म के विरोधी नहीं थे। वे विरोधी थे हिन्दू धर्म में पनपी अमानवीय व्यवस्था और रीति-नीति के। वे विरोधी थे हिन्दू धर्म में व्याप्त असमानता और पुरोहितों की धींगामुश्ती के। उन्होंने हिन्दू धर्म के शास्त्रों का गहन अध्ययन किया था और यह मालूम किया था कि उनमें जाति-व्यवस्था जन्म से नहीं कर्म से जन्मी है जिसे कालान्तर में जन्म से जोड़कर सवर्ण हिन्दू अपने में से एक वर्ण का शोषण करते रहना चाहते हैं और उसे जानवर से भी बदतर स्थिति में कायम रखना चाहते हैं। उन्होंने न केवल उनको सामाजिक, धार्मिक, आर्थिक तथा राजनीतिक हकों से महरूम किया है अपितु उनकी मानसिकता के समस्त रस को सोखकर उन्हें खोखला कर दिया है। ऐसी स्थिति में डॉ. अम्बेडकर सोचते थे कि वे न तो मर सकते हैं और न विद्रोह कर सकते हैं। उनका जीवन निरर्थक है। डॉ. अम्बेडकर सवर्ण वर्ग का हृदय परिवर्तन नहीं कर सके। सवर्ण वर्ग ने मौके का लाभ उठाकर अछूत वर्ग में दरारें डाल दीं, उनकी सोच को बेतरह से कील दिया। वे चंद लाभों की दलदल में ऐसे फँसे कि आज तक उससे मुक्त नहीं हो सके।

आज डॉ. अम्बेडकर हमारे बीच में नहीं हैं परन्तु उनका जीवनोन्मुखी चिन्तन और मानव मात्र के लिए की गई उनकी सेवाएँ बराबर हमारा ध्यान अपनी ओर खींच लेती हैं। यह महसूस कराती हैं कि वे केवल अछूतों के नहीं, वे केवल बौद्धों के नहीं और वे केवल उपेक्षितों के नहीं अपितु वे उन सबके थे जिनमें मानवता की खुशबू की रत्तीभर भी पहचान थी। उनके लिए धर्म बिना गति नहीं थी, जीवन नहीं था। जीवन और समाज की सक्रियता वे धर्म से मानते

थे। धर्म उनकी जीवनास्था से जुड़ा था। धर्म उनके लिए मार्क्स की तरह नहीं था और वे धर्म के प्रति अंधभक्त नहीं थे। हिन्दू धर्म की निष्क्रियता के अफीम के कारण उनको विवश होकर धर्म-परिवर्तन का निर्णय लेना पड़ा था। धर्म-परिवर्तन उनके लिए सहज प्रक्रिया नहीं थी। इससे पूर्व वे जिस धर्म में पैदा हुए थे, उसमें उन्होंने जी-जान से यह प्रयत्न किया था कि उन्हें और उस वर्णीय समाज को जीने का सम्मानपूर्वक अधिकार मिल जाए। उन्होंने इसके लिए समस्त उस प्रक्रिया से गुजर जाना उपयुक्त समझा जिसके द्वारा धर्म में पुनर्जागरण की संभावना पैदा हो सके और जीवन-क्रांति की नई दिशा उद्घाटित हो सके। पर इन सबसे कोई लाभ नहीं हुआ और अन्त में वे मन मसोसकर धर्म-परिवर्तन की दिशा में चल पड़े।

संदर्भ ग्रंथों/स्रोतों की सूची

1. महामानव डॉ. बाबा साहब अम्बेडकर, प्रभाकर दिघे, पृष्ठ 140
2. डॉ. बाबा साहब अम्बेडकर, भालचन्द्र फडके, पृष्ठ 186
3. डॉ. बाबा साहब अम्बेडकर, डॉ. सूर्यनारायण रणसुम्भे, पृष्ठ 81
4. डॉ. बाबा साहब अम्बेडकर, जीवन चरित, धनंजय कीर, पृष्ठ 281
5. डॉ. बाबा साहब अम्बेडकर, डॉ. सूर्यनारायण रणसुम्भे, पृष्ठ 91
6. डॉ. बाबा साहब अम्बेडकर, जीवन चरित, धनंजय कीर, पृष्ठ 283-284
7. डॉ. बाबा साहब अम्बेडकर, डॉ. एस.एन. रणसुम्भे, पृष्ठ 82
8. डॉ. बाबा साहब अम्बेडकर, धनंजय कीर, पृष्ठ 245
9. तथैव, पृष्ठ 288
10. डॉ. बाबा साहब अम्बेडकर, एस.एन. रणसुम्भे, पृष्ठ 83
11. तथैव, पृष्ठ 83
12. प्रबुद्ध भारत जयन्ती विशेषांक, वर्ष 1956, पृष्ठ 84
13. तथैव, पृष्ठ 84
14. तथैव, पृष्ठ 85
15. डॉ. बाबा साहब अम्बेडकर, आणि त्यांगा धम, प्रभाकर वैद्य, पृष्ठ 120
16. तथैव, पृष्ठ 120
17. तथैव, पृष्ठ 137
18. डॉ. अम्बेडकर तत्वज्ञान, प्रचिती आणि आविष्कार, ताराचंद खांडेकर, पृष्ठ 77
19. महामानव बाबा साहब अम्बेडकर, प्रभाकर वैद्य, पृष्ठ 137
20. भारतरत्न डॉ. भीमराव अम्बडेकर : सृष्टि और दृष्टि, डॉ. सुकन पासवान प्रज्ञाचक्षु, भावना प्रकाशन, दिल्ली-91, पृष्ठ 265
21. तथैव, पृष्ठ 266
22. तथैव, पृष्ठ 266

23. डॉ. अम्बेडकर का नैतिक दर्शन, डॉ. डी. आर. जाटव, पृष्ठ 109
24. भारतरत्न डॉ. भीमराव अम्बेडकर : सृष्टि और दृष्टि, डॉ. सुकन पासवान प्रज्ञाचक्षु, भावना प्रकाशन, दिल्ली-91, पृष्ठ 267
25. डॉ. अम्बेडकर का नैतिक दर्शन, डॉ. डी.आर. जाटव, पृष्ठ 110
26. भारतरत्न डॉ. भीमराव अम्बेडकर : सृष्टि और दृष्टि, डॉ. सुकन पासवान प्रज्ञाचक्षु, भावना प्रकाशन, दिल्ली-91, पृष्ठ 267
27. वही, पृष्ठ 269
28. वही, पृष्ठ 271
29. वही, पृष्ठ 275-276

अध्याय : नौ

बाबा साहब डॉ. अम्बेडकर : यत्र तत्र सर्वत्र

मानवतावादी दर्शन

विद्या गुरुणां गुरुः। शिक्षित, सघंर्षशील एवं संगठित होकर ही अपने हकों को प्राप्त किया जा सकता है।

वे धन्य हैं जो अनुभव करते हैं कि जिन लोगों में हमारा जन्म हुआ है, उनका उद्धार करना हमारा कर्तव्य है। धन्य हैं वे, जो गुलामी का खात्मा करने के लिए सब कुछ न्योछावर करते हैं, और धन्य हैं वे जो सुख और दुख, मान और सम्मान, कष्ट और कठिनाइयों, आँधी और तूफान की परवाह किए बिना तब तक संघर्ष करते रहेंगे, जब तक कि मानवाधिकार वंचितों को उनका अधिकार नहीं मिल जाता है।

महापुरुषों को सदा सामाजिक उद्देश्यों से प्रेरित होना चाहिए तथा समाज के लिए प्रदोष एवं कुप्रथा निर्मूलक के रूप में कार्य करना चाहिए। यही वे तत्व हैं जो इंसान को महान् बनाते हैं।

इसका असली नाम कलंक होना चाहिए था। ऐसी सभ्यता को और कहा ही क्या जा सकता है, जिसने मनुष्यों का एक ऐसा वर्ग पैदा किया जिसे जीवकोपार्जन के लिए अपराधवृत्ति की मान्यता प्राप्त है, एक दूसरा मानव समुदाय है जिसे मानव सभ्यता के युग में आदिम बर्बरता के साथ फलने-फूलने के लिए छोड़ दिया गया

है, तीसरा वह समुदाय है जिसका मानवेतर अस्तित्व है और जिसके छूने भर से छूत लग जाती है।

एक विद्वान और बुद्धिजीवी में महान् अन्तर है। उनका अलग-अलग संसार है। इनमें से पहले में अपने वर्ग की चेतना होती है और वह अपने वर्ग के हितों के लिए जीता है। दूसरा बुद्धिजीवी इस प्रकार के कार्य करने से मुक्त होता है और उसे वर्ग चेतना प्रभावित नहीं कर पाती।

सभी मनुष्य एक ही मिट्टी के बने हुए हैं और उन्हें यह अधिकार भी है कि अपने साथ अच्छे व्यवहार की माँग करें।

स्पृश्यों तथा अस्पृश्यों के बीच एकता कानून के बल पर नहीं लाई जा सकती। ...केवल प्रेम तथा अपनत्व ही उन्हें एकता के सूत्र में पिरो सकते हैं।

मैं अन्याय, अत्याचार, आडंबर तथा अनर्थ से घृणा करता हूँ और मेरी घृणा उन सब लोगों के प्रति है, जो इन्हें अपनाते हैं। वे दोषी हैं। मैं अपने आलोचकों को यह बताना चाहता हूँ कि मैं अपने इन भावों को अपना वास्तविक बल व शक्ति मानता हूँ।

सामाजिक चिंतन

हिन्दू सोसायटी उस बहुमंजिली मीनार की तरह है जिसमें प्रवेश करने के लिए न सीढ़ी न दरवाजा। जो जिस मंजिल में पैदा हो जाता है उसे उसी मंजिल में मरना होता है।

भारत में राजनीतिक समानता की व्यवस्था तो हो ही गई है, किन्तु अभी सामाजिक और आर्थिक जीवन में विषमताएँ शेष हैं। इस विसंगति को शीघ्रातिशीघ्र दूर किया

जाए वरना वे लोग, जो सताए हुए हैं, राजनीतिक लोकतंत्र की धज्जियाँ उड़ा देंगे। सामाजिक और आर्थिक पुनर्निर्माण के आमूल परिवर्तनवादी कार्यक्रम के बिना अस्पृश्य कभी भी अपनी दशा में सुधार नहीं कर सकते।

नशाबंदी नीति से नहीं प्रीति से संभव है। नशाखोर को नशा की बुराई को समझा दो, वह खुद नशा त्याग कर देगा। इसलिए नशा की बुराइयों को जन-जन तक पहुँचाने के लिए घर-घर शिक्षा का दीपक जलाना होगा।

सामाजिक, आर्थिक, धार्मिक, शैक्षणिक, राजनीतिक तथा वार्णिक सभी दृष्टियों से उपेक्षित सभी मानव दलितशास्त्र की विषयवस्तु हैं। दलित वर्णाश्रित न होकर वर्गाश्रित हैं। अतः दलितोत्थान से ही समाज में समता, भ्रातृत्व तथा एकत्व का विकास संभव है।

अंतर्जातीय विवाह प्रणाली अपनाकर ही वर्णवादी व्यवस्था से मुक्ति संभव है।

राजनीतिक सिद्धांत

26 जनवरी, 1950 को हम अन्तर्विरोधों के जीवन में प्रवेश करने जा रहे हैं। राजनीति में हम समानता प्राप्त करेंगे और हमारे सामाजिक और आर्थिक जीवन में असमानता होगी। राजनीति में हम एक आदमी एक वोट, एक वोट एक कीमत के सिद्धान्त को अपनाने जा रहे हैं। हम सामाजिक एवं आर्थिक जीवन में अपने सामाजिक एवं आर्थिक ढाँचे के अन्तर्गत एक आदमी, एक कीमत के सिद्धान्त को अस्वीकार करते रहेंगे। प्रतिरोधों के इस जीवन को हम कब तक वहन करते रहेंगे? हम अपने सामाजिक एवं आर्थिक जीवन में कब तक समानता को नकारते रहेंगे? अगर यह असमानता की स्थिति लगातार बनी रही तो राजनीतिक स्वतंत्रता खतरे में पड़ जाएगी। जितनी जल्दी हो सके इस अंतर्विरोध को खत्म करना होगा, वरना वे लोग जो इस असमानता को भोग रहे हैं, राजनीतिक लोकतंत्र के ढाँचे को, जिसे संविधान सभा ने बड़ी मेहनत से बनाया है, उड़ा कर रख देंगे।

जिस समाज में कुछ वर्गों के लोग जो कुछ चाहें वह सब कुछ कर सकें और बाकी वह सब भी न कर सकें जो उन्हें करना चाहिए, उस समाज के अपने गुण होते होंगे, लेकिन उनमें स्वतंत्रता शामिल नहीं होगी। अगर इंसानों के अनुरूप जीने की सुविधा कुछ लोगों तक ही सीमित है, तब जिस सुविधा को आमतौर पर स्वतंत्रता कहा जाता है, उसे विशेषाधिकार कहना उचित होगा।

जिन लोगों की जन आंदोलनों में रुचि है, उन्हें...केवल धार्मिक दृष्टिकोण अपनाना छोड़ देना चाहिए। उन्हें भारत के लोगों के प्रति सामाजिक एवं आर्थिक दृष्टिकोण भी अपनाना होगा।

वर्ण विभाजन का कोई तार्किक आधार नहीं है और यदि भविष्य में भी इसे मानवता पर तरजीह दिया गया तो एक और विश्वक्रांति को रोक पाना असंभव होगा। जब तक खाने वाला शारीरिक श्रम को पाप समझता रहेगा, तब तक कमाने वाले का पेट खाली रहेगा और देवमूर्ति का निर्माण करने वालों को ही जब तक मंदिर प्रवेश से वंचित रखा जाएगा तब तक सामाजिक सह-अस्तित्व का सपना अधूरा ही रहेगा।

राष्ट्रीयता की अवधारणा

राष्ट्रवाद तभी औचित्य ग्रहण कर सकता है जब लोगों के बीच जाति, नस्ल या रंग का अन्तर भुलाकर उसमें सामाजिक-भ्रातृत्व को सर्वोच्च स्थान दिया जाए।

स्वतंत्रता है, ऐसा एहसास प्रत्येक को होना चाहिए। यह एहसास ही राष्ट्रीयत्व की अभिवृद्धि के लिए कारणीभूत होता है।

मानवता के इतिहास में राष्ट्रीयता एक बहुत बड़ी शक्ति रही है। यह एकत्व की भावना है, किसी वर्ग विशेष से संबंधित होना नहीं।

सही राष्ट्रवाद है—जाति भावना का परित्याग और जाति भावना गहन साम्प्रदायिकता का ही रूप है।

राष्ट्र के संदर्भ में राष्ट्रीयता का अर्थ होना चाहिए सामाजिक एकता की दृढ़ भावना। अन्तर्राष्ट्रीय संदर्भ में इसका आधार हो भाईचारा।

व्यक्तिगत स्तर पर मैं यह स्पष्ट कहना चाहता हूँ कि मैं नहीं मानता कि इस देश में किसी विशेष संस्कृति के लिए कोई जगह है, चाहे वह हिन्दू संस्कृति हो या मुसलिम संस्कृति, या कन्नड़ संस्कृति या गुजराती संस्कृति। ये ऐसी चीजें हैं जिन्हें हम नकार नहीं सकते, पर उनको वरदान नहीं मानना चाहिए, बल्कि अभिशाप की तरह मानना चाहिए, जो हमारी निष्ठा को डिगाती हैं और हमें अपने लक्ष्य से दूर ले जाती हैं। यह लक्ष्य है, एक ऐसी भावना को विकसित करना कि हम सब भारतीय हैं।

अनेकता में एकता नहीं, बल्कि एकता में अनेकता ही भारतीय संस्कृति की विशेषता है। इसे एकल राष्ट्रभाषा तथा नागरिक संहिता बनाकर ही सूत्रबद्ध किया जा सकता है।

आर्थिक दृष्टिकोण

राजकोष पर केंद्रीय नियंत्रण होना चाहिए। इसका लाभ यह होगा कि प्रांतीय सरकारों की फिजूलखर्ची एवं अनियमितता पर रोक लगेगी, वहीं राजस्व का समान वितरण हो पाना भी संभव हो पाएगा। प्रांतीय बजट घाटा का चलन आर्थिक विकास के मार्ग का सबसे बड़ा अवरोधक होता है।

उत्पादन लागत घटाने के बाद जो निवल आय बचती है वह श्रम का मूल्य है, अतः इसका उचित हिस्सा श्रमिकों को देकर ही समाजवाद-साम्यवाद लाया जा सकता है। पत्र-मुद्रा प्रणाली को यदि राजकोषीय घाटे के प्रभाव से मुक्त रखा जाए तो यह सर्वोत्तम मुद्रा प्रणाली सिद्ध हो सकती है। इसके लिए राजकोषीय घाटे को बजट व्यय की उत्पादकता को ध्यान में रखकर तय किया जाना चाहिए।

धार्मिक दृष्टिकोण

धर्म मनुष्य के लिए है, इसलिए उसे मनुष्यतावादी एवं समता के सिद्धान्त से युक्त होना चाहिए। जो धर्म विषमता का समर्थन करता है वह धर्म धर्म नहीं, अधर्म है।

ईश्वर की नैसर्गिक व्यवस्था में सभी मनुष्य बराबर हैं। फिर जो धर्म मनुष्यता में अन्तर को प्रतिपादित करे वह धर्म नहीं, ईश्वरीय अस्तित्व का अपमान है।

जो धर्म तुम्हारे ज्ञान और शिक्षा के अधिकार छीन लेता है, जो धर्म तुम्हारे भौतिक उत्कर्ष में बाधाएँ पहुँचाता है, वह धर्म कहलाने लायक नहीं है। जो धर्म अपने अनुयायियों को अपने ही धर्मावलम्बियों से मानवीयता का आचरण करना नहीं सिखलाता, वह धर्म न होकर एक बीमारी है। जो धर्म अपने अनुयायियों को अमंगल जानवरों के स्पर्श को सहने को कहता है परन्तु उसी समय अपने ही धर्म के कुछ लोगों के स्पर्श को पाप समझता है, वह धर्म न होकर मनुष्य जीवन की विडम्बना है। जो धर्म अज्ञानियों को अज्ञानी और निर्धनों को निर्बल रहने की सीख देता है, वह धर्म न होकर भयावह कैदखाना है।

धर्म को अगर बना रहना हो तो उसे बुद्धिप्रामाण्यवादी होना चाहिए, विज्ञान बुद्धिप्रामाण्यवादी है।

केवल नीति की संहिता का अर्थ धर्म नहीं है। धर्म की नीति-संहिता में स्वतंत्रता, समता और बंधुता इन मूलभूत तत्वों को मान्यता प्राप्त होनी चाहिए।

दरिद्रता को पवित्र मानने का आग्रह किसी भी धर्म को नहीं करना चाहिए, अथवा दरिद्रता का उदारीकरण भी नहीं होना चाहिए।

अंतिम : अध्याय

डॉ. अम्बेडकर का संक्षिप्त जीवन परिचय

(जन्म : 14 अप्रैल, 1891 : महानिर्वाण : 6 दिसम्बर, 1956)

अम्बेडकर का जन्म 14 अप्रैल, 1891 को हुआ और निधन 6 दिसम्बर, 1956 को। उन्होंने जीवन के 65 वसंत देखे। उनका जीवन अत्यंत संघर्षमय और कोलाहलपूर्ण रहा। यह काल भारत के स्वतंत्रता-संग्राम का और उसके बाद देश के नव-निर्माण का था। राष्ट्रीय जीवन के इन दोनों कालों में अम्बेडकर की महत्त्वपूर्ण भूमिका रही। उनका अपना जीवन राष्ट्रीय जीवन के साथ जुड़ा रहा। यहाँ हम अम्बेडकर और राष्ट्रीय जीवन के मुख्य पड़ावों को रेखांकित कर रहे हैं जो अम्बेडकर के व्यक्तित्व और कृतित्व को समझने में सहायक हैं।

1891 14 अप्रैल, 1891 : भीमराव रामजी अम्बेडकर का जन्म। वे रामजी मालोजी सकपाल और भीमाबाई की चौदहवीं संतान थे। उनका जन्म मध्य प्रदेश स्थित महू की छावनी में हुआ था जहाँ उस समय उनके पिता सेना में तैनात थे। महू मध्य प्रदेश की राजधानी भोपाल से 420 किलोमीटर की दूरी पर है।

1896 अम्बेडकर की माता भीमाबाई की मृत्यु। अम्बेडकर की आयु पाँच वर्ष थी। इसके बाद उनका पालन-पोषण उनकी अपंग बुआ मीराबाई ने किया।

1900 7 नवंबर, 1900 : सतारा में हाई स्कूल में अंग्रेजी की पहली कक्षा में प्रवेश।

1901 न्यायमूर्ति महादेव गोविन्द की मृत्यु। अम्बेडकर रानाडे को वास्तविक महापुरुष मानते थे। रानाडे भारतीय राष्ट्रीय आंदोलन की उदारवादी परम्परा के प्रमुख प्रतिनिधि थे। उन्होंने राजनीतिक, आर्थिक और सामाजिक क्षेत्रों में रचनात्मक सुझाव प्रस्तुत किए।

स्वतंत्रता, सामाजिक उन्नति और वैयक्तिक चरित्र की दृढ़ता के वे महान् समर्थक थे। उनकी दो मुख्य पुस्तकें हैं—द राइज ऑफ द मराठा पावर (मराठा शक्ति का उत्थान) और एसेज इन इंडियन इकोनॉमिक्स (भारतीय अर्थशास्त्र)।

1904 अम्बेडकर के पिता रामजी सकपाल अपने परिवार को सतारा से बम्बई ले आए। उन्होंने अम्बेडकर को सरकारी एलफिंस्टन हाई स्कूल में भरती करा दिया।

1905 बंगाल का विभाजन।

1906 1. मुस्लिम लीग की स्थापना।
2. वी.आर. शिन्दे ने डिप्रेस्ड क्लासेज मिशन आफ इंडिया (भारतीय दलित वर्ग मिशन) नामक संस्था आरम्भ की। संस्था अछूतों की उन्नति के लिए पहले संगठित प्रयत्न के रूप में थी।

1907 1. अम्बेडकर ने एलफिंस्टन हाई स्कूल, बम्बई से हाई स्कूल की परीक्षा की। उन्हें परीक्षा में 750 में से 282 अंक प्राप्त हुए थे। फिर भी उन दिनों एक अछूत बालक का हाई स्कूल की परीक्षा पास करना एक असाधारण घटना थी।
2. कृष्ण जी अर्जुन केलूसकर ने अम्बेडकर को मराठी में स्वरचित भगवान बुद्ध की जीवनी भेंट की। केलूसकर ने बड़ौदा के महाराजा सयाजी राव गायकवाड़ से भेंट की। केलूसकर की सिफारिश पर महाराजा ने अम्बेडकर को उच्च अध्ययन के लिए 20 रु. प्रति मास की छात्रवृत्ति देना स्वीकार किया।
3. कांग्रेस का सूरत अधिवेशन। कांग्रेस की फूट।

1908 1. इस समय अम्बेडकर की आयु 17 वर्ष की थी। उनका नौ-वर्षीय रमाबाई के साथ विवाह हो गया।
2. अम्बेडकर का उच्च अध्ययन के लिए एलफिंस्टन कॉलेज बम्बई में प्रवेश।

1909 मिंटो-मार्ले सुधार।

1910 1910 का भारतीय समाचार-पत्र अधिनियम पारित। इस अधिनियम ने भारतीय समाचार पत्रों की स्वतंत्रता को कुचल दिया।

1911 बंगाल का विभाजन रद्द।

1912 1. अम्बेडकर ने बी.ए. परीक्षा पास की।

2. तिलक को बर्मा में मांडले की जेल में डाल दिया गया। सावरकर बन्धुओं को कालापानी की सजा देकर अंदमान जेल भेज दिया गया। अनेक देशभक्तों को फाँसी की सजा हुई। अम्बेडकर पर इन घटनाओं का प्रभाव पड़ा।

1913 1. अम्बेडकर ने बी.ए. परीक्षा पास करने के उपरांत बड़ौदा रियासत में नौकरी की। उन्हें रियासत की फौज में लैफ्टिनेंट के पद पर नियुक्त किया गया।

2. 2 फरवरी, 1913 को अम्बेडकर के पिता रामजी सकपाल का देहांत। पिता रामजी सकपाल ने अम्बेडकर की पढ़ाई का असहनीय भार वहन किया था। अम्बेडकर पिता के इस त्याग को जीवन भर न भूल सके।

3. अमेरिका में भारतीय क्रांतिकारियों द्वारा गदर पार्टी का गठन।

4. जुलाई, 1913 में अम्बेडकर बड़ौदा नरेश की एक छात्रवृत्ति पर आगे की पढ़ाई के लिए न्यूयॉर्क के कोलम्बिया विश्वविद्यालय पहुँचे।

5. कोलम्बिया विश्वविद्यालय में अम्बेडकर की पारसी विद्यार्थी नवल मटेरा से मित्रता, जो आजीवन कायम रही।

6. कोलम्बिया विश्वविद्यालय में अम्बेडकर का प्रोफेसर आर.ए. सेलिगमान से परिचय। सेलिगमान ने उनकी भेंट लाला लाजपत राय से कराई। उन दिनों लाला लाजपत राय अमेरिका में ही थे।

1914 प्रथम विश्वयुद्ध आरम्भ।

1915 1915 में अम्बेडकर ने कोलम्बिया विश्वविद्यालय से एम.ए. परीक्षा उत्तीर्ण की। उनकी शोध का विषय था—एशिएंट इंडियन कामर्स (प्राचीन भारत का वाणिज्य)।

1916 1. मई, 1916 में अम्बेडकर ने 'कास्ट्स इन इंडिया—देयर मैकेनिज्म, जेनेसिस एंड डेवलपमेंट' विषय पर डॉ. गोल्डन वेवर द्वारा आयोजित एक गोष्ठी में अपना पर्चा पढ़ा।

2. कोलम्बिया विश्वविद्यालय ने अम्बेडकर का शोध-प्रबंध नेशनल डिविडेन्ड आफ इंडिया—ए हिस्टोरिक एंड एनालिटिक स्टडी (भारत का राष्ट्रीय लाभांश—एक ऐतिहासिक और विश्लेषणात्मक अध्ययन) पी-एच.डी. उपाधि के लिए स्वीकृत किया। इसके

आठ वर्ष बाद 1924 में यह प्रबंध द एवोल्यूशन ऑफ प्रॉविंशियल फाइनेंस इन ब्रिटिश इंडिया (ब्रिटिश भारत में प्रांतीय वित्त-व्यवस्था का विकास) शीर्षक से प्रकाशित हुआ।

3. अपने अमेरिका प्रवास में अम्बेडकर अमरीकी संविधान, अब्राहम लिंकन और ब्रुकर टी. वाशिंगटन से विशेष रूप से प्रभावित हुए थे।
4. अक्तूबर, 1916 में अम्बेडकर ने बैरिस्टरी के लिए ग्रेज इन में तथा अर्थशास्त्र के अध्ययन के लिए लंदन ऑफ इकोनॉमिक्स एंड पॉलिटिकल साइंस, लंदन में दाखिला ले लिया।
5. भारत में होमरूल आंदोलन की शुरुआत।
6. कांग्रेस-लीग समझौता।

1917

1. चूँकि बड़ौदा रियासत द्वारा दी गई छात्रवृत्ति की अवधि पूरी हो गई थी, अतः रियासत के दीवान ने अम्बेडकर को भारत वापस बुला लिया। अम्बेडकर 21 अगस्त, 1917 को बम्बई पहुँचे।
2. भारतमंत्री मोंटेग्यू ने 20 अगस्त, 1917 को अपनी ऐतिहासिक घोषणा की जिसमें कहा गया था कि भारत में ब्रिटिश सरकार का लक्ष्य धीरे-धीरे उत्तरदायी शासन की स्थापना करना है।
3. अम्बेडकर बड़ौदा गए। वहाँ उन्हें महाराजा का सैनिक सचिव नियुक्त किया गया। अम्बेडकर जातीय भेदभाव के कारण बड़ौदा में अधिक दिनों तक नहीं रुक सके।
4. महात्मा गांधी द्वारा चम्पारण सत्याग्रह।
5. हिन्दू महासभा की स्थापना।

1918

1. भारतीय दलित वर्गों का पहला अखिल भारतीय सम्मेलन 23 और 24 मार्च, 1918 को बम्बई में हुआ। इसमें अनेक प्रमुख नेता सम्मिलित हुए।
2. अम्बेडकर ने बर्ट्रेंड रसेल की पुस्तक रिकंस्ट्रक्शन ऑफ सोसायटी (समाज की पुनर्रचना) के बारे में एक समीक्षा-लेख लिखा। यह लेख जर्नल ऑफ इंडियन इकोनॉमिक सोसायटी में प्रकाशित हुआ।
3. अम्बेडकर बम्बई के सिडहम कॉलेज में अध्यापक के अस्थायी पद पर नियुक्त हुए।

4. मोंटफोर्ड रिपोर्ट का प्रकाशन।

1919 1. अम्बेडकर कोल्हापुर-नरेश श्री साहू महाराज के निकट संपर्क में। साहू महाराज अस्पृश्यता-निवारण और दलित वर्गों के उत्थान में विशेष रुचि लेते थे।

2. भारतीय शासन अधिनियम, 1919 पास। इस अधिनियम ने पहली बार भारत के इतिहास में दलित वर्गों के अस्तित्व को स्वीकार किया।

3. रौलट एक्ट का पास होना।

4. जलियांवाला बाग हत्याकांड।

5. खिलाफत और असहयोग आंदोलन आरम्भ।

1920 1. 31 जनवरी, 1920 को अम्बेडकर ने मूकनायक नामक मराठी पाक्षिक आरम्भ किया। इस पत्र का उद्देश्य दलितों की समस्याओं का विवेचन करना, उनमें जागृति पैदा करना और उनकी स्थिति में सुधार करना था।

2. 21 मार्च, 1920 अम्बेडकर ने कोल्हापुर रियासत में मनगाँव में अछूतों के एक सम्मेलन की अध्यक्षता की।

3. जुलाई, 1920 : अम्बेडकर विधिशास्त्र तथा अर्थशास्त्र में अपना अध्ययन पूरा करने के लिए लंदन रवाना।

4. लोकमान्य बाल गंगाधर तिलक की मृत्यु।

5. सितम्बर, 1920 से अम्बेडकर ने लंदन में विधिशास्त्र तथा अर्थशास्त्र का अध्ययन आरम्भ किया।

6. लंदन में अम्बेडकर ने भारत मंत्री मोंटेग्यू तथा भारतीय नेता विट्ठल भाई पटेल से भेंट की। उन्होंने दोनों को भारत के अछूतों की समस्याओं से परिचित कराया।

7. अखिल भारतीय ट्रेड यूनियन कांग्रेस की स्थापना।

1921 जून, 1921 : लंदन विश्वविद्यालय ने अम्बेडकर के शोध प्रबंध प्रॉविन्शियल डिसेंट्रेलाइजेशन आफ इम्पीरियल फाइनेंस इन ब्रिटिश (ब्रिटिश भारत में साम्राज्य की वित्त-व्यवस्था का प्रांतीय विकेन्द्रीकरण) विषय पर उन्हें डॉक्टर आफ साइंस की उपाधि प्राप्त की।

1922 1. अम्बेडकर ने तीन महीने जर्मनी के बोन विश्वविद्यालय में अर्थशास्त्र का अध्ययन किया।

2. भारत में स्वराज्य पार्टी की स्थापना।

3. 10 मार्च, 1922 को गांधीजी गिरफ्तार।

4. गांधीजी पर अहमदाबाद के जिला मजिस्ट्रेट ब्रूमफील्ड की अदालत में मुकदमा। 18 मार्च, 1922 को गांधीजी ने अदालत के सामने अपना ऐतिहासिक वक्तव्य दिया जिसमें उन्होंने बताया कि वे एक राजभक्त से कैसे राजद्रोही बने। यह वक्तव्य मानव इतिहास के सबसे महत्त्वपूर्ण दस्तावेजों में से एक है। इसकी तुलना पेरीक्लीज के अंत्येष्टि भाषण, सुकरात के अंतिम वक्तव्य, अमेरिका की स्वातंत्र्य-घोषणा, अब्राहम लिंकन के गेट्सबर्ग भाषण और स्वामी विवेकानन्द के शिकागो भाषण से की जा सकती है।

1923 1. अप्रैल, 1923 में बम्बई वापस लौट आए।

2. अम्बेडकर ने अपने शोध-प्रबंध द प्रॉब्लम ऑफ द रूपी को दुबारा परीक्षा के लिए बम्बई से ही लंदन भेज दिया। लंदन विश्वविद्यालय ने इस शोध-प्रबंध पर उन्हें डॉक्टर ऑफ साइंस की उपाधि प्रदान की। दिसम्बर, 1923 में यह ग्रंथ पुस्तक के रूप में प्रकाशित हुआ।

3. मौलाना मोहम्मद अली ने इंडियन नेशनल कांग्रेस के अध्यक्ष-पद से भाषण देते हुए कहा कि हिन्दू अछूतों को हिन्दुओं और मुसलमानों के बीच बराबर-बराबर बाँट लेना चाहिए।

1924 1. जनवरी, 1924 : वीर सावरकर अंडमान जेल से छूटे। वे वहाँ बारह वर्ष तक रहे थे।

2. 11 फरवरी, 1924 : गांधीजी स्वास्थ्य के आधार पर जेल से रिहा।

3. 20 जुलाई, 1924 : अम्बेडकर ने दलितों के हितों के संवर्द्धन के लिए बहिष्कृत हितकारिणी सभा की स्थापना की।

1925 1. जनवरी, 1925 : बहिष्कृत हितकारिणी सभा ने दलित वर्गों के हाई स्कूल के छात्रों के लिए शोलापुर में एक छात्रावास की स्थापना की।

2. मई, 1925 : रामास्वामी नायकर नामक अ-ब्राह्मण नेता ने त्रावणकोर रियासत के वाइकाम नामक स्थान में दलितों के पक्ष में एक आंदोलन शुरू किया। दलितों को वहाँ की एक सड़क पर चलने की अनुमति नहीं थी। आंदोलन का लक्ष्य इस पाबंदी

को समाप्त करना तथा दलितों के लिए सड़क के उपयोग की अनुमति दिलाना था।

3. 15 दिसम्बर, 1925 : भारतीय मुद्रा-सम्बन्धी शाही कमीशन ने 15 दिसम्बर, 1925 को भारतीय मुद्रा के सम्बन्ध में अम्बेडकर की गवाही ली।

4. भारतीय कम्युनिस्ट पार्टी का जन्म।

1926 जुलाई, 1926 : अम्बेडकर के पुत्र राजरत्न की मृत्यु। अपने तीन बेटों तथा एक कन्या के निधन के कारण अम्बेडकर का जीवन दुख के कारण दूभर हो गया था। उन्होंने अपने एक मित्र को लिखा था, "इस व्यथा ने मुझे जीवन की निस्सारता की सच्चाई समझा दी है।"

1927 1. बम्बई के गवर्नर ने अम्बेडकर को बम्बई विधान परिषद के लिए मनोनीत किया। 18 फरवरी, 1927 अम्बेडकर ने शपथ ग्रहण की। 24 फरवरी, 1927 के दिन उन्होंने बम्बई विधान परिषद् में अपना पहला भाषण दिया और वह भी बजट पर।

2. महाड़ सत्याग्रह। 25 दिसंबर, 1927 को मनुस्मृति दाह-संस्कार किया गया।

3. अम्बेडकर ने 3 अप्रैल, 1927 को अपने मराठी पाक्षिक बहिष्कृत भारत का प्रकाशन आरम्भ किया।

4. सरदार वल्लभभाई पटेल के नेतृत्व में बारदौली आंदोलन। इस आंदोलन के फलस्वरूप वल्लभभाई पटेल अखिल भारतीय स्तर के प्रथम श्रेणी के नेता हो गए।

1928 1. जून, 1928 : अम्बेडकर ने बहिष्कृत हितकारिणी सभा समाप्त कर दी और न डिप्रेस्ड क्लासेज एजूकेशन सोसायटी (दलित वर्ग शिक्षा समिति) की स्थापना की। इस संस्था का उद्देश्य दलित वर्गों में शिक्षा का प्रसार करना और उनके लिए विद्यालय स्थापित करना था।

2. अगस्त, 1928 : पंडित मोतीलाल नेहरू की अध्यक्षता में नियुक्त की गई नेहरू समिति ने भारत के लिए एक संविधान का मसौदा प्रस्तुत किया।

3. साइमन कमीशन की नियुक्ति और उसका भारत आगमन। अम्बेडकर ने साइमन कमीशन की सेवा में एक ज्ञापन प्रस्तुत

किया जिसमें दलितों के लिए स्थान सुरक्षित रखने की माँग की। 28 अक्तूबर, 1928 को साइमन कमीशन ने पूना में अम्बेडकर की गवाही ली।

4. 29 जून, 1928 को अम्बेडकर के नेतृत्व तथा मार्गदर्शन में समता नामक पाक्षिक पत्र प्रारम्भ हुआ।

1929 कांग्रेस के लाहौर अधिवेशन में जवाहरलाल नेहरू के नेतृत्व में पूर्ण स्वाधीनता का प्रस्ताव पास। यह प्रस्ताव 31 दिसम्बर, 1929 को आधी रात के समय रावी नदी के किनारे पास किया गया था। इस प्रस्ताव में कहा गया था कि 26 जनवरी को स्वाधीनता दिवस के रूप में मनाया जाए। इस दिन का मान रखने के लिए स्वाधीन भारत का संविधान 26 जनवरी, 1950 को लागू किया गया। तब से 15 अगस्त स्वतंत्रता दिवस के रूप में और 26 जनवरी गणतंत्र दिवस के रूप में मनाया जाता है।

1930 1. नासिक सत्याग्रह। सत्याग्रह का लक्ष्य दलितों को मंदिर प्रवेश की अनुमति दिलाना था।

2. 12 मार्च, 1930 : महात्मा गांधी ने दांडी मार्च शुरू करके सविनय अवज्ञा आंदोलन की रणभेरी बजा दी। अम्बेडकर ने इस आंदोलन का विरोध किया।

1930-32 अम्बेडकर ने लंदन में होने वाली तीनों गोलमेज परिषदों में भाग लिया। वे ब्रिटिश सरकार द्वारा दलितों के हितों का प्रतिनिधित्व करने के लिए नियुक्त किए गए थे। गोलमेज परिषदों का उद्‌देश्य भारत के भावी संविधान की रचना पर विचार करना था। गोलमेज परिषद में अम्बेडकर ने दलितों के लिए पृथक् निर्वाचनों की माँग की और गांधीजी का विरोध किया। अम्बेडकर ने अपने प्रभावशाली भाषणों द्वारा सम्मेलन में अनुकूल प्रभाव पैदा किया।

1931 1. गांधी-इरविन समझौता। गांधीजी द्वारा सविनय अवज्ञा आंदोलन स्थगित। उनका द्वितीय गोलमेज परिषद् में भाग लेना।

2. भगतसिंह, सुखदेव, राजगुरु को फाँसी।

3. इलाहाबाद में चंद्रशेखर आजाद की मृत्यु।

1932 सांप्रदायिक निर्णय की घोषणा। गांधीजी का उसके विरोध में आमरण उपवास। पूना समझौता। दलितों के लिए पृथक्

निर्वाचनों का अंत लेकिन उन्हें पहले की अपेक्षा अधिक सुरक्षित स्थान।

मार्च, 1933 ब्रिटिश सरकार ने भावी भारत के नए संविधान के सम्बन्ध में अपने प्रस्तावों की घोषणा की।

1934

1. जून, 1934 : फिर से वकालत शुरू की और बम्बई के गवर्नमेंट लॉ कॉलेज में अंशकालिक अध्यापक के पद पर कार्य किया।
2. हिन्दू कॉलोनी, दादर, बम्बई में अम्बेडकर ने अपने लिए एक भव्य मकान बनवाया और उसका नाम राजगृह रखा। मकान में उन्होंने अपने विशाल पुस्तकालय को रखने की विशेष व्यवस्था की। भगवान बुद्ध के समय राजा बिंबिसार की राजधानी का नाम राजगृह था। भगवान बुद्ध को यह स्थान प्रिय था और वे इसकी सीमा में विचरण कर जनता को उपदेश दिया करते थे।

1935

1. 27 मई, 1935 : अम्बेडकर की पतिव्रता पत्नी रमाबाई का देहांत।
2. 1 जून, 1935 को बम्बई सरकार ने अम्बेडकर को गवर्नमेंट लॉ कॉलेज का प्रिंसिपल नियुक्त किया।
3. 13 अक्तूबर, 1935 : महाराष्ट्र के येवला नगर में अस्पृश्यों के सम्मेलन में अम्बेडकर ने घोषणा की कि मैं हिन्दू के घर में पैदा हुआ क्योंकि यह मेरे हाथ की बात नहीं थी, किन्तु मैं हिन्दू धर्मावलम्बी रहकर नहीं मरूँगा। सम्मेलन में सर्वसम्मति से इस आशय का प्रस्ताव पास किया गया कि अस्पृश्य समाज हिन्दू धर्म का त्याग कर ऐसा धर्म अपनाए जिसमें सामाजिक और धार्मिक समता हो।
4. भारतीय शासन अधिनियम, 1935 पास।

1936

1. अम्बेडकर ने अपनी पुस्तक एनिहिलेशन ऑफ कास्ट (जाति-प्रथा का अंत) प्रकाशित की।
2. 30-31 मई, 1936 को अम्बेडकर ने बम्बई इलाके की महार परिषद् आयोजित की। इस सम्मेलन में अम्बेडकर ने बताया कि अस्पृश्य समाज ज्ञान, धन और संख्या शक्ति की दृष्टि से कितना कमजोर है। इस कमजोरी को दूर करने का एक ही उपाय है—धर्म-परिवर्तन।

3. अगस्त, 1936 : अम्बेडकर ने इंडेपेंडेंट लेबर पार्टी नामक एक नए राजनीतिक दल का संगठन किया। दल का लक्ष्य भारतीय शासन अधिनियम, 1935 के अधीन होने वाले निर्वाचनों में भाग लेना था।

1937 1. फरवरी, 1937 : अम्बेडकर बम्बई विधानमंडल के लिए भारी बहुमत से विजयी हुए।

2. मार्च, 1937 : महाड़ के चवदार तालाब के पानी के उपयोग के बारे में जो मुकदमा कई वर्षों से चल रहा था, बम्बई उच्च न्यायालय ने उसका फैसला अस्पृश्य समाज के पक्ष में दिया। अब अस्पृश्य चवदार तालाब के पानी का खुलकर उपयोग कर सकते थे।

3. 19 जून, 1937 : कांग्रेस पार्टी ने बम्बई में अपनी सरकार बनाई।

1939 1. 3 सितम्बर, 1939 : यूरोप में द्वितीय विश्वयुद्ध आरम्भ हुआ। इंग्लैंड ने नाजी जर्मनी के विरुद्ध लोकतंत्र और स्वतंत्रता की रक्षा करने के लक्ष्य की घोषणा करके हथियार उठाए। वायसराय ने भारतीय जनता के निर्वाचित प्रतिनिधियों को कोई सूचना दिए बिना अथवा उनसे किसी प्रकार की सलाह-मशवरा किए बिना ही यह घोषणा कर दी कि भारत भी जर्मनी के विरुद्ध युद्ध में सम्मिलित है। विरोध में कांग्रेसी मंत्रिमंडलों ने अपने त्याग-पत्र दे दिए।

2. प्रांतों से कांग्रेसी मंत्रिमंडलों के त्यागपत्र को मुस्लिम लीग ने 'मुक्ति-दिवस' के रूप में मनाया। अम्बेडकर ने इसमें जिन्ना का साथ दिया।

1940 1. कांग्रेस ने अप्रैल, 1940 में रामगढ़ में अपना अधिवेशन किया। इस अधिवेशन में कांग्रेस ने भारत-विभाजन की किसी भी योजना का विरोध किया।

2. मुस्लिम लीग ने अपने लाहौर अधिवेशन में द्वि-राष्ट्र सिद्धान्त का प्रस्ताव पास किया और पाकिस्तान की मांग को स्पष्ट रूप से सामने रखा।

3. गांधीजी ने अक्तूबर, 1940 में व्यक्तिगत सविनय अवज्ञा आंदोलन आरम्भ किया।

4. अम्बेडकर ने अपनी पुस्तक 'थॉट्स ऑन पाकिस्तान' (पाकिस्तान पर विचार) प्रकाशित की। लेखक ने पाकिस्तान के विचार को स्वीकार किया लेकिन आबादी की पूरी अदला-बदली की माँग की। इसका अभिप्राय यह था कि पाकिस्तान में रहने वाले हिन्दू भारत आ जाएँ और भारत में रहने वाले सारे मुसलमान पाकिस्तान चले जाएँ।

1941 1. जुलाई, 1941 : अम्बेडकर को वायसराय की डिफेन्स एडवाइजरी कमेटी 'प्रीतरक्षा परार्मश समिति' का सदस्य नियुक्त किया गया।

1942 1. मार्च, 1942 : सर स्टेफर्ड क्रिप्स भारत की राजनीतिक समस्या का समाधान करने के लिए भारत आए। कांग्रेस ने उनके प्रस्तावों को अस्वीकार कर दिया।

2. 14 अप्रैल, 1942 : अम्बेडकर का पचासवाँ जन्मदिवस समूचे महाराष्ट्र में धूमधाम से मनाया गया। डॉ. एम.आर. जयकर, वी.डी. सावरकर आदि सार्वजनिक नेताओं और टाइम्स ऑफ इंडिया 'बम्बई', महाराष्ट्र 'नागपुर', ज्ञान-प्रकाश 'पूना', काल 'पूना', बम्बई सेंटिनेल आदि प्रतिष्ठित पत्रों ने अम्बेडकर की सार्वजनिक सेवाओं की सराहना की।

3. जुलाई, 1942 : अम्बेडकर को वायसरॉय की एक्जीक्यूटिव कौंसिल का सदस्य नियुक्त किया गया और उन्हें श्रम विभाग की जिम्मेदारी सौंपी गई।

4. 8-9 अगस्त, 1942 : गांधीजी ने भारत छोड़ो अंदोलन आरम्भ किया।

1943 1. 19 जनवरी, 1943 : अम्बेडकर ने रानाडे, गांधी और जिन्ना विषय पर पूना में भाषण दिया। उनका विचार था कि किसी भी पैमाने से देखा जाए, रानाडे एक महान पुरुष थे।

2. 10 जनवरी, 1943 : गांधी ने आगा खाँ महल में वायसरॉय तथा भारतीय नेताओं के बीच गतिरोध समाप्त करने के लिए उपवास आरम्भ किया।

1944 1. 22 फरवरी, 1944 : आगा खाँ महल के कारावास में गांधीजी की धर्मपत्नी कस्तूरबा गांधी की मृत्यु। मृत्यु के समय उनकी आयु 74 वर्ष थी।

2. 6 मई, 1944 : गांधीजी का स्वास्थ्य गिरता जा रहा था। 6 मई, 1944 को उन्हें जेल से छोड़ दिया गया। यह उनका अन्तिम कारावास था। उन्होंने अपने जीवन में कुल 2,338 दिन जेल में बिताए थे।

1945 1. जून, 1945 : शिमला सम्मेलन। यह सम्मेलन अंतरिम सरकार के मंत्रियों की संख्या के प्रश्न पर विफल हो गया। कांग्रेस इस बात पर अड़ी रही कि अंतरिम सरकार में उसके द्वारा मनोनीत मुसलमान प्रतिनिधि भी रहेंगे।

2. जुलाई, 1945 : अम्बेडकर ने अपनी पुस्तक व्हाट कांग्रेस एंड गांधी हैव डन टू द अनटचेबिल्स? (कांग्रेस और गांधी ने अछूतों के लिए क्या किया है?) प्रकाशित की।

3. ब्रिटेन में आम निर्वाचन। श्रमिक दल की सरकार।

4. युद्ध में जापान की पराजय के बाद नेताजी सुभाष चन्द्र बोस द्वारा स्थापित आजाद हिन्द फौज का ब्रिटिश सैनिकों के सामने आत्मसमर्पण। आजाद हिन्द फौज के सिपाहियों पर देशद्रोह के लिए दिल्ली में मुकदमा।

1946 1. भारत में आम निर्वाचन। कांग्रेस ने आम निर्वाचन-क्षेत्रों में प्रबल बहुमत प्राप्त किया। मुस्लिम निर्वाचन क्षेत्रों में मुस्लिम लीग को सफलता।

2. प्रांतीय निर्वाचन में अम्बेडकर के दल का सफाया।

3. 24 मार्च, 1946 : कैबिनेट मिशन का भारत में आगमन। अम्बेडकर ने दलित वर्गों का पक्ष कैबिनेट मिशन के सामने रखा।

4. 29 जून, 1946 : कार्यवाहक सरकार की घोषणा।

5. संविधान सभा के सदस्य प्रांतीय विधानमंडल द्वारा निर्वाचित। कांग्रेस और लीग ने अपने-अपने क्षेत्रों में सारे स्थानों पर विजय प्राप्त की। कांग्रेस ने नौ स्थानों को छोड़कर बाकी सारे स्थानों पर विजय प्राप्त की। मुस्लिम लीग ने मुसलमानों के लिए आवंटित 78 स्थानों में से 73 स्थानों पर विजय प्राप्त की। अम्बेडकर संविधान सभा के लिए मुस्लिम लीग की सहायता से बंगाल विधानसभा द्वारा चुने गए।

6. 9 दिसम्बर, 1946 : संविधान सभा की पहली बैठक। सभा ने डॉ. राजेन्द्र प्रसाद को अपना अध्यक्ष निर्वाचित किया।
7. 13 दिसम्बर, 1946 : पंडित जवाहरलाल नेहरू ने संविधान सभा में अपना उद्देश्य प्रस्ताव प्रस्तुत किया। प्रस्ताव प्रस्तुत करते समय नेहरू जी ने एक शानदार भाषण दिया।
8. 15 दिसम्बर, 1946 : संविधान सभा में अम्बेडकर का पहला भाषण। भाषण ने संविधान सभा के सदस्यों पर बिजली का सा असर किया। जो हाथ उन पर पत्थरों की बौछार करने के लिए तैयार बेठे थे, उन्होंने उन पर फूल बरसाए।

1947

1. मार्च, 1947 : अम्बेडकर ने संविधान सभा के विचार के लिए एक ज्ञापन तैयार किया। यह ज्ञापन बाद में स्टेट्स एंड माइनार्टीज (राज्य और अल्पसंख्यक) नाम से प्रकाशित हुआ।
2. 29 अप्रैल, 1947 : संविधान सभा ने अस्पृश्यता का अंत किया।
3. 3 जून, 1947 : नए वायसरॉय लॉर्ड माउंटबेटन ने भारत की स्वतंत्रता और देश की स्वतंत्रता के बारे में अपनी योजना प्रकाशित की।
4. 22 जुलाई, 1947 : संविधान सभा ने 22 जुलाई, 1947 को भारत का राष्ट्रीय ध्वज स्वीकार किया। यह तीन रंगों का झंडा था जिसके बीच में अशोक चक्र अंकित था। डॉ. अम्बेडकर संविधान सभा की ध्वज-समिति के सदस्य थे और अशोक चक्र उनकी सलाह पर चुना गया था।
5. 3 अगस्त, 1947 : अम्बेडकर स्वतंत्र भारत के पहले विधि-मंत्री नियुक्त हुए।
6. 15 अगस्त, 1947 : भारत आजाद हुआ। पाकिस्तान का जन्म।
7. 29 अगस्त, 1947 : अम्बेडकर प्रारूप समिति के अध्यक्ष बने।
8. गांधीजी ने हिन्दू-मुस्लिम तनाव को दूर करने के लिए बिहार के उपद्रवी इलाकों का दौरा किया। उन्होंने दिल्ली में लॉर्ड माउंटबेटन और जिन्ना से भी बात की। गांधीजी देश-विभाजन के विरोधी थे। सता हस्तांतरण के दिन वे कलकत्ते में शांति स्थापना का प्रयास कर रहे थे।

1948 1. 13 जनवरी, 1948 : गांधीजी द्वारा साम्प्रदायिक शांति के लिए उपवास।

2. 20 जनवरी, 1948 : गांधीजी की प्रार्थना सभा में बम विस्फोट।

3. 30 जनवरी, 1948 : गांधीजी की प्रार्थना सभा में उनकी हत्या।

4. फरवरी, 1948 : फरवरी के अंतिम सप्ताह में अम्बेडकर साहब ने प्रारूप संविधान तैयार कर लिया और उसे संविधान सभा के अध्यक्ष डॉ. राजेन्द्र प्रसाद की सेवा में प्रस्तुत किया। प्रारूप संविधान लोगों की राय जानने के लिए देश के सामने रखा गया।

5. 15 अप्रैल, 1948 : डॉ. अम्बेडकर ने डॉ. मिस शारदा कबीर से विवाह किया। यह उनका दूसरा विवाह था।

6. 15 अक्टूबर, 1948 : केन्द्रीय सरकार ने भाषायी राज्यों की संरचना के प्रश्न पर विचार करने के लिए एक भाषायी आयोग गठित किया था। अम्बेडकर ने इस प्रश्न पर आयोग की सेवा में एक ज्ञापन प्रस्तुत किया।

7. अम्बेडकर की पुस्तक 'द अनटचेबलिटी' का प्रकाशन।

8. 4 नवम्बर, 1948 : अम्बेडकर ने संविधान सभा में प्रारूप संविधान प्रस्तुत किया और उसकी विशेषताओं के बारे में एक सारगर्भित भाषण दिया। प्रारूप संविधान में 315 अनुच्छेद और आठ अनुसूचियाँ थीं।

1949 1. 25 नवम्बर, 1949 : अम्बेडकर ने संविधान के तीसरे वाचन का उत्तर दिया। अम्बेडकर का यह भाषण उनके जीवन का सर्वश्रेष्ठ भाषण है।

2. 26 नवम्बर, 1949 : संविधान स्वीकृत।

1950 1. 26 जनवरी, 1950 : भारत का संविधान लागू।

1951 1. 5 फरवरी, 1951 : अम्बेडकर ने संसद में हिन्दू कोड बिल पेश किया।

2. भारत का पहला आम निर्वाचन।

3. 27 सितम्बर, 1951 : अम्बेडकर ने हिन्दू कोड बिल के प्रश्न पर केन्द्रीय मंत्रिमंडल से इस्तीफा दिया।

1952 1. भारत का आम निर्वाचन। अम्बेडकर बंबई लोकसभा निर्वाचन क्षेत्र से कांग्रेस प्रत्याशी द्वारा पराजित।